本书系扬州大学出版基金资助、2019 年度江苏省高校哲学社会科学一般项目
（项目编号：2019SJA1802）

新时期教育基本理论的
马克思主义传统发展研究

艾子 著

江苏大学出版社
JIANGSU UNIVERSITY PRESS

镇 江

图书在版编目（CIP）数据

新时期教育基本理论的马克思主义传统发展研究/
艾子著 . 一镇江：江苏大学出版社,2021.6
ISBN 978-7-5684-1573-6

Ⅰ.①新… Ⅱ.①艾… Ⅲ.①马克思主义—教育思想
—研究—中国 Ⅳ.①A811.67

中国版本图书馆 CIP 数据核字（2021）第 097987 号

新时期教育基本理论的马克思主义传统发展研究
Xinshiqi Jiaoyu Jiben Lilun de Makesi Zhuyi Chuantong Fazhan Yanjiu

著　　者/艾　子
责任编辑/柳　艳
出版发行/江苏大学出版社
地　　址/江苏省镇江市梦溪园巷 30 号(邮编：212003)
电　　话/0511-84446464(传真)
网　　址/http：//press.ujs.edu.cn
排　　版/镇江文苑制版印刷有限责任公司
印　　刷/江苏凤凰数码印务有限公司
开　　本/718 mm×1 000 mm　1/16
印　　张/13.75
字　　数/253 千字
版　　次/2021 年 6 月第 1 版
印　　次/2021 年 6 月第 1 次印刷
书　　号/ISBN 978-7-5684-1573-6
定　　价/58.00 元

如有印装质量问题请与本社营销部联系(电话：0511-84440882)

前　言

　　马克思主义作为我国教育领域的指导思想，在思想内容、思维方法等方面深刻影响着我国教育基本理论研究的内容和发展路径。但是由于受历史中发生的对马克思主义格言化、教条化等错误认识的影响，教育基本理论研究在认识和运用马克思主义过程中存在着历史意识的缺失，这种缺失集中体现在离开了人类思想史的进程去认识和理解马克思主义，反映在传统教育基本理论研究中往往仅在前马克思主义的思维水平甚至在朴素唯物论的思维水平上运用马克思主义。这种缺失需要在历史的目光中才能真正展现其问题发生的机制，这就是本研究基于教育学史的视野探索马克思主义传统的动机所在。与此同时，马克思主义自身与时俱进的理论品格也决定了基于教育基本理论的马克思主义传统只能在发展中才能坚持并更好地助力教育基本理论的建设。

　　从马克思主义发展的理性内涵与教育基本理论的研究特点出发，教育基本理论的马克思主义传统具体表现为党和国家的重大教育政策、重大实践活动，以及体制化学术表征的相关主题话语的转换和研究范式的变迁。与此同时，马克思主义与教育基本理论都不能被简单地理解成由哲学与教育学的分支领域构成的科学，二者共同的超学科意识决定了教育基本理论的马克思主义传统发展从根本上不能是一种实证史学的表现，只能指向马克思主义运用过程中思维方式的发展。这种思维方式主导的马克思主义传统在教育基本理论研究中的根本作用乃是一种持续的认识论反省。

　　通过对马克思主义在我国教育实践中的一般发展和教育基本理论相关研究的进展进行梳理可以发现，马克思主义在我国教育发展的历程中与中国实际相结合形成了以"民族化、科学化、大众化"为主导的传统。历经了从救亡图存的斗争到改革开放中解放思想的实践变革，这种传统也从早期依附于某一救亡思潮以直观感性去认识实践，逐渐发展为在时代精神中和在独立教育学体系的追寻中践行马克思主义。而从新时期教育基本理论对马克思主义的研究来看，通过对理论与现实关系认识的不断深化，形成了基于实践的马克思主义研究传统。正是这种研究传统推动着教育基本理论从文本发掘转向了真正将马克思主义作为审视教育问题的目光。基于以上，本研究以《教育研究》和《中国教育学刊》为分析主线，参考相关权威期刊和著作，集中梳理了我国教育基本理论的马克思主义传统发展。通过总结研究发现，我国的教育基本理论研究对马克思主义的认识和运用逐渐超越了自然科学取向下经验直观的思维方式，并在此基础上逐渐形成了基于实践历史的辩证思维。正是在这种富于历史意识的辩证思维中，教育基本理论研究真正将教育问题理解为实践历史发展的结果。在当代教育基本理论研究运用马克思主义的过程中，这种思维方式主要表现为日常文化批判。通过这种思维变革可以发现，走向实践的历史意识是马克思主义传统发展的理论诉求，正如党的十九大所提出的："时代是理论之母，实践是理论之源。"教育基本理论在未来的发展中必须超越朴素唯物论的思维水平，在教育实践的历史中深刻领会时代精神、聚焦问题意识，这也是新时代的历史定位下教育基本理论发展的内在要求。

目　录

马克思主义作为我国教育理论研究和实践的指导思想，在教育基本理论的发展中一直扮演着双重角色。一方面，作为理论基础和重要的方法论原则，马克思主义推动教育基本理论的创新，促进理论思维的变革。另一方面，马克思主义的教育思想自身也是教育基本理论研究的重要内容。但传统教育学在对马克思主义研究的过程中往往直接从形式逻辑的演绎出发，在论及教育基本理论的内容时马克思主义似乎成为一种外在的手段，而转向理论基础时马克思主义又成为一个纯粹的方法论问题。这无疑将马克思主义在研究内容与思维方式间割裂开来，从而导致马克思主义脱离了教育基本理论的内容和人类思维的时代水平，成为一个孤立的事实问题。这就需要我们回归马克思主义的历史意识，真正在教育基本理论的马克思主义传统中，尤其是这种传统丰富的时代土壤中，深入认识和把握马克思主义。

一、研究的缘起

（一）马克思主义的指导地位

新中国成立以来，马克思主义作为我国教育学发展中的指导思想，对我国的教育基本理论研究产生了重要的影响。无论是教育学的产生时期、重建反思时期还是繁荣发展时期，教育基本理论研究都不自觉地蕴含了对马克思主义的反思与发展。早在教育学对马克思主义的选择和引入时期，杨贤江、恽代英等老一批教育学者就开始探索将马克思的唯物史观运用于对教育的反思中，结合教育实际，尝试建立具有中国特色的教育史与教育哲学。而在教育学重建阶段，以王焕勋、厉以贤、陈桂生等老一辈学者为代表，我国教育学者开始对马克思教育思想进行深入挖掘，试图站在马克思主义的立场上反思、总结当时流行的教育思潮，努力推进教育学的科学化进程。在教育学多分支学科兴起、理论基础多样化的现代，教育中的主体关系、交往实践等研究领域，无不渗入了马克思主义对教育基本理论研究的影响。直至在党的十九大报告中，习近平总书记提出，"必须推进马克思主义中国化、时代化、大众化，建设具有强大凝聚力和引领力的社会主义意识形态"①。教育基本理论在发展中该怎样运用和发展马克思主义，以及该怎样看待发展教育基本理论与坚持马克思主义指导地位之间的关系，本身就是实现马克思主义中国化的重要组成部分。因此，对教育学中的马克思主义传统进行反思，是教育基本理论研究反思自身、实现理论自觉的题中应有之义。

（二）研究中的历史意识缺失

在马克思主义的指导下，我国的教育基本理论研究取得了一系列发展。在肯定教育基本理论研究对马克思主义的认识和运用日益走向成熟的同时，我们还应清醒地意识到，对马克思主义的格言化、罔顾教育现实等历史意识的缺失，造成了传统教育理论研究对马克思主义认识的双重偏误。首先，在理解马克思主义的过程中，传统教育研究往往片面地将马克思之前的哲学史尤其是以康德和黑格尔为代表的德国古典哲学全部判为唯心主义哲学一概予以否认，同时将马克思之后的西方思想史往往作为资产阶级的落后思想予以否决，这种脱离了思想史看待马克思主义的做法本质上即是对马克思主义的背离。这种做法决定了传统教育理论研究在对马克思主义的理解上不可能真正实现历史与逻辑的统一。其次，比照游离于思想史对马克思主义进行理解，教育研究在运用和借鉴马克思主义时，不是站在马克思主义的时代水平上"同马克思一起思考"教育现实或者是用马克思主义的目光审视教育现实，而往往是处在朴素唯物论等前马克思主义的思维水平上看待现实，甚至不乏将马克思主义看作万能解释工具去规定现实。这造成运用马克思主义方面历史意识的缺失。这种双重偏误正是本研究从教育基本理论研究的历史发展出发去审视马克思主义的重要缘由。

---

① 习近平. 决胜全面建成小康社会，夺取新时代中国特色社会主义伟大胜利 [EB/OL].
http://www.sohu.com/a/204031386_ 99955728.

（三） 改革开放的时代现实

在马克思主义的历史演进中，改革开放是教育学重建的重要节点，也是对马克思主义认识发展的重要转折，这一时期在我国马克思主义发展史上的意义，正如相关学者总结的——"伟大的实践与实践的哲学"①。改革开放以来，多元文化的引入与繁荣、市场经济的交往性与追求公共理性的社会生活，共同构成了马克思主义身处的时代场域。与这种时代现实相对应的是，马克思对市场经济运行下人的异化状态的揭露，以及在交往理性中如何实现人的解放，已经在马克思主义的发展尤其是西方马克思主义的发展中日益深入人心。相关的哲学社会学成果作为理论背景体现在教育基本理论的研究中，马克思主义与西方教育思潮相互碰撞，不同的教育理论背后的解释体系对马克思主义的认识相互交融，共同描绘了当今教育学研究中"思想中的时代"。正如马克思所言，历史的任务只有在形成任务的条件都已成熟后，才能在现实中展现出来。对比马克思主义在我国教育领域的其他历史发展时期，改革开放作为极大丰富的"人的现实"，因而也理应成为教育学中马克思主义"问题域"的集中展现。

马克思在生前面对不肯对现实历史进行深入思索，却借用马克思主义旗号的法国人不无自嘲地说，"我只知道我自己不是马克思主义者"②。这激励我们，只有在充分继承人类文明成果的基础上理解马克思主义，从人的现实生活出发体会马克思主义的内涵和意义，才有可能接近马克思对现实的反思，"同马克思一起"思考教育，进而才有可能真正在教育学的建设中实现对马克思主义的发展。在阐明哲学与具体科学的关系中，恩格斯曾经预警式地提出，由于对哲学史的不熟悉，"哲学上在几百年前就已经提出，并且在哲学界中往往早已被抛弃的一些命题，在理论自然研究家那里却常常作为崭新的知识而出现，甚至在一段时间里成为时髦"③。教育学对马克思主义的发展只能建立在对已有认识传统充分继承的基础之上。

二、研究的核心问题

在传统教育基本理论中，历史意识的缺失往往成为教育学错误认识和

---

① 孙正聿．伟大的实践与实践的哲学——改革开放以来的中国马克思主义哲学［J］．社会科学战线，2008（05）：1．
② 马克思恩格斯全集：第22卷［M］．北京：人民出版社，1965：81．
③ 马克思恩格斯选集：第4卷［M］．北京：人民出版社，1995：285．

运用马克思主义最为深刻的原因。这就要求我们必须从马克思主义在教育学史的表现中，尤其是在教育研究对马克思主义的认识传统中，去审视教育基本理论对马克思主义的发展。因此，本研究的核心问题是，结合相关教育基本理论研究的文献，总结马克思主义在教育基本理论建设中的作用，以及教育基本理论研究对马克思主义的认识历程，进而揭示这种马克思主义传统对我国教育基本理论发展的启示。具体而言，主要体现于以下两个方面：一，教育基本理论研究中马克思主义传统的具体表征是什么；二，教育基本理论的马克思主义传统是如何发展的，以及对现当代教育基本理论的发展有何启示。

三、研究的意义

（一）理论意义

站在发展的历史视角梳理教育基本理论及马克思主义传统的基本内涵。在此基础上，透过马克思主义在我国教育实践与研究中的历史，总结出我国教育领域对马克思主义的实践传统和研究传统，从中梳理出以思维方式主导的马克思主义传统在教育基本理论研究中的一般发展。传统教育基本理论在坚持马克思主义指导的同时，往往会陷入对现存教育问题静止的抽象，或是在梳理问题时陷入事实的碎片化。这就需要我们从教育学史入手，深入认识和运用马克思主义的思维方式，从而在教育基本理论的研究中真正树立起面向现实的问题意识。就此意义而言，对马克思主义传统的梳理，其实质是基于历史的理论思维促进教育基本理论研究真正站在马克思主义应有的时代水平上理解和解决现存的教育问题。正如党的十九大报告中所提出的，"时代是思想之母，实践是理论之源"①，从理论自身的发展特点看待教育基本理论与马克思主义的互动关系，即问题意识（实践）只有在历史意识（时代）中才能获得最为深刻的理解（思想之母），历史意识只有在问题意识中才能被赋予现实的意义（理论之源）。就此意义而言，对马克思主义在教育基本理论中的发展进行梳理，也是深化教育基本理论研究的问题意识和促进教育基本理论创新的需要。

---

① 习近平. 决胜全面建成小康社会，夺取新时代中国特色社会主义伟大胜利 [EB/OL]. http：//www.sohu.com/a/204031386_ 99955728.

（二）现实意义

马克思在阐述理论与现实的关系时强调道：“光是思想力求成为现实是不够的，现实本身应当力求趋向思想。”① 实践高于理论的品格就在于其不仅具有抽象普遍性，而且具有直接现实性，这就要求我们在教育领域对马克思主义的践行不能站在直观经验的立场上，而必须在充分继承马克思主义已有的认识水平基础上对马克思主义在教育基本理论中的发展有深入的理解，才能真正在实际行动中对相关问题做出时代性的回应。传统教育实践在贯彻马克思主义的过程中，往往将理论与实践的关系直观化或形式化地理解了，马克思主义成为教育实践的终极解释规定或形式教条，这就导致片面的认识甚至颠倒了理论与实践的关系。相反，马克思主义只有在历史意识中凝聚问题意识，才能真正成为审视教育实践的理论目光。尤其在现当代教育基本理论研究中，如何坚持马克思主义传统对于教育实践过程中发挥马克思主义的指导作用，乃至争取马克思主义在意识形态中的主导权具有重要价值。

四、文献综述

对教育基本理论研究中有关马克思主义的学术传统进行归纳和总结，实质隶属于教育学史的研究。以“马克思主义传统”为主题词在中国知网中进行检索，相关文献共计 667 篇；以“马克思主义发展”为主题词的相关文献共计 4226 篇；而以“教育基本理论”为主题词的相关文献共计 1639 篇。对于马克思主义与教育基本理论的交叉性研究，笔者在中国知网上同时选择了教育理论的中图分类号“G40-01”和主题词“马克思主义”为检索项，搜到相关期刊论文 173 篇，相关学位论文 3 篇。在该领域，过往的研究主要面向教育基本理论研究中的马克思主义教育思想部分和教育学中运用马克思主义的方法论部分进行归纳和总结。但同时，马克思主义中如教劳结合、全面发展理论等部分自身又是教育基本理论的重要内容，二者之间已形成相互渗透的状态，并不存在一个可以将马克思主义和教育基本理论研究截然割裂的形式标准。通过结合相关资料，本研究围绕教育学中有关教育基本理论和马克思主义的反思性议题展开综述，以呈现在对二者思考方面现有研究达到的认识水平。

---

① 马克思恩格斯选集：第 1 卷［M］. 北京：人民出版社，1995：11.

（一）关于教育基本理论的反思性研究

从作为基本理论的属性看，一切教育学领域问题如果上升至具有普遍影响性、指向基本规律的问题时，都有可能作为教育基本理论研究的问题而存在。教育基本理论的这种抽象特征，既成为其"基础性"的标识，也往往造成外延泛化，实践指向不清的困境，从而将自身陷于边界不清晰、难以回应现实的尴尬境地。对此，奥康纳对教育理论的嘲讽——理论不过是个"尊称"，在教育基本理论发展的内在危机中得到最为充分的体现。因此，教育基本理论领域区别于实践教育学的重要特征是，教育基本理论不像实践教育学的研究内容往往指涉某一具体的教育领域，教育基本理论研究对自身的反思性探索本身就是教育基本理论研究的重要内容，具体体现为有关自身的"正名"问题。这种"正名"在研究内部表征为对教育基本理论内容架构的反思，在研究外部表征为如何发挥对实践的作用和如何处理与实践的关系等理论的实现路径问题。

1. 关于教育基本理论基本架构的研究

在没有系统学科分类之前，我国的教育基本理论领域在课程设置上长期是作为教育学的基础课程存在的。直至 1988 年正式的学科目录出现后，教育学原理才取代教育基本理论研究正式成为二级学科。正是在这一时期，教育基本理论又作为教育学原理的研究方向出现在各大高校的专业目录中，这种历史遗留下来的多重身份，决定了对教育基本理论内容架构的理解一直是其为自身正名的重要反思议题。

围绕教育基本理论内容架构的反思性研究，相关学者的思考主要呈现出三种思路，其一为将对教育基本理论内容的反思诉诸为对一段时期的研究主题进行历史性总结。在该方面，相关较有代表性的研究如瞿葆奎、郑金洲等主编的《教育基本理论之研究》。在该书中，编者集中归纳整理了从 1978 年至 1995 年 18 年间教育基本理论研究领域集中探讨的主题，并对每个主题在发展状况、核心论点、研究中有待进一步挖掘的问题和不足等方面进行了系统的探讨。在该书中，编者将教育基本理论的研究主题梳理为 14 个领域：（1）毛泽东教育思想；（2）教育起源；（3）教育本质；（4）教育规律；（5）教育功能；（6）教育价值；（7）教育与人的发展；（8）马克思主义人的全面发展理论；（9）教育目的；（10）教育与生产劳动相结合；（11）社会主义初级阶段教育理论；（12）市场经济与教育；（13）传统教育与现代教育；（14）教育学研究。

新时期教育基本理论的马克思主义传统发展研究

其二，从追溯对某一教育问题的认识发展出发，相关的代表性研究如冯建军主编的《教育基本理论研究 20 年》。在该书中，编者集中探讨了1990—2010 年近 20 年的教育基本理论研究热点主题，与瞿葆奎先生的研究略显不同的是，该著作中每个专题的展开脉络是按照教育基本理论研究的认识发展历程，而不是严格按照教育基本理论研究的内容发展进行展开的。在该著作中，编者将教育基本理论研究的内容归结为 11 个领域：（1）教育学元研究；（2）教育本质；（3）教育目的；（4）教育功能；（5）教育主体；（6）教育与人的发展；（7）教育与生活；（8）时代发展与教育；（9）市场经济与教育；（10）教育公平与均衡发展；（11）教育研究方法（论）。

通过对二者的比较不难看出，教育基本理论研究在基本架构上与教育学原理几近重合。虽然历经了时代变迁，但从研究内容上看却有着相近的主题。尤其值得注意的是，对照一般教育学原理的研究内容，这两种教育基本理论的反思性著作都不约而同地将"市场经济与教育"和"教育学元研究"等内容作为教育基本理论研究的主题。这说明教育基本理论研究虽然是教育学研究中最为基础的部分，其内容架构甚至呈现出跨越不同时期的"超稳定结构"，但是学者们还是普遍认同教育基本理论研究在架构上应该体现前提性与时代性的特征，即既要在研究内容上充分体现时代性特征，又要区别于实践教育学指向教育问题的前提。这一点在内容主题的时代发展中也有所展现。与《教育基本理论之研究》相比较，《教育基本理论研究20 年》对教育与生活实践理论、教育发展中的公平与均衡等问题进行了深入的探讨，集中展现了新阶段我国教育基本理论研究的时代创新。

除此之外，从学理上对教育基本理论的学科特性进行反思也成为探寻其基本架构重要的研究路向。如果说对基本理论专题的提炼和总结是研究教育基本理论一种的历史性思路，那么对教育基本理论研究学科特性及方法论的总结则是探寻理论架构的横向思路。在该方面，较有代表性的研究如柳海民教授提出的，当教育学原理与教育学相比，后者可以是一种事理研究，类似我们现当代的实践教育学，而教育学原理则是一种纯粹的学理研究。这一思考也可以作用于对教育基本理论的理解。从学科特性而言，教育基本理论主要是一种学理性学科。虽然在基本理论研究中不乏针对事实性的问题领域，但是教育基本理论并不是直接指向事实性的问题领域，而是透过学理的思考间接作用于事实性问题。此外，还有的学者从教育研究的方法论出发试图对教育基本理论的逻辑架构提出自己的见解。在该方面，较有代表性的研究如王北生的《当代教育基本理论论纲》，该著作通过对中外教育基本理论研究的最新情况进行梳理，提炼出影响教育基本理论发展的核心论点，并对其进行评述，在此基础上，编者试图提出自己对教育基本理论研究发展的未来构想。在该书中，编者将对教育基本理论的探讨分为三个方面，分别是教育的基本问题、教育的基本关系，以及教育研究与当代思潮。在教育的基本问题中，编者着重探讨了教育的意蕴、教育的本质、教育的价值等问题。在教育的基本关系中，编者集中探讨了教育与人的发展、教育与社会的发展和教育与生活中展现的其他基本关系。而在教育研究与当代思潮中，编者集中围绕后现代主义、复杂理论、现象学与解释学对教育研究的作用和影响，通过对教育研究与当代思潮的互动展开研究。而在期刊论文方面，相关有代表性的研究如冯建军通过对世纪之交的教育基本理论研究进行考察，在此基础上提出"回到人"是当代教育基本理论研究的共同主题。

最后，还有一部分教育学史研究虽然没有直面教育基本理论研究的逻辑架构问题，但是通过对教育学史的梳理与考察间接地提出对逻辑架构的见解。从教育基本理论研究着眼于对教育问题的前提性反思来讲，梳理教育研究、总结出教育学史发展的一般脉络，实质已经回答了教育基本理论架构的相关问题。相关较有代表性的研究如陈元晖先生在《中国教育学70年》中系统考察了教育基本理论研究的方法论特征，进而提出我国的教育基本理论研究在发展中展现了从经验论到唯理论再到辩证论的发展历程。在陈先生看来，教育基本理论研究的基本架构循着方法论视角，应该是一个辩证论统摄理性思辨和实证研究的逻辑体系。而从一般教育学反思的视角，较有代表性的研究如叶澜先生的《中国教育学发展世纪问题的审视》，在该文中，叶澜先生回顾了中国教育学在百年历史发展中的阶段性特点，在此基础上提出政治意识形态与学科发展关系、中外关系和学科性质，是深刻影响我国未来教育基本理论内容的研究主题。除此之外，还有华东师范大学瞿葆奎先生等著的《中国教育学百年》和郑金洲先生编著的《中国教育学60年》。在《中国教育学百年》中，著者通过回顾中国近百年的教育学发展史后认为，从建立到批判、从综合到分化、从西方引入到本土化应成为我国教育学未来发展的应然探索和必然轨迹，所以批判性功能、学科分化等特征也应成为教育基本理论研究确立自身逻辑架构的时代参照。而在《中国教育学60年》中，著者按教育基本概念的嬗变、教育基本问题的研究和教育分支学科几方面对教育学发展进行了梳理，从中得出教育理论与实践统一、教育现象学和元教学的兴起是教育基本理论研究未来发展的必然趋势。

从对教育基本理论内容架构的反思上看，相关学者对教育基本理论的逻辑架构理解历经了从理论的形式建构到学科特性的发展过程，较为典型的如通过对研究主题的归纳反思到教育基本理论的架构。早期的相关研究往往将教育基本理论的内容局限在教育本质、教育功能等原理教科书的范畴之内，从而一定程度上将教育基本理论的内容命题化了，而在后期的研究中，相关对教育基本理论内涵及其架构的理解，往往侧重于反映具有时代性特征的教育问题。这说明教育基本理论的逻辑架构不是一成不变的，而是同理论内容一致，经历了从立足形式逻辑①到内涵逻辑的发展过程。从教育基本理论逻辑架构的横向思考上，相关学者普遍认同教育基本理论研究不同于实践教育学，是从学理上间接地面对教育领域中的事实经验问题。相关对教育基本理论内容架构的研究启迪我们，不应单纯从理论的文本内容出发，基于形式抽象的深度判断教育基本理论研究的发展水平，相反，应从教育基本理论研究的思想背景及其时代性问题出发，回归教育基本理论研究的历史，才能对其内容的现实意义进行理性的把握。透过前人的研究可以看到，无论是对教育基本理论专题的梳理还是后来对教育学史的研究，内容架构的探索都伴随着对作为理论依据的马克思主义的认识发展。如早期瞿葆奎先生对教育基本理论研究进行的专题分类，如果直接从研究内容看，几近马克思主义教育思想研究。而后来强调"回归人"的教育理论研究诉求和学科分化发展趋势，虽然不直接来源于马克思主义，但马克思主义的人学理论和对具体科学发展的阐释常常成为相关研究核心的理论依据。这就需要我们必须在充分认识马克思主义传统的过程中才能真正回

---

① 所谓形式逻辑，也称古典逻辑，是指抽离了对象内容思维的一般形式。形式逻辑最为核心的特征就是离开了对象内容从而使思维获得形式的普遍性。与之相对的是内涵逻辑，内涵逻辑要求形式是内容的形式，一定的思维形式必须在思维内容中展开。举例来说，当我们说"1＋1＝2"，遵照形式逻辑的定义当然是正确的，但是一旦将这一思维的形式置于对象的内容中，我们决不能说1个苹果加1个苹果等于2个梨，在这个例子中，当我们使用形式逻辑时，实质已经将等式两端对应的内容一致作为思维的无条件前提。从这个意义上讲，内涵逻辑实质是形式逻辑的基础。从意识发生的自然进程看，形式逻辑当然要面向现实经验，但在思维的行程中形式逻辑不是在对象中发展自己，而是在实际运用中悬置了一切对象内容的考虑从而获得形式的普遍性。本研究针对形式抽象"非反思"弊端的批判都是就此意义而言。

答教育基本理论内容架构的相关问题。

2. 关于教育基本理论实现路径的研究

教育基本理论的学理性决定了它不能以一种直言现实的方式去面对一线教育实践中的相关问题，这在教育基本理论的发展史上曾为它带来一系列如脱离实践、必要的乌托邦等广为诟病的问题。所以，基本理论在实践中的应用不同于实践教育学，在理论实现上呈现出不同的表现和特征，这使得教育基本理论的实现路径成为学科反思中的重要问题。在该方面，相关研究经历了从揭示理论自身的独特性到在理论与实践的互动关系中展开探讨的发展过程。在早期的探讨中，不同学者结合理论的自身特性，针对基本理论如何走向现实提出了自己的看法。较有代表性的研究如扈中平教授在《对教育基本理论学科建设与发展的几点看法》中集中批判了将教育理论经验化的认识和看法，在此基础上提出，应从加强教育理论的抽象性、关注教育领域中重大的现实问题和弘扬理论研究中的批判反思精神三个方面推进教育基本理论走向现实。董标教授在《教育的文化研究——探索教育基本理论的第三条道路》中集中梳理了过往教育基本理论研究中的二元论假设，即教育基本理论研究单一坚持形而上学或浪漫主义，以及由此所导致的种种局限。在此基础上，通过对从传统马克思主义到批判主义研究发展的分析，得出文化研究才是教育基本理论研究摆脱实践困境的道路。还有学者认为，应从理论思维自身角度审视教育基本理论研究，加强教育基本理论研究中思维的批判性，为此应坚持辩证的批判态度，通过批判实现教育基本理论研究过程与目的的统一。

伴随着实证技术手段的兴起，教育基本理论的实践性价值也受到实证主义的冲击，面对理论怎样解释或指导实践的问题，教育基本理论研究遭遇了严重的生存危机。这使得理论与实践的关系成为实现路径探讨的重要议题。在该方面，较有代表性的观点如柳海民教授在《建构教育基本理论研究的第三条道路——中层理论》中分析了传统教育基本理论研究自上而下和自下而上的两条路径，进而提出处在以"超验"为主的教育基本理论研究和"经验"主导的教育实践之间的真空地带往往成为理论与实践间无法弥补的断裂带，为此我们应关注中层理论作为理论与实践间对话场域的作用。叶澜先生在《基础教育改革与中国教育学理论重建研究》中从理论与实践的关系视角，系统地总结了寓于我国教育基本理论研究中几种有关理论与实践的关系学说，如统一说、中介说、割裂说等。在此基础上，叶澜先生提出，这些不同的学说虽然作为解释机制有力地回应了理论与实践的关系，但在实际中却难以成为教育基本理论研究走向现实的具体路径，其原因在于：一方面，传统的教育基本理论研究偏重于形式化演绎，忽视了对理论与实践关系的概念史考察，从而难以把握二者关系生成演化的逻辑；另一方面，传统的教育基本理论研究倾向从旁观者、理论建构者的视角看待问题，忽视了将研究者本身视为反思性的行动者，忽视了对教育实践问题的生成性分析。

除此之外，伴随着语言学转向，教育分析哲学和教育学史的研究逐渐兴起，教育理论在话语变迁中如何影响实践也成为从解释学视角反思教育基本理论实现问题的重要方面。相关学者的基本立场是，教育基本理论真正的功能是一种清理地基的工作，这也是它最终的现实意义。在这一过程中，教育基本理论研究通过促进概念的清晰，间接推动理论向实践转化，在该方面较有代表性的研究如布列钦卡在《教育知识的哲学》中试图通过对"教育科学"的探索得出教育理论走向实践的"综合性科学"方法。在布列钦卡看来，"教育学知识"在意义的分析中既指向一种实际存在于某人身上的状态（描述性意义），也指应当被意识到的一种理想（规范性意义）。布列钦卡认为，"教育知识的统一性"实质是教育者达到一种理想的个性状态，这种状态意味着教育者能够解释和规范他周遭一切具体情境下有关教育的活动。索尔蒂斯在《教育概念分析导论》中主张，应将教育理论中所包含的特定的事实及价值内容悬置起来，教育理论的建构应从教育概念的厘清入手。索尔蒂斯试图通过一般特质性分析、区分分析和条件分析三种概念分析方法，增强理论内容的形式合理性，他认为只有这样才能为理论在实践中获得可操作性提供有益的思考。

从这些教育基本理论实现路径的反思性研究来看，无论是早期从理论自身特性出发，还是后来从理论与实践的关系立场展开探讨，相关研究都向我们揭示了教育基本理论的实现不单是一个教育实践经验对理论检验的问题，更是理论面向现实的思维方式和实践模式的问题。因而，与之相应的教育学史研究也不能单单从理论的研究内容、热点主题出发去把握教育基本理论研究在其历史发展中的时代困境与问题，而必须在研究内容及其架构的内在冲突中把握教育基本理论研究演进的历史脉络。

（二）关于教育学中马克思主义的反思性研究

在教育学的发展和研究中，马克思主义一直扮演着双重角色。一方面，马克思主义作为指导思想为教育学的研究提供认识论和方法论方面的指导；另一方面，马克思主义中某些有关教育论述的部分直接成为教育学的研究内容。这种双重角色决定了教育学有关马克思主义的反思性研究主要从两个方面进行：从横向上，是教育基本理论研究中有关马克思主义部分的本体挖掘；从纵向上，是反思教育学研究如何运用马克思主义的历程，在该方面又主要围绕思想历程和实践历程两方面展开。相关的研究情况如下：

1. 作为教育基本理论内容的马克思主义研究

马克思主义对教育学的作用和影响，最为直接地体现在其有关教育的论述部分，其相关领域直接成为教育基本理论研究的内容。尤其在教育学重建之初，教育基本理论对马克思主义的认识深化正是在对马克思主义文本挖掘的过程中实现的。因此，对马克思主义教育思想核心内容的梳理与辨正，就成为教育学对马克思主义进行反思研究的重要内容。从相关学者的研究可以发现，作为教育基本理论内容的马克思主义研究主要体现为以下几个方面：

首先，从宏观上对马克思主义教育思想进行系统总结的研究。该方面的研究主要集中于两个方面：一方面是对马克思主义经典著作中有关教育思想的论述进行梳理；另一方面是结合教育基本理论试图对马克思主义的教育思想进行体系化建构。

在对马克思主义经典著作进行梳理方面，较有代表性的研究如华东师范大学主编的《马克思恩格斯论教育》，该书从时间顺序着手，对马克思、恩格斯关于教育的经典论述进行了系统的梳理和摘录。类似的研究还有人民教育出版社主编的《毛泽东、周恩来、刘少奇、邓小平论教育》，在该著作中，编者按新中国成立以来国家对教育政策的重点体现，将上述领导人的教育思想分为9个方面，而后按照这9个方面对这些领导人关于教育的经典论述进行总结。这9个方面分别是：（1）教育与政治经济的关系；（2）培养无产阶级革命事业的建设者和接班人；（3）教育与生产劳动相结合；（4）加强思想政治教育工作；（5）理论联系实际；（6）知识分子和人民教师；（7）古为今用，洋为中用；（8）教育事业的改革与发展；（9）共产党对教育事业的领导。

从这些理论专题的选择不难看出，我国对马克思主义教育思想的梳理具有鲜明的政策指向和时代特征。如"知识分子和人民教师"的理论专题直接指向"文革"后发展科学教育过程中的知识分子地位问题。"共产党对教育事业的领导"主要针对"文革"后对教育与国家意识形态关系的经典论述进行集中总结。从某种意义上言，改革开放早期教育研究运用马克思主义的问题史，就是梳理并深入理解经典马克思主义者对教育经典论述的历史。

而在对马克思主义教育思想进行体系化研究方面，较有代表性的如石佩臣的《马克思教育思想引论》。在该著作中，石佩臣先生认为，马克思主义教育思想是基于马克思主义基本原理对教育领域中的实践经验进行系统总结，是无产阶级的教育观与方法论。作者以梳理马克思主义教育学说的产生和发展为核心任务，按照教育与社会、教育与人两条线索，力图梳理出马克思主义教育思想的学术脉络。在这一过程中，石佩臣先生认为，"马克思主义教育学说的根本出发点实际上是这两种生产的统一"①，即物质生活资料的生产和人类自身的生产。马克思主义教育思想的内容构成即在两种生产与教育关系之间进行展开。除此之外，较有代表性的还有厉以贤先生的《马克思主义教育思想》，在该著作中，厉以贤先生认为马克思主义对教育最为核心的意义在于它是现实教育的行动指南。为此，马克思主义教育思想的内容应主要由教育与生产劳动相结合、教育中的"三个面向"等重大的实践主题构成。与此相比较的是，董标教授在其著述《马克思主义教育思想论纲》中对旧有的马克思主义教育思想研究提出了自己的批判与质疑。在该书中，董标教授通过回顾以往对马克思主义教育思想研究发展的历史，提出学界对马克思主义教育思想内容的认识经历了服从片面政治化的"教导"逐渐趋向历史与实践的统一。同时，董标教授还提出，当代教育理论研究对这种历史与逻辑的统一的重视还不够，尤其体现在过往的研究往往着眼于对马克思主义经典论著中有关教育论述的提炼，没有放眼于马克思主义的发展历史与现实的社会背景。在此基础上，董标教授通过马克思主义教育思想从"原型"到"变型"的阶段性特点，透过三级定义的方式，将马克思主义定义为"马克思等人为了实现自由个性确立的理想而全面探讨教育事实、揭示教育本质、评断教育价值、推动教育变革、实现教育理想的理论体系"②。董标教授认为，马克思主义教育思想着眼于教育领域而又超越教育领域，蕴含着对过往社会学哲学的总体批判与反思。这种总体反思集中体现在马克思主义是集制度批判、思想批判和自我批判

---

① 石佩臣．马克思主义教育思想引论［M］．北京：中国展望出版社，1990：66．
② 董标．马克思主义教育思想论纲［M］．徐州：中国矿业大学出版社，1992：12．

于一体的实践哲学。在用实践哲学的目光审视教育事实、教育民主、教育开放等一系列现存教育问题的过程中，一切教育问题自身也从僵化、静止的事实变为历史性、革命化的了。

其次，针对马克思主义教育思想中的代表性理论进行专题研究。在这些专题研究中，最有代表性的相关方面有对教劳结合思想的探讨、对人的全面发展的思想探讨和对马克思主义教育思想中人学视野的追寻。其他相关的对马克思主义教育思想的代表性研究实质都是服务和深化这三个核心。如教育中的异化理论实质是对全面发展理论深入探讨的扩展，而西方马克思主义的交往实践理论实质彰显的是对马克思主义教育思想中人学视野的追寻。

其中，在对教劳结合思想的研究方面，相关的探讨主要集中于对教劳结合的概念辨析和时代意义上。在概念辨析中，学者们围绕着教育的构成，以及劳动究竟指的是生产劳动还是体力劳动等方面对教劳结合中"教"与"劳"的内涵展开反思。其中较有代表性的研究如刘世峰在《中国教劳结合研究》中对教劳结合的理论依据和基本内涵进行本体清思，从中得出教劳结合的基本内涵是一个由四部分构成的有机整体，即教劳结合是造就全面发展人的根本方法、教劳结合是改造资本主义社会的强有力的手段、教劳结合的经典范畴是指现代学校教育和教学同现代机器的大工业生产相结合、教劳结合作为理论与实践结合的重要表现就是综合技术教育。而孙振东针对改革开放的背景对教劳结合的理论内容进行了探讨。孙振东认为，新时期对教劳结合的思考应该在对马克思主义经典著作充分理解的基础上结合我国国情的时代特征，主要体现为应充分考虑"产教结合"、关注包括社会教育在内的"大教育"等，以深化对教劳结合的时代性理解。还有的学者结合时代发展对教劳结合在我国教育实践中遭遇的现实困惑展开探讨。其中，较有代表性的观点认为，随着我国日益发展的国情，教劳结合也应更新自身的内涵，在现代再以简单重复式的劳动落实教劳结合，不仅难以促成教育与生产实践的结合，甚至会对正常的教学秩序造成冲击。而在对教劳结合作为培养全面发展个人的唯一途径上，相关学者认为，不应将其经验化为对具体教育行动的指导。还有部分学者在教劳结合的实现上对教劳结合与综合技术教育之间的区别与联系进行辨析，普遍认为，综合技术教育应作为教劳结合的一部分，是教劳结合典型的实践模式。在对教劳结合的时代意义进行探讨方面，相关学者的研究主要集中探讨了教劳结合的实践模式。例如，有的学者分析了知识经济时代对教劳结合的要求，在此基础上强调在实现教劳结合的过程中应充分发掘体脑结合的作用和价值。

在人的全面发展学说与人性问题的探讨方面，相关研究者主要围绕全面发展的基本内涵该如何理解，以及结合现时代尤其在与素质教育的关系中该如何看待全面发展理论进行了探讨。相关对马克思主义全面发展理论的理解主要呈现出三个阶段的历史性特征。早期的全面发展理论主要结合党的教育方针对全面发展的概念进行澄清和解析，如有学者结合毛泽东有关全面发展的论述提出，全面发展虽着重强调消除劳动的体脑差别，但是这一差别的消解不能单纯通过自身去实现，而必须在同时应对城乡差别和工农差别这一社会背景中实现，所以全面发展理论不能简单划归个体发展的理论。在全面发展理论中，个体的发展与社会发展具有时代的一体性。随着素质教育的提出，如何看待人的发展与素质间的关系，以及如何看待人的全面发展与全面素质的关系，也成为全面发展问题探讨的焦点。相关学者的研究主要围绕全面发展的要素与构成探讨全面发展的必要性。而在全面发展理论探讨的第二阶段，以王逢贤先生《马克思异化理论与人的全面发展》一文的发表为代表，对全面发展理论的原典阐释逐渐被学界关注。一批学者开始强调从马克思思想的时代特征和整体性出发去理解人的全面发展。传统对全面发展的理解往往限于发展的经验表现，而异化与全面发展关系的讨论则揭示出真正的全面发展不仅是对某种实际技能的占有，更重要的是对人的本质的占有。整理这些讨论中产生的分歧，较有代表性的总结性著作如陈桂生先生的《人的全面发展理论与现时代》。正如陈桂生在该书的前言中所言，改革开放以来，理论界已形成了对人的全面发展理论较有影响性的分歧，陈先生将相关分歧概括为三个方面的问题：首先是全面发展理论的归属问题，即究竟应归属于马克思主义的人学理论还是异化理论，抑或唯物史观的一部分；其次是实现全面发展的可能性问题；最后是全面发展理论与现时代的适切性。立足这些主要分歧，作者深入考察了全面发展理论在人类思想历史中的确立过程，进而得出马克思在确立全面发展理论的过程中大体经过了从《1844 年经济学哲学手稿》中的确立期到《德意志意识形态》的基本形成，并在《1857—1858 年经济学手稿》中进一步发展，在此基础上，作者提出全面发展理论的普世价值，以及与现时代的适切性根本在于人的片面发展在现代社会分工中仍然存在，这决定了马克思的全面发展理论仍具有时代的适切性。而由人的异化将全面发展理论理解为"人的本质的全面占有"，这一论点引申出人对异化的超越实质是人的主体自由的实现。这就产生出怎样理解自由发展与全面发展间关系的问题。相关较有代表性的观点如韩庆祥认为马克思全面发展理论的终极指向是人自由的生存，而这种自由的生存蕴含着唯物史观与真正人道主义的有机统一。还有的学者针对自由发展与人的全面发展之间的关系提出，马克思的全面发展应该是自由发展的前提基础，自由发展应成为全面发展的完成状态。在这一过程中，学者们开始自觉到既然自由发展是人的全面发展的应有之义，那么通向人的全面发展历程也是走向人的自由发展的解放历程。为此，有的学者从马克思主义中人的解放意识入手，对全面发展的时代意义进行了探究。较有代表性的如杨兆山老师在《马克思的人的解放思想的时代价值》中认为，人的自由全面发展是人的解放的最高境界，现代社会和现代生产作为人的全面发展的客观条件，在历史中展现为复杂性和不均衡性。所以，实施全面的教育理论是解放人的重要手段。

再次，一个重要的方面是对马克思主义人学视野的追寻。相关学者看到，传统教育学在论及马克思主义时往往侧重于在国家主义的层面探讨教育与宏观社会的关系，而伴随着对教育中人的主体性、教育实践的研究深化与拓展，对马克思主义人学视野的追寻就成为教育学研究的重要议题，较有代表性的有曾繁仁。曾先生从审视马克思主义如何助益现代美育构建的议题出发，提出为回应西方的文化哲学转型，我国的教育理论尤其是美育理论也应重视马克思主义人学理论的价值。在其专著《美育十五讲》中，曾先生认为马克思所揭示的人在解放过程中对资本主义异化过程的超越不仅是一个求善、求真的过程，也是一个求美的过程，即人们在按照善和真的标准生产和创造的同时，也是按照美的标准在生产和创造。马克思的人学理论在此意义上真正超越了对人主客二分的规定，从而人的解放过程也是一个真善美相统一的过程。在此基础上，曾先生建设性地提出，马克思的人学理论是一种以唯物实践存在论为基础，以自由和实践相结合为立足点，以人类的自由解放为旨归的理论。为此，应从人学视角努力发掘马克思主义中的美育内涵，实现教育中人的审美生存。有的学者从马克思主义中人的本质观与教育观关系出发，提出传统教育学基于马克思主义对教育与人的关系进行探讨时，往往不自觉地将该探讨置于脱离社会的场域中。为此，应从现实的社会关系出发，从人与社会的关系角度把握马克思主义教育思想中人的本质价值。有的学者认为，马克思教育思想的基本出发点是人现实的感性活动，马克思主义实现了对传统教育学的思维革命。还有的学者从交往实践的立场出发，用马克思的人学理论阐明教育学的问题，较有代表性的如项贤明的《泛教育论》。在该书中项教授指出，工作和劳动是人的一种类本质的对象化活动，只是受一定的社会历史条件影响才在劳动中形成人的个性与社会性的抽象对立。而随着社会劳动中交往实践的扩展，必然要求人的个性与作为类本性的社会性相统一并反映于教育现实中，教育生活也由单一化的学校生活向一般日常生活拓展，从而教育学的研究领域必然从单纯的学校生活为核心扩展至一般社会生活领域。而舒志定教授则从马克思主义教育思想的思考起点出发，通过梳理古今西方思想家在思考教育问题中难以逃脱的"抽象人"困惑，指出马克思主义教育思想将现实的感性活动作为考察教育问题的思维起点，对于摆脱"抽象的主体"具有重要的意义。

除了对马克思主义教育思想的经典著述和命题进行研究外，我国学者还集中探讨了马克思主义在教育学方法论上的运用，相关的研究聚焦于马克思主义如何助益教育学的科学化及教育学学科的独立性。在该方面，较为典型的如对教育研究如何运用马克思从"感性具体"上升至"理性具体"的思维方法进行的相关探索。有的学者认为，正如马克思提出的，在一般科学思维方法中"最简单的规定"是实现思维飞跃的重要环节，为此，教育学欲实现科学化也应从将马克思主义作为单纯的言辞章句之学中走出，寻找教育学中的"最简单规定"，亦即教育学的逻辑起点，建立起科学的教育理论体系。还有的学者认为，马克思的这一思维方法启迪我们不应简单地将实证方法的引入作为教育学科学化的核心标志，理论达到"理性具体"的前提是理性的抽象。而在学科体系建构方面，有的学者围绕在教育学学科建设中究竟应该坚持构造体系还是研究问题取向进行探讨，提出了这二者并不是截然对立的，只有运用马克思从抽象到具体的思维方法，实现以教育现象为对象到教育理论为对象的认识转向，才能在研究中真正实现体系与问题的统一。还有的学者在马克思主义对理性形而上学的变革基础上，阐述新时代教育学建构的思考，较有代表性的研究如桑新民的《呼唤新世纪的教育哲学——人类自身生产探秘》。在该书中，著者回顾了西方哲学从古代哲学在直观中把握客体的本体论研究演化至在近代哲学在反思中把握主体的认识论研究，最终在德国古典哲学那里尤其是黑格尔的辩证法中实现本体论与认识论的统一，而马克思主义既继承了德国古典哲学的这种理论精神，又转变了思维和存在头脑倒置的问题。在此基础上，著者认为，对教育的反思按照人类一般思维的发展也应该展现为从教育本体论到教育价值论再到教育实践论的过程。

从国外的研究情况看，近年来国外教育学对马克思主义的反思主要集中于新马克思主义和批判教育学上。前者较有代表性的为鲍尔斯和金蒂斯运用马克思主义对美国教育与资本主义的互动关系进行的相关研究。著者着眼于战后美国教育政策的实施效果，批判地指出杜威强调的民主主义教育思想的虚假性，认为过去美国教育改革失败的重要根源就在于误认为杜威所提出的资本主义民主是唯一正确的，没有看到资本主义制度本身也是一种充满权力主义、等级和压制的价值体系。在此方面，马克思主义教育思想的价值，就在于其雇佣劳动和剩余价值理论更有利于解释学校结构与资本主义经济结构之间的内在关系。而在批判教育学方面，迈克尔·阿普尔通过分析权力、市场和教育之间的关系，揭示了蕴含于教育之中的社会权力产生机制，以及这种机制如何透过市场经济的调节来运行。在其代表作《教育与权力》中，阿普尔阐明了传统教育理论在面向并不完善的社会时，往往偏离一种理性批判的态度，这种偏离主要源自传统教育理论将教育活动置于一种要素主义和形式化的分析中，忽视了鲜活的历史活动背景和教育与宏观社会结构的互动。介于此，阿普尔提出，对于现实教育的理性批判应着眼于统治关系中领导权的确立与合法性的认同，而在此方面，马克思主义深刻的历史意识有助于我们认清教育中蕴藏的现实权力关系。此外，还有相当多的西方马克思主义教育理论研究将关注的焦点集中在对女性主义、种族主义等蕴含社会隐性不公的教育问题上。

纵观对马克思主义的反思性研究，可以看到，教育基本理论对马克思主义的探索一直伴随着马克思主义与教育现实的冲突。例如在对教劳结合的反思中，正是教劳结合理论在落实中遭遇的内涵分歧要求教育研究反思作为实践模式的综合技术劳动与教劳结合思想的关系、劳动作为一种现实活动和作为实现全面发展途径的关系。在对全面发展理论的反思中，正是发展的经验表现同全面发展作为一种价值理想遭遇矛盾，由此引发有关全面发展的内涵、全面发展与自由发展的关系等相关问题。这些研究的发展启示我们，教育基本理论研究对马克思主义运用的正确与否，不能简单地通过经典文本的内容去裁定事实，而是马克思主义者应看相关的理解是否正确地反映了教育发展的时代性要求。在这种过程中，马克思主义自身的价值也不是针对现实的形式规定，而是马克思主义者应主动参与到对现存教育问题的反思中。为此，我们应当看到，无论是我国教育学者对马克思主义的关注，还是西方教育思潮对马克思主义的认识发展，都不约而同从认识论的反省出发，间接地理解和深化马克思主义在教育基本领域中的理论价值。而这也是我们告别单纯文本梳理，开展对马克思主义反思性研究的思维起点，也应成为本研究的着力点。

2. 有关马克思主义的教育思想史研究

相较于从本体内涵对马克思主义的反思性研究，有关马克思主义的教育思想史研究是从历时角度探讨马克思主义如何在教育领域中的引入、如何指导教育学术发展等方面的认识历程。该方面的研究主要集中于两个方面，一方面是对马克思主义教育思想的教育学史进行的研究；另一方面是对教育学与马克思主义关系进行的历时性考查。

在对马克思主义教育思想的教育学史研究上，有学者对马克思主义教育哲学的历史发展进行过系统的梳理，得出我国的马克思主义教育哲学大体上经历了三个时期的发展阶段，即从单纯引入到本体——认识论两条路线的运用，再到包含本体论、认识论、价值论等多重理解的马克思主义教育哲学思考。有的学者对马克思主义教育学的中国传统进行了系统的总结，辨明了马克思主义教育学传统与传统、文化传统概念之间的关系，从中得出，学术性、规范性和稳定性是马克思主义教育学传统的重要特征。车树实在《马克思主义教育思想史初编》中，系统地梳理了马克思主义教育思想形成、发展的轨迹，特别是在国外社会主义国家中马克思主义同各国革命建设实践相结合的经验和教训。该著作围绕马克思主义教育思想的形成、发展，以及在社会主义建设时期马克思主义教育思想的深化和拓展这两条主线，对马克思主义教育思想的历程进行了回顾。这其中，尤其细致地整理了毛泽东在新民主主义革命时期对马克思主义教育思想的发展，以及列宁晚年时期的马克思主义教育思想，在教育学史的相关研究中极具考证意义。有的学者对战后苏联的共产主义理论教育进行了系统的整理，从中得出，战后苏联在共产主义教育理论上主要着眼于个性与集体教育的关系、对全面发展理论和道德教育等方面进行了深化。陈金波先生结合西方马克思主义形成和发展的历程，比较了西方马克思主义哲学、新马克思主义社会学与我国马克思主义哲学之间的历史联系，从中得出将教育视为一种社会化再生产、公共教育的普适化和推崇知识工具是西方马克思主义在教育领域中做出的核心贡献。

　　而在有关教育学史的研究中，有的学者着眼于社会主义教育学理论体系的发展，认为马克思主义教育基本原理与我国社会主义教育实践相结合的关键点就在于时代意识与阶级意识的统一。有的学者主张，应在全面发展与教育属性上充分挖掘马克思教育思想的时代意义。有的学者从马克思主义中国化与社会主义教育体系建设的关系出发，认为发展理念是马克思主义教育思想中国化的逻辑起点，面向教育实践是马克思主义教育思想中国化的动力源泉。在《20世纪中国教育学发展问题研究》中，侯怀银先生对20世纪中国教育发展的基本历程进行了梳理，针对这一历程侯先生提出，马克思主义与具体科学的关系是我国教育学在"文革"后重建兴起的重要基础，正是将马克思主义视为"提供科学的世界观、方法论以及某些教育方面的一般性原理"的理论定位，才使得我国教育学走向科学化有了牢固的保证。而在我国教育学建设和发展的新时期，坚持以马列主义、毛泽东思想为指导，以研究我国教育事业的发展和改革中的重大现实问题为中心，逐步建立具有中国特色社会主义的教育学体系更是成为我国教育学发展的主要任务。还有的学者对我国教育学研究中涉及的马克思主义方法论进行了梳理和归纳，在此基础上认为，我国的教育学在运用马克思主义的过程中，存在着将信仰与学术混淆的一些现象，为此，应在教育学研究中坚持非中立的观察、批判性的目光，审慎对待马克思主义的方法论意义。

　　而从国外的相关研究上看，近现代西方学者对马克思主义思想史的关注主要集中在批判理论领域。如在Randall Curren主编的《教育哲学指南》中，编者将马克思和恩格斯的教育思想视作批判理论的源头，通过对教育哲学中的批判理论进行梳理，得出马克思主义教育思想在发展中历经了经典马克思主义、法兰克福批判学派、英国文化研究和批判教育学等几种形态。编者认为，从这一思想史的发展看，马克思主义教育思想的核心贡献在于揭示出资本主义教育制度是一种充满社会霸权色彩的制度。但同时，从消极的一面看，马克思主义教育思想在发展中也暴露了忽视交往和民主、轻视文化和符号功能的诸多弊端。而从马克思主义教育思想的历史继承性上看，法兰克福学派对教育的探讨深化了马克思主义在日常生活领域的文化批判。在反抗工业化对大众文化的入侵中，英国学者在借鉴马克思主义的基础上发展出了教育哲学领域中的文化研究学派，呼吁更具解放性的教育模式，并最终在批判教育学那里实现对资本主义学校教育最为系统的批判。纵观西方后期马克思主义教育思想的发展,《教育哲学指南》认为,新马克思主义教育学者的突出贡献在于超越了经典马克思主义对阶级和经济的狭隘关注,强调社会能动性和实践观点的重要性,并把性别、宗教等因素纳入多元文化教育、民主化和社会正义等观念之中。Isaac Gottesman通过系统地分析发生在20世纪60年代至80年代的马克思主义兴起与美国教育学中的批判转向,梳理出批判教育学对马克思主义的运用发展存在两条路线:第一条路线是马丁·卡诺在《资本主义与教育》一文中提出的由鲍尔斯和金蒂斯发展的社会功能视野下马克思主义教育学分析,另一种是由保罗·弗莱雷代表作《压迫者的教育学》开启的批判教育学。在《国际教育大百科全书》教育哲学卷中,马克思主义教育思想的发展被归纳为经历了从阶级分析到文化批判的历程。在该词条中,编者认为马克思主义自产生起,在各国的教育实践中形成了不同的发展路径,对社会主义社会来说,马克思主义是一种意识形态的建构,而对资本主义社会来说,马克思主义是一种发现问题的透镜,是针对学校教育的一种批判和分析。这种路线在其发展中主要演化为当代马克思主义教育学研究的三种主要趋势:首先是从阶级文化的再生产方面演化为以阿尔都塞为代表的批判理论,该理论主要作用于审视和发现蕴于教育中的文化再生产,以及这种再生产展现的阶级差异性特征。其次是从意识形态方面演化为以葛兰西为代表的批判理论,该理论主要作用于对课程理论的批判分析上。最后是从国家作为“超稳定结构”的分析演化为新马克思主义对国家教育政策中各阶级关系的分析。

透过有关马克思主义的教育思想史研究,我们可以看到,马克思主义在教育学思想领域的发展是在对马克思主义的解释中展开的。对马克思主义不同的认识产生出不同的学术派别,这些派别间的冲突推进了教育学对马克思主义的认识不断深化。这告诉我们,对马克思主义传统的认识既要关注时代赋予的教育内容,更要从理论派别的内部冲突出发,认识和理解马克思主义发展的阶段性特征。但同时我们还应清醒地看到,国内相关的反思性研究多数还停留在描述的阶段,正如周谷平教授提出的,对马克思主义学理上的内在冲突及其历史,在我国的教育学研究中尚缺乏真正的探索。本研究正是基于此,通过展现教育基本理论研究对马克思主义的认识冲突及其进展,试图为我国教育学传承和发展马克思主义传统提供建设性的思考。

3. 有关马克思主义的教育实践史研究

马克思主义区别于一般书斋式理论的根本特征就在于立足实践的观点。这种实践的观点要求对马克思主义的教育践行本身就是深化其认识和理解的重要方式。相关学者就马克思主义与中国教育实践互动的历史进行了总结，形成了一系列具有重要反思价值的理论成果。该方面的研究主要集中展现我国关于马克思主义的教育实践历史。此外，还有些研究针对某一时期践行马克思主义的代表性教育事件或运动进行的专题性探索。

其中，在对我国马克思主义教育实践的历史梳理上，较为代表性的如周谷平主编的《马克思主义教育思想的中国化历程》。在该著作中，编者将马克思主义与中国教育实践互动的历史进程概述为"选择""融合"和"发展"，集中阐释了 20 世纪以来我国教育如何选择以马克思主义作指导，如何在教育实践中践行马克思主义的历史进程。基于此，编者认为我国在落实马克思主义的教育实践中，经历了教育主题和教育理念的三次转变。在教育主题上，马克思主义教育实践历程经历了从教育民主到教育开放再到教育创新的发展历程。而从教育理念上看，我国的马克思主义教育实践经历了从建设"民族、科学、大众的文化"到"三个面向"再到"素质教育"的三次转变，这种教育实践的历史深刻地反映出马克思主义与时俱进的理论特征。类似的研究还有陆有铨先生在《躁动的百年》中系统地梳理了马克思主义与中国教育互动发展的历史，对各时期马克思主义与中国教育实践的互动结点进行了归纳，如在早期的教育实践中，教育实践领域集中关注如何借助西化实现现代化；在社会主义教育探索时期，马克思主义对教育实践的影响集中体现在对意识形态问题和农民问题的关注，这种关注集中体现为教育如何在建设"民族的、大众的、科学的"文化中发挥力量。而在创建中国特色的社会主义教育时期，马克思主义对教育实践的影响主要体现在如何运用邓小平教育思想实现中国的教育改革。此外，张斌贤等学者在对新中国成立初期教育学术的研究中，系统地梳理了马克思主义教育实践中具有重大影响的思想改造运动，以及伴随苏联教育学引入发生的赴苏学习、苏联专家讲学等活动的历史。在这种梳理的基础上，作者发现，以苏联为代表的马克思主义教育理论在解放时期对我国的现实教育变革产生了一系列重大影响，集中体现为思想政治教育受到了前所未有的重视、教育体制发生了新的变化和教学改革的全面铺开。随着苏联教学法的演进，五段教学法、模仿苏联建立教研室也纷纷兴起。孙喜亭先生在纪念马克思逝世100周年之际，对马克思主义教育学说在中国的传播历史进行了梳理，提出我国教育在践行马克思主义的过程中展现了融于革命运动、平民教育运动和旧教育改造运动的阶段性特征。

另一些较有代表性的研究集中体现为对某一代表性教育实践的专题研究。相关研究往往分散于教育专题史的记述中。在中国，较有代表性的是对解放区教育实践历史的研究，如陈元晖先生的《老解放区教育简史》。在该著作中，著者通过梳理在土地革命、抗日战争和解放战争期间老解放区教育的发展历史，认为老解放区的教育史实质是马克思主义与阶级革命实践相结合的历史，以建立并普及民族的、大众的、科学的社会主义文化为旨归。其次，较有影响的还有对苏联教育实践的梳理性研究，在该方面较有代表性的如王义高、肖甦的《苏联教育70年成败》，该著作系统地总结了苏联教育70年变革发展的历史。著者将苏联教育划分为建国以来列宁指导的时期、革命化改造时期、规范化整顿时期、应式变革时期和解体前夕。围绕宏观教育方针、政府当局的教育政策、著名的教育流派三个方面，通过对各时期苏联教育的社会主义实践进行整理，反映出苏联教育在践行马克思主义过程中向阶级化与民主化发展的历程。这种社会主义社会与教育互动的历史现实对于我们认识教育与政治的关系，具有一定的借鉴意义。顾明远先生从苏联的教育史经验总结中得出，一定的教育应符合国家社会经济发展的国情、处理好传统与现代之间的批判继承关系，这二者是教育践行马克思主义的要义。而在国外的相关研究中，Madan Sarup 在《马克思主义与教育》中认为，马克思主义对教育实践的影响集中体现在对教育实践思维方式的变革上，在这种变革的历程中，最为突出的是异化理论在西方教育实践中的影响，这种影响深刻地展现了马克思主义对人自身的关注。而 Glenn Rimouski 在论及马克思主义与未来教育实践的关系时提出，马克思主义对未来教育的功能集中体现为对教育现实的批判功能，对人现实需要的关怀，以及对人的自由的诠释。

从相关学者的研究可以看出，马克思主义作用于一国教育实践的历史，是服务各国国情需要的产物，是作为社会历史的结果出现的。无论中国在改革开放的进程中选择"三个面向"作为新时期教育发展的核心任务，还是苏联在发展教育的过程中将"民主"和"人道主义"作为教育实践的价值选择，我们都不应简单站在一种"符合论"的立场上评价某一时期的马克思主义教育实践，即单纯从一种事实效果的好坏与否评价这种教育实践的价值，忽视了实践面对的历史条件和历史任务，例如将革命时期中国共产党领导的教育事业的发展历史简单理解为单纯思想政治教育的历史。以往的研究往往先确立一种外部的形式标准，然后按照自然时间的顺序对各历史时期的教育事件进行梳理。但这种做法也存在一定的局限，那就是难以揭示特定教育事件如何体现马克思主义发展的历史必然性。这就需要我们从人们对现存教育实践的反思活动出发，探索这种"反思的历史"中马克思主义如何作用于人们思维的一般逻辑。这正是研究马克思主义传统的使命所在。

五、研究对象与方法

马克思主义研究中的历史意识缺失要求我们在对马克思主义传统进行梳理的过程中，不能再悬置马克思主义在教育基本研究中的历史内容，即仅仅从哲学基础、实践基础等确立一个形式化的标准，外在地归纳这种学术传统的内涵。从以往的文献研究也可以印证，马克思主义在教育领域中的深化和发展，不是通过教育学研究对马克思主义的形式演绎实现的。相反，这种发展集中展现在教育学对马克思主义的认识论反省。正是在不同教育思潮对马克思主义的解释冲突中，在思想与现实的矛盾中，马克思主义逐渐在教育学史中展开丰富的内涵。这就要求我们对马克思主义历史发展的认识必须置于一定的教育基本理论研究的学术历史中进行理解。而在学术史发展的相关载体中，教育理论期刊作为教育学集中的话语阵地，相较于书籍和会议等能够更为集中、多样地反映教育观点的碰撞和某一类教育思想的发展变化，对教育思想的时代把握更为敏感。正是在此基础上，本研究选定《教育研究》和《中国教育学刊》作为分析的主线，连同相关的书籍和权威期刊作为文本对象，运用历史文献法和文献计量法对马克思主义的传统做以归纳总结。

（一）研究对象

在研究对象上，本研究主要面向有关马克思主义研究的教育学著作和相关的核心文献。突破单纯学科取向，不再将教育学对马克思主义的研究看作运用马克思主义去解决某一教育问题的"领域科学"。在研究对象的选择上，并不存在一个可以将马克思主义或教育基本理论进行形式分类的抽象标准。从不同文本的特征看，书籍类文献能够完整地反映作者对某一研究问题系统的思考过程。相对于书籍，期刊类文献作为学术话语的阵地，更有利于快速灵敏地反映相关学术热点的动态变化。为此，本研究在对新时期我国教育学对马克思主义的研究进行梳理时，主要选取教育学的核心期刊为分析主线。与此同时，兼取相关专著和权威期刊作为佐证。与此同时，在文献计量方面，我国的教育学期刊领域是在 1998 年才开始正式地规范注释和参考文献标准，亦即在此之前相关的期刊成果事实上都没有明确的学术写作规范。所以在引文中不同作者之间发生的共被引关系、关键词的共现关系等更是无从谈起。而在 1998 年之前相当长的历史时期内，我国教育学领域对马克思主义的研究都是由作为相关课题成果的专著主导的。所以，对新时期早期阶段和在此之前的马克思主义研究史梳理时，还是应以相关的教育史研究和专题著述为主。而对于作为分析主线的教育学核心期刊，在研究对象的选择标准上应关注以下特征：

1. 研究时间上的覆盖性

所选的教育学期刊应在实践跨度上覆盖新时期阶段。在该方面，如《教育研究》和各个师范类高校学报的教育科学版从时间上都具有很好的覆盖性。而如《北京大学教育评论》《清华大学教育研究》等期刊作为后起之秀，在教育学研究领域虽然一度产生重要的影响，但相对而言办刊时间普遍较晚，所以事实上不能全面反映新时期我国教育学研究发展的总体现状。

2. 期刊的影响性

期刊的影响性往往透过一个期刊的影响因子和办刊主体得以体现。在 2014 年，由中国社会科学院发布的《中国人文社会科学期刊评价报告》中，《教育研究》《北京大学教育评论》和《高等教育研究》被分别评为顶级期刊和权威期刊[①]。而这三种期刊在中国知网中的综合影响因子分别是 2.622、1.688、1.617。从办刊主体看，《教育研究》的承办单位是中国教育科学研究院，《中国教育学刊》的办刊主体是中国最大的教育学研究团体——中国教育学会。因而这两个期刊在办刊主体上可以有力地展现在教育学领域的影响力。

3. 内容的适切性

本研究探讨的是教育基本理论研究中的马克思主义，这就要求相关期刊必须以教育基本理论研究为刊物的主导内容，强调在相关专栏中的覆盖性。所以像《人民教育》《江苏教育》等以一线教育实践介绍为主导的期刊，以及像《开放教育研究》《教师教育研究》《教育发展研究》等集中某

---

① 相关内容见 http://www.cssn.cn/xspj/201411/t20141125_1415277.shtml.

一教育领域或特定研究专题的期刊都不宜成为本研究的研究对象。而像《高等教育研究》这类期刊虽然设立了"教育理论"专栏，但教育基本理论的相关内容并不突出，如果选其作为对象可能对相关信息统计造成一定困难且研究内容的覆盖难以全面。

综合以上，本研究在研究对象上以 1998 年为界，在此之前对有关马克思主义的教育学成果梳理主要选定在相关课题的成果专著和教育史研究；而在 1998 年之后的研究对象主要选定在教育学核心期刊文献。与此同时，在有关新时期教育学的马克思主义研究整体梳理上，本研究结合期刊文献应具备的核心特征，以《教育研究》和《中国教育学刊》为分析的主线，主要从这两种期刊中教育基本理论发展的动态变化去考察教育学与马克思主义的互动关系，同时参照《北京大学教育评论》《教育学报》《高等教育研究》等核心期刊。但在分析的过程中本研究并不局限于期刊文本，而是在对发展中的问题及变化进行解释和前提性追问的过程中，如若牵涉到相关著述，再将这些成果纳入分析的视野，以辅助对文本的整理，从而试图梳理出马克思主义在我国教育学研究中的认识发展历程。

（二）研究方法

针对期刊文本这一研究对象的自身特征，充分考虑有关教育基本理论文献的定性和定量特征，本研究采取历史文献法和文献计量法对相关的研究文本进行梳理。

1. 历史文献法

历史文献法主要指通过对相关文献文本进行比较细读和深入发掘，揭示文本背后的思想内容，因而是一种定性分析的方法。以往针对马克思主义的教育学史研究不乏采取历史文献法的，但是纵观这种方法的实际应用，往往停留在对研究文本直接地形式归纳或确立一种外在的形式标准，而后按此标准对内容进行分类。如此做法实质是离开了马克思主义在教育研究中发生的历史。这种形式思维中历史意识的缺失，正如黑格尔的比喻：从一种形式化的标准出发还想深入内容的本质，就像为了防止淹死于是应先学会游泳再下水一样。梳理一种思想的历史发展不能靠悬置历史，按照概念的名称和现实的内容是否符合来确立分类的标准，相反，必须在理论思维和现实的真实冲突中、在不同思想观点的争执中才能实现。因而，为实现这一主旨的文本分析就不能以形式归纳的完善与否作为分析的标准，更应当揭示出文本背后隐匿的思考前提。在实际操作中，本研究虽然以《教育研究》和《中国教育学刊》为研究对象，但并非将视线局限在这两种期刊本身，而是包括相关书籍。透过不同时期教育基本理论界争论的代表性内容，从比较中发掘出教育基本理论研究在运用马克思主义过程中思维的一般逻辑运动，进而梳理出教育理论思维发展中对马克思主义的解释原则，从而展现不同时期马克思主义传统在教育基本理论中贯彻的"群像"。

2. 文献计量法

文献计量法是指研究文献情报的分布结构、数量关系和变化规律的量化方法。单纯通过历史文献法对相关的期刊文本文献做总结时，得到的结果往往受分析者个人理论背景的影响造成不可避免的主观偏差。与此同时，近 40 年的期刊文本容量文字内容繁多，尤其在教育学走向学科分化的今天，同一教育问题衍生出的领域分支日益复杂，也会对文本分析中把握研究内容发展的主线造成一定干扰。为此，本研究借鉴了文献计量的方法，从定量的角度对相关期刊作者、机构的合作及分布关系进行整理，从而展现教育学者群体的外部特征，突出研究发展中的学术脉络。通过关键词、引文的分析对突出领域进行整理，从而发掘教育基本理论研究对马克思主义经典文本的选择特点。具体结合 Citespace、SPSS 分析软件，从操作上应用的计量方法如下：

（1）引文分析法。引文分析法主要是一种结合相关学术期刊的引文资料，对其数量和内在结构特征加以分析的方法。在本研究中，笔者以中文社会科学引文索引（CSSCI）提供的相关引文资料为研究对象，通过 Citespace 软件进行引文共现的知识图谱分析。借助知识图谱反映的热点性共被引文献、引发研究主题转向的核心文献，分析教育研究参考马克思主义经典文本过程中体现的时代性特征，并通过对这一发展中转折和突变的归纳分析，总结马克思主义对教育基本理论研究的作用特点。与此同时，借助相关作者和合作机构知识图谱，本研究试图归纳代表性期刊的作者群特征。在这一过程中，借助 Excel 进行简单的描述性统计，以此辅助对相关引文内容的分析。

（2）书目分析法。书目分析法是指统计某一时期的研究者在公开刊物上发表的研究成果，进而对其数量特征进行比较的方法。本研究主要以相关期刊成果中的关键词为分析对象，结合关键词在期刊成果中反映的数量特征，对一定领域关键词的远近关系做以分析。在本研究中，笔者从 CNKI 的相关引文资料为原始数据。通过书目共现分析系统（Bibcom）对 CNKI 中的引证文献提取核心主题词，在此基础上，按照各主题词在期刊文本中的共现关系生成关键词共现矩阵。而后通过 SPSS 软件针对共现矩阵进一步聚类分析，得出有关主题词的树状图，从中将《教育研究》和《中国教育学刊》中出现的热点领域进行归纳梳理，得出这些关键词在不同领域间的分布。

六、研究的创新点

传统对教育学中马克思主义的反思性研究多立足于对相关研究内容的形式归纳，但这种形式归纳往往在对相关研究的总结中脱离了思维的内容，把教育研究的理论成果肢解于马克思主义的形式标准中。本研究的创新点就在于从整体的马克思主义视角，即不是直接从践行马克思主义的教育实践、教育研究引述的马克思主义经典等实体性内容出发，而是立足教育理论思维的发展梳理教育基本理论研究对马克思主义的发展，基于历史意识深化教育学对马克思主义的理解。此外，本研究借助统计分析软件，将文献计量的方法引入教育学史的研究中，从而实现定量研究与定性研究的结合，这也是本研究的创新之处。

本研究由于时间和人力有限，无法兼顾书籍、报纸等其他文本形式，可能失却了其他文本的固有特点，会对研究的代表性造成一定不利的影响。

传统教育基本理论对马克思主义的研究最为核心的问题是历史意识的缺失，而从历史目光去审视教育基本理论中的马克思主义发展，就要求我们在对教育基本理论和马克思主义的内涵理解上必须从简单的形式归纳中走出，从二者发展的历史去梳理有关教育基本理论和马克思主义的本体内涵。正如黑格尔强调的，本质是过去了的存在。只有在马克思主义和教育基本理论概念存在的历史中才能发掘其本质，也才能实现马克思主义传统研究中内容与方法的统一。

一、教育基本理论的界说

"教育基本理论"的概念边界在我国教育学界一直备受争议，正如相关学者试图通过研究文献探讨"教育基本理论"的学科边界时发现的，一方面"教育基本理论"其"基本"的特性模糊了分科取向下对其学科外延的理解。在教育经济学、教育管理学等领域中，对学科发展影响深远的重大前提性问题，就理论深度而言，都应被置于"基本理论"的地位受到关注，这就泛化了"教育基本理论"作为规范化学科的外延。与此同时，对教育本质、教育职能等是否归属于教育基本理论的研究范畴也缺乏一致性的意见。所以在本研究中，试图从学科建制和相关教育文献的著述上对教育基本理论的内涵进行界说，以取得研究对象上的共识。

（一）从学科建制角度

从我国的学科建制发展来看，对教育基本理论的学科理解是伴随我国高等师范院校的重建而确立并发展的。但改革开放以来，在我国具有重要影响的学科建制文件中，并未找到关于教育基本理论的正规表述。在新时期我国高等师范院校重建时，教育部颁布了第一个对教育学具有重要影响的学科建制文件《高等师范院校教育系学校教育专业学时制教学方案（修订草案）》。在该文件中，有关"教育理论"方面的课程设置一栏，主要设有马克思列宁主义、毛泽东教育思想研究、鲁迅教育思想研究、现代教学技术、教育哲学、教学论和思想政治教育研究。这其中，能接近教育基本理论范畴的只有"马克思列宁主义、毛泽东教育思想研究""鲁迅教育思想研究"和"教育哲学"。而在1987年的《普通高等师范院校本科专业目录》征求意见稿中，将教育基本理论实质等同于"教育概论"。直至1988年进行大的学科调整时，重新修订了专业目录，辅之以正规的学科代码，在"040101教育学原理"下属的学科说明中才给予解释。目录指出，教育学原理原称"教育基本理论"，这一学科的主要任务是研究教育中的基本理论问题，探求教育的一般原理，以其综合性的研究成果促进教育理论的发展，并为教育改革提供指导。

从以上学科建制的发展可以看到，教育基本理论在学科发展中一直缺乏规范性的阐释，在学科建制中其内涵常常与教育概论、教育学原理混同。正如叶澜先生通过教育学的百年发展所揭示的，在最初的教育学诞生之际，教育学只是一种理论性的基础学科。只是随着教育学的学科分化和分支学科的衍生，这种理论性基础学科的"教育学"才将自己区别于教育学的具体学科成为教育基本理论。在本研究中，为了保证研究内容的连续性，仍采用教育基本理论的提法，从学科建制的历史变迁看，我国的教育基本理论研究从研究内容上主要包含规范化专业目录建立之前的"教育概论""教育基本理论"部分和规范化专业目录之后的"教育学原理"部分。

（二）从相关文献著述角度

正如以往文献研究中展现的，教育基本理论在教育学发展中的多重身份决定了对其内容架构的"正名"一直以来就是针对自身重要的反思性议题。虽然从研究的路径上各有不同，但是从总体看，这种"正名"的辩护主要受到两种力量的影响：一种是学科建制的发展对教育基本理论界说的影响，主要表现为正规化学科目录中有关"教育学原理，原名'教育基本理论'"的定位，这导致相当数量的学者从教育学的一般架构出发，试图为"教育基本理论"正名。另一种是应对教育基本理论生存危机的"正名"

新时期教育基本理论的马克思主义传统发展研究

路径，该方面主要体现为从教育学学科分化上去审视教育基本理论的定义。

1. 从教育学的学科架构界定

该方面代表性的界定方式是瞿葆奎先生的《教育基本理论之研究》。在该书中，编者在前言就阐明："'教育基本理论'的涵盖范围，目前尚缺乏统一的认识，我们力求在'基本'的框架内收集、分析资料，把研究的脉搏跳动在'基本'的节奏上。"[①] 但书中并未对"基本"的标准加以概述。在《教育基本理论研究与教育观念更新——十一届三中全会以来教育基本理论研究引发的教育观念变革寻迹》中，瞿先生认为教育基本理论是对形而上问题的阐释和理解，并不直接接触具体的教育情境及问题。但是从《教育基本理论之研究》的主题分类不难看出，各主题遵循的乃是一般教育学原理中的问题架构。此外，冯建军老师的《教育基本理论研究 20 年》同样具有代表性，在该书中，冯先生在前言中指出书中的研究主题乃是参考了"教育与人"和"教育与社会"的理解，对教育学架构的依附性体现得更为明显。

2. 从教育学的学科分化界定

该界定方式认为，对教育基本理论的认识不应固守于其边界的独立性，应当将其置于交叉学科的论证中。而"教育基本理论"的独特性就在于其实质等同于广义的教育原理，是对教育问题的基本认识和整体认识，是思考并探究教育领域中人们的认识和行为的基本依据。正如有学者指出，教育基本理论实质应是一种"理论教育学"[②]。相关学者们普遍达成一致的理解为：从研究主题的特点看，教育基本理论应是理论界学院化研究的产物，是对教育问题的系统性、根本性的认识。该方面较有代表性的认识如王坤庆先生在《教育学史论纲》中阐明的，教育基本理论近乎"广义教育学"的概念，不仅包括教育学，还包括教育社会学、教育哲学和教育科学研究方法等。与此相似的还有吴钢教授的观点，在《论教育学的终结》中吴钢教授认为，随着教育学研究中对人类学、心理学、社会学等其他学科的大量引入，教育学"基本理论"的价值空间已经缩减。更有学者直接将教育基本理论的独特性理解为近乎教育实践中的实用性，如桑代克在其主编的

---

① 瞿葆奎. 教育基本理论之研究（1978—1995）[M]. 福州：福建教育出版社，1998：2.

② 该方面代表性的学者如胡德海先生。在《教育学概念和教育学体系》一文中胡先生认为，"理论教育学即教育学原理之类基础学科"。在朱小蔓主编的《中国教师新百科·小学教育卷》中也认为，"教育基本理论，属于理论教育学"。

《教育之根本原理》中认为，教育学中作为根本原理的理论应指向"教师最重要日常工作之指导"①。

但是，纵观对"教育基本理论"界说的依据，无论是教育学架构说还是学科分化说，对教育基本理论的规定认识中逃脱不掉的是两种本体承诺：首先，凡是试图规定"教育基本理论"的，都必须承诺"超学科意识"。这种"超学科意识"不完全等于"体系化意识"，因为后者从广义上包括一种单纯的逻辑关系重组。而"超学科意识"要求凡是教育基本理论的研究者，无论他面向的是"学理"还是"事理"，无论他是对以往教育研究的总结还是进行理论创新，都不得不提供一种属于他自身的解释原则。即便像富于述评色彩的《教育基本理论之研究》，瞿葆奎先生亦在前言中阐明，这本书实质是将教育基本问题作为教育基本理论的解释原则，教育基本理论之研究的"钩玄"过程实质是对教育研究中何者是发挥普遍作用的基本问题的追寻过程。其次，凡是试图规定"教育基本理论"的，都必须指向教育思想的前提。伴随着学科体制的发展，对教育基本理论的理解发生了一个重要的变化：早期教育学分化不明显，教育基本理论的定义近乎理论教育学，所以并没有彰显其独特性。只有在后来教育学走向学科分化尤其是实践教育学的兴起，才使得教育基本理论的"基础性"备受学界的关注。可见，教育基本理论研究的独特价值正是在比照具体教育领域中的实践性问题中展现的，主要着眼于对教育问题的前提性思考。即便像桑代克提出的，教育基本理论要达到对教师最重要日常工作之指导，但当我们要回答什么是教师日常工作中"最为重要"的标准时，实质上也不可避免地指向教师日常事件反思背后的基本依据，亦即其思想的前提。

在对教育基本理论研究的理解上，以上两个前提必须同时具备。只有考察思想的前提及其在历史发展中的嬗变，才能为面向实践提供统一的解释原则，否则只是一些教育学概念在形式上取得同一，而若真正用其去解释现实时，只能流于语言的"空转"。只有具有超学科的意识，教育基本理论作为思想依据才具有前提性的意义，而不是割裂完整教育生活的形式命题。正是基于此，综合学科建制对教育基本理论的认识发展，笔者认为，教育基本理论应是教育学领域中具有超学科意识、以教育实践的思想前提为指向的理论范畴。在学科建制中表征为学科专业目录规范化之前的教育

---

① ［美］桑代克，盖滋. 教育之根本原理［M］. 王丕萍，译，上海：中华书局，1934：1.

概论、教育基本理论部分和专业目录规范化后的教育学原理部分。

二、马克思主义的理性内涵

马克思主义自产生之日起，就处在不断被诠释和界说的境遇中。这其中有对马克思主义的丰富和发展，也难免夹杂着误读甚至是曲解，这些曲解主要来自对马克思主义认识中历史意识的缺失。正如恩格斯强调的，真正的哲学是建立在通晓思维历史及其成就基础之上的理论思维。马克思主义不是一种站在历史之外看世界的宗派理论，只有在其产生和发展中，在其历史形态的演进中，我们才能真正理解马克思主义世界观的实质。

（一）传统教科书体系对马克思主义的代表性界说

马克思主义在经马克思和恩格斯开创之后，大体经历了两个阶段的发展：马克思逝世之后恩格斯对马克思主义的贡献及其发展；第二共产国际时期，国际社会对马克思主义的认识和发展。其中正是在第二共产国际时期，国际社会对马克思主义的理解开始分化。在西欧，以考茨基、法拉格、梅林等代表的马克思主义解释体系里，不乏学者将唯物辩证法理解为经验主义的发生学，将唯物史观解释为经济决定论等实证化的倾向。为此，列宁通过对马克思主义认识论的阐发，尤其是对唯物辩证法的深入研究，一定程度上纠正了对马克思主义的曲解；而斯大林正是在列宁的基础上对马克思主义加以系统阐述。但与此同时，斯大林体系在发展中也疏离了列宁着重强调的对马克思主义认识论的反省。较为典型的如列宁将辩证法视为马克思主义的核心，而斯大林则将辩证法降至一种普遍意义的思维方法。最终，以斯大林体系为标志的马克思主义认识上升为苏联的国家意识形态，并通过苏联的哲学教科书固定下来。这种马克思主义认识的核心标志是将马克思主义划分为辩证唯物主义和历史唯物主义，斯大林在所著的《辩证唯物主义和历史唯物主义》中进行了集中的阐释。而我国的马克思主义教科书受制于苏联的影响，在相当长的时期沿用的仍是斯大林体系的主要结构和基本内容，在此之上，形成以两主义（辩证唯物主义和历史唯物主义）、四板块（唯物主义、辩证法、认识论、唯物史观）为主导的传统教科书体系。纵观传统教科书体系对马克思主义的理解，笔者发现，按照对马克思主义的解释前提进行分类，马克思主义大概有以下代表性界定：

1. 科学世界观说

世界观是"人对世界总体的看法，包括对自身在世界整体中的地位和作用的看法"①。马克思主义作为科学的世界观和方法论，主要是指在实践基础上实现了辩证法和唯物主义、辩证唯物的自然观与历史观的统一，从而提供了关于整个物质世界的科学图景，揭示自然、社会和思维发展的一般规律。较早将马克思主义界定为科学世界观体系的表述出现在李达的《唯物辩证法大纲》中。在该书中李达认为，作为马克思主义核心部分的唯物辩证法是一种科学世界观与方法论的统一，"它是通过概括各门科学的成果而得出来的关于自然、社会和人类思维的最一般规律的客观知识，是一种正确反映客观实际的科学理论"②。在《辞海》中，马克思主义被界定为一种科学的理论体系，是工人阶级及其政党的世界观和指导思想。而在梁树发主编的《马克思主义哲学原理》中，马克思主义哲学被认为是"科学的世界观和方法论，是唯物主义哲学的现代科学形态"③。在教育部最新组织编写的马克思主义理论研究和重点建设教材《马克思主义基本原理概论》中，也将马克思主义界定为"马克思、恩格斯的观点和学说的体系，是由马克思、恩格斯创立的完整的科学世界观和方法论"④。在方法论上，该种界说主要是从具体科学对马克思主义的反思与定位上展开，倡导从具体科学与马克思主义的关系去运用马克思主义。为此，"科学世界观说"认为，马克思主义在现当代最重要的指导价值体现在其科学性上，具体科学是某一领域的科学，而马克思主义超越具体科学所涉猎的个别领域，是一种反思具体科学的"科学之科学"。类似的表述还出现在有关马克思主义的词条中。《中国特色社会主义简明教程》在对马克思主义的界定中，也强调马克思主义作为实现共产主义的世界观和方法论，其科学性就在于它是以所处时代最新科学研究成果为背景，展现了最具时代意义的物质世界的科学图景，从根本上揭示了物质世界的一般规律。正是马克思主义与各门科学的紧密联系使其成为无产阶级锐利的思想武器。

2. 无产阶级革命理论说

这一界说主要从马克思主义的阶级性出发去界定什么是马克思主义。这里的无产阶级革命理论主要是指马克思主义阐明的生产社会化和生产资料私人占有之间的矛盾，是资本主义社会的基本矛盾，在阶级关系上表征

---

① 辞海编辑委员会. 辞海 [M]. 上海：上海辞书出版社，1979：1503.
② 李达. 唯物辩证法大纲 [M]. 武汉：武汉大学出版社，2007：51.
③ 梁树发. 马克思主义哲学原理 [M]. 北京：中国人民大学出版社，2003：26
④ 陶德麟，石云霞. 马克思主义基本原理概论 [M]. 武汉：武汉大学出版社，2006：2.

为无产阶级与资产阶级的对立，在此基础上马克思主义科学地揭示出无产阶级的斗争是社会主义社会取代资本主义社会的必要途径。较有代表性的如王元明在《马克思主义哲学原理》中认为，"马克思主义是无产阶级的革命学说，是指导无产阶级消灭旧社会、建设新社会、实现人类彻底解放的学说"①。在顾海良和梅荣政主编的《马克思主义与现时代》中，马克思主义也被认为是"无产阶级认识世界和改造世界的工具"。由这种无产阶级革命理论的界说引申开来，相关教材和辞书对马克思主义的经典定义往往不是直接阐释马克思主义理论内容，而是从世界无产阶级运动史表征的马克思主义理论形态去界定什么是马克思主义。较有代表性的如不列颠百科全书对马克思主义的定义，在书中，马克思主义被界定为"各种不同的社会主义运动，特别是1914年以前的社会主义运用所理解和实际运用的思想"，包括"列宁所创立而被斯大林修改了的苏联马克思主义……它的旁系包括反斯大林的托洛茨基及其追随者多解释的马克思主义、毛泽东的中国式的马克思列宁主义和各种各样的第三世界马克思主义"②。与这种界定方式相近，《中国大百科全书》第15册也将马克思主义界定为"国际无产阶级革命导师 K. 马克思和 F. 恩格斯创立的思想体系。无产阶级政党指导思想的理论基础"③。综上，从总体看，有关马克思主义作为无产阶级革命理论的界说普遍认为马克思主义是无产阶级革命的世界观和方法论，是无产阶级改造社会的工具。从无产阶级运动的历史看，作为理论指导的马克思主义经历了三种理论形态，分别是马克思恩格斯创立的思想、社会主义运动形成和发展时期经列宁和斯大林改造并发展的社会主义理论和中国的社会主义思想（包括毛泽东思想、邓小平理论等，其中毛泽东思想在不列颠百科全书中被称为"毛主义"），以及现当代借用胡塞尔、海德格尔等思想改造的西方马克思主义。

3. 人类社会历史发展规律说

该种界定观点是立足于马克思主义自身的历史任务及其特点而言的。马克思主义作为阐明人类社会历史规律的理论，主要指其揭示了生产力和生产关系的矛盾是推动社会历史发展的内在动力，在此基础上，预言了社

---

① 王元明. 马克思主义哲学原理 [M]. 天津：天津人民出版社，2003：1.

② 美国不列颠百科全书公司. 不列颠百科全书（国际中文版）：第10卷 [M]. 北京：中国大百科全书出版社，1999：525.

③ 中国大百科全书·外国历史 [M]. 北京：中国大百科全书出版社，1990：600.

会主义取代资本主义的历史发展的必然趋势。具体而言，这种界定方式深受毛泽东同志对科学研究对象阐述的影响，"科学研究的区分，就是根据科学对象所具有的特殊的矛盾性。因此，对于某一现象的领域所特有的某一种矛盾的研究，就构成某一门科学的对象"①。在此基础上，传统教科书体系下的一部分学者认为，人身外的自然物质世界是马克思主义、旧唯物主义及具体科学共同的研究对象，相比之下，对人类社会历史规律的研究才是马克思主义的独特性所在，因而理应成为马克思主义的思考起点。该方面代表性的界定如在《科学社会主义的理论与实践概论》中，作者就主张科学社会主义作为马克思主义的核心，是"研究改变资本主义世界，建设社会主义世界一般规律的科学"②。马克思主义落实在具体学科中，如周运清在《社会学》中认为，马克思主义在社会观上的科学性就在于"探究到社会关系体系发展的客观规律性"③。

以上三种代表性的界说虽然在对马克思主义的理解前提下各有不同，但一个共性的取向是，他们都试图将马克思主义作为一种研究人类社会历史的科学进行界定，将马克思主义视为涵盖所有人类经验领域、以一切经验科学认识为给养的"科学之科学"。而这种思考反映于马克思主义研究中的一个突出表现就是，将对马克思主义的深入探讨在学科领域中划分开来，按照马克思主义经典所涉猎的知识领域将马克思主义划分为马克思主义哲学、马克思主义政治经济学和科学社会主义三个部分。这种传统教科书体系的可贵之处就在于：一方面，传统教科书体系从经典的界定方式上已经表征了我们是在马克思主义的形成发展史中、在马克思主义与其他学科的关系史中去理解什么是马克思主义。较有代表性的认识就是按照马克思主义的三大理论来源，即德国古典哲学、英国古典政治经济学和英法空想社会主义来理解马克思主义的三个主体领域构成。无论是科学世界观说还是人类社会历史规律说，都试图将马克思主义置于与一般科学的关系中对其内涵进行考察。另一方面，传统教科书体系的界定明确了马克思主义将人本身作为观照的核心，这尤其体现在人类社会历史规律说的界定中。虽然这种认识的末端之弊有将人类社会发展规律类比自然科学规律之嫌，但这

---

① 毛泽东选集：第一卷 [M]．北京：人民出版社，1991：309．
② 庞艳华，祁冰．科学社会主义理论与实践概论 [M]．沈阳：辽宁大学出版社，2007：1．
③ 周运清．社会学 [M]．武汉：武汉大学出版社，1988：4-5．

无疑突出了人的社会历史性在马克思主义中的认识地位。无独有偶，科学世界观说虽然将马克思主义的解释范围涵盖至整个世界，但是学者们普遍认为这种世界观的科学性集中体现在人的社会历史性中，尤其最为集中体现在马克思主义对无产阶级运动的影响中。

但与此同时，我们应当看到，从思维方式上说，这种传统教科书体系对马克思主义的理解还是一种朴素唯物论的眼光。在这一眼光下，马克思主义成为面向人类全部经验包含多个领域划分的科学。而从哲学与科学的关系史看，正如恩格斯曾经针对哲学与科学的关系所阐释的，当伴随着自然科学的发展，"我们就能依靠经验自然科学本身提供的事实，以近乎系统的形式描绘出一幅自然联系的清晰图画"①。而在这种科学的发展中，作为研究世界普遍联系的自然哲学就已经被科学驱逐出已有的研究领域了，"任何使它复活的企图不仅是多余的，而且是倒退"②。那么能否再以"科学之科学"的定位来理解马克思主义的世界观体系，再将马克思主义看作包含多个领域分支的科学？在此基础上，马克思恩格斯针对其生活的时代已经敏锐自觉到，对社会现实的研究不能再像自然科学家对待经验世界那样通过个体的观察去直言现存世界，相反，一切人文社会科学研究成为"只有全人类在其前进的发展中才能完成的事情"③，马克思主义又怎么能脱离人类的思想史和时代水平成为书斋化的信条？所以，有必要从马克思主义对人类思想史的历史继承出发去进一步深入理解马克思主义。

（二）马克思主义的历史继承及其理解前提

在传统教科书体系中，马克思主义被认为是继承德国古典哲学、英国古典政治经济学发展而来的理论成果。这种认识在使我们更好地理解马克思主义产生的思想背景的同时，往往也会造成我们在缺乏对马克思主义整体认识的前提下，把马克思主义视为一种综合分支的学说，忽视了马克思主义对资本主义的整体性批判。而当我们把马克思主义作为一种对资本主义的整体性批判审视其内涵时，诚如葛兰西在《狱中札记》中的看法，"一个大人物表现他思想的较有创造力的方面，并不是在从表面的分类的观点来看显然应当是最合乎逻辑的形式中，而是在别处，在表面上看来可以被

---

① 马克思恩格斯选集：第 4 卷 [M]. 北京：人民出版社，1995：241-242.

② 马克思恩格斯选集：第 4 卷 [M]. 北京：人民出版社，1995：246.

③ 马克思恩格斯选集：第 4 卷 [M]. 北京：人民出版社，1995：219-220.

认为是与之无关的部分中。一个搞政治的人进行哲学写作：情况可能是，他的'真正的'哲学反倒应该在他的政治论著中去寻找"①。

1. 德国古典哲学的理论困境与马克思主义的本体革命

所谓本体，是指认识的根本依据和尺度。从历史意识出发，马克思主义思想作为人类已有认识成果的发展，在对已有思想尤其是德国古典哲学理论全面继承的基础上，对世界观的本体依据做出了重要变革。正如列宁所言，"不钻研和不理解黑格尔的全部《逻辑学》，就不能完全理解马克思的《资本论》，特别是它的第一章。因此，半个世纪以来，没有一个马克思主义者是理解马克思主义的"②。在这句话中，列宁着重强调了对马克思主义的理解必须放置于其思维的时代性水平去进行思考。没有超越黑格尔及其代表的近代西方哲学的理论困难，就没有马克思主义认识的根本变革。正如马克思强调的，历史的任务只有在形成任务的条件都已成熟后，才能在现实中展现出来。德国古典哲学的历史任务既是对先前哲学史的传承发展，也是其理论困境的重要体现，正是在总结德国古典哲学的发展中马克思洞察到德国古典哲学自身固有的理论困境。在此基础上，马克思主义完成了对德国古典哲学的超越，实现了从"解释世界"向"改变世界"的本体变革。

17世纪西方资本主义的兴起标志着中世纪以来神权中心的宗教体系逐渐让位于世俗社会的普适生活。但这种资本主义表征的新的时代精神作为人们创造的历史，是在继承了中世纪以宗教信仰体系为核心的历史背景下创造的。这就要求作为时代精神精华的哲学，不能用直接否认上帝的方式推翻中世纪的神性压制，只能将上帝在历史中的意义展开为贯穿于世俗生活的"绝对精神"。正如黑格尔在历史哲学中描述的，"就是'理性'支配着'世界'的这个思想——同我们所熟知的一种应用的形式，就是宗教真理的形式有连带关系：这种宗教的形式，就是世界并不听凭于偶然的原因和表面的变故，而是有一种神意统治着世界"③，这种发展在哲学史上即表征为上帝人本化的历程。与此同时，这种上帝人本化的发展又是在笛卡尔开启的"认识论转向"中实现的。人即主体的自我意识是我们认识世界、

①　[意]葛兰西. 狱中札记 [M]. 曹雷雨，等译. 北京：中国社会科学出版社，2000：317.
②　列宁全集：第55卷 [M]. 北京：人民出版社，1990：15.
③　[德]黑格尔. 历史哲学 [M]. 王造时，译. 上海：上海书店出版社，2001：12.

把握人与世界关系的逻辑前提。然而人的这种主体性觉醒，只有在笛卡尔"我思故我在"这一论断提出之后，才获得实在的意义。笛卡尔通过怀疑的方式为人的思维寻找理性的根据，得出即使我们消解掉一切感性材料，至少自我是不可怀疑的。而"我"作为认识的根基，实质是一种思维着的精神，即自我意识。但是笛卡尔的自我作为他思维的结果，只是一种本体的承诺，并不直接统摄思维的过程。在人的思维环节中"我"是如何作用的，笛卡尔并没有真正地考察。但是笛卡尔留下的问题是在超验的追问中提出的，这决定了"自我意识在思维的行程中如何实现自身"这一历史任务不可能在法国唯物主义中获得真正的发展，只能在德国唯心主义中得以解决。至此，上帝的人本化作为绝对精神究竟如何具体化为人的自我实现，在整个德国古典哲学的发展中即展现为"自我意识在思维的行程中实现其自身"的逻辑进程。

"经验断言经验以外的世界何以可能"作为休谟遗留的问题，留给了康德。康德自觉到，我们虽然能看到经验表象，却看不到经验表象之中的普遍必然性。因而确立认识的普遍必然性不能是一个后天经验的分析问题，相反，只能是一个先天意识的综合①问题。通过理性心理学的方式，康德发现，即使我们消解了一切感性质料，至少时空还存在。因而时空作为先天形式，具有先天意识的普遍必然性。但同时时空只有在经验直观（如用数轴表示距离、用钟表表示时间）中才能作用于认识，因而是一种先天形式的纯直观。我们是以时空构筑的先天意识之网"捕捉"感性材料以构筑我们的认识对象，这即是先天意识的综合作用。而没有自我主动去认识世界的要求，这种综合作用又无从开始，因此康德认为，自我作为一种先验的范畴，是"先天统觉源始的综合统一"。但是康德的体系从根本上还是一种局限于理论理性的范畴去审视自我，所以时空代表的先天范畴在康德的体系里还是一种外在于思维内容的认识框架，亦即自我作为一种先验范畴的统一体，并没有在对象的内容中展开。后来，费希特正是在此基础上发展了康德，费希特自觉到，没有经验对象，自我无从综合感性材料以构筑对象，因而只有在形成对象的过程中自我的先天综合作用才能真正得以实现，

---

① 谓词完全包含在主词之中，借助同一性联结主词与谓词的判断为分析判断。谓词完全在主词之外，不能借助同一性去联结主词与谓词的判断为综合判断。如"红玫瑰是红的"为分析判断，而"树叶是可治病的"就是综合判断。这与形式逻辑的归纳与演绎不同，归纳恰好是后天分析判断，因为谓词作为主词的固有属性被抽象出来而不增添什么。

因而对象意识实质就是自我意识。在此基础上，费希特将康德体系中的先验自我规定为绝对自我，将在思维过程中阻碍自我发挥作用的范畴规定为非我。在人的理论理性实现过程中，自我受制于外在的感性材料，因而理论理性作为自我被感性材料开启的综合作用，即是一种绝对自我规定非我以实现其自身的过程。反之，在实践理性中，人为自己立法，"生命诚可贵，爱情价更高，但为自由故，二者皆可抛"。人的理性实现不受感性材料所束缚，因此实践理性的实现则是一种绝对自我规定自我以实现自身的过程。这样，费希特的体系便在绝对自我中实现了理论自我与实践自我的统一。

但是，无论是康德还是费希特，实质上都只在主观逻辑上树立起自我意识，客观逻辑上，在这二者的体系中自我实质上只是一种被动的主观条件，而真正的自我是作为自在之物而存在的。正是在此基础上，谢林和黑格尔自觉到，真正对自我的追寻不能简单地停留于一种主观建构客观的思维活动，而应是主观与客观，思维与存在的统一本身。只是这种统一在谢林的体系里被作为无条件的同一规定下来了。而黑格尔则将这种统一视作能动主体的实现，对此，黑格尔有一个形象的比喻，当我们要向他人说清楚什么是"这里"时，在思维的初级阶段上，我们往往把"这里"同感性的确定性等同起来，比如当我们面对一棵树，便会指认树为"这里"。但是一旦我们要在思维的运动中对"这里"详加认识时，这种感性的确定性又立即消解了，因为当我面对一间房屋时，树便不见了，"这里"又成了房屋。直到我自觉到"这里"其实是共相与表象的综合统一体，"这里"才能真正地为我所用。正是在此基础上，黑格尔自觉到，包括绝对理性在内的人身外的自在之物，在感性确定性的层次上，只是一种空洞的抽象性，因而具有无限的可能，所以又是一种全体的自由性，这种全体的自由性并不能在其本身中孤立地实现，相反，必须诉诸各个逻辑环节的必然性，因而人对世界的认识实现，亦即主客统一是一个全体的自由性与各个逻辑环节的必然性相统一的进程。

而将这种主客能动统一的过程应用于对自我的认识时，自我在认识世界的过程中将整个世界都变为"为我"的存在，从而自我意识在超越感性确定性的过程中，不断否定空洞而抽象的原始自我，获得越来越丰富的规定性。最终独立的个体只有在投身于社会的对象化活动中，在面对同样主体的他人中，才能真正地实现。在反思中，自我既是他人眼中的他者，又是"我"的创造主体，自我意识在世界的对象化过程就是"我"的实现过程。所以这种自我的实现已不再是局限于个体范畴上狭隘的自我意识了，而是最终达到我与世界的统一。自我意识的对象化就是"我"的生成过程，因此，作为结果的自我意识必然要超越主观性而成为返身主体、具有客观意义的"绝对精神"。在此意义上，黑格尔将主客统一的过程视作以绝对精神为核心的概念世界的实现过程。客观世界在概念中生成，因而被逻辑化了。与此同时，主观世界只有在概念中才能得以真正的外化，内在世界具体化为思维运动的逻辑。自我作为主客统一的能动主体，便在概念的自我运动中得以实现。

至此，德国古典哲学在黑格尔的体系中对"自我在思维中何以实现自身"的历史任务进行了最深入的回答，但是这种历史的功绩也是其最大的历史局限，那就是整个德国古典哲学只在思维的层面上回答了这一问题。所以正如恩格斯对黑格尔体系为何走入概念的循环一针见血地指出，黑格尔的结论已寓于他论证的前提之中。德国古典哲学将笛卡尔静止化、形式化的自我变为主体能动实现的历程。后来马克思发展了这种思考，提出"理论只要彻底，就能说服人。所谓彻底，就是抓住事物的根本。而人的根本就是人本身"[①]。整个德国古典哲学只在思维的范畴中将"人本身"能动地发展了，所以其结论必然是将"人本身的实现"等同于"自我意识在思维的行程中实现其自身"。这就是德国古典哲学走向"抽象的人身"和"人身外理性"的思想根源，亦是德国古典哲学的理论困境所在。这种理论困境导致德国古典哲学必然面对一方面肯定客观真理是无限发展的，一方面又主张思维着的个体就是客观真理的全部内容这种深层的解释困难。而将这种理论困境诉诸人类思维的历史则表现为，德国古典哲学在"抽象的人身"中努力实现主客统一，法国唯物主义在"感性的直观"中努力实现主客统一。在认识世界的过程中，二者根本上都将思维与存在、主体与客体的关系实现为一种独断的、肯定的统一关系，因而本质上只能是一种解释世界的哲学。而当马克思主义将实践的观点作为解释世界的基本原则时，诚如列宁所言，"世界不会满足人，于是人决心以自己的行动改变世界"[②]，实践所展现的是思维与存在、人与世界否定性的统一关系。正是在此基础

---

① 马克思恩格斯选集：第1卷 [M]. 北京：人民出版社，2012：10.
② 列宁全集：第38卷 [M]. 北京：人民出版社，1990：229.

上，马克思主义打破了作为终极统一的绝对精神对人的抽象统治，把人与世界的统一变为人类在实践这一不断自我否定过程中的追求，从而使哲学获得人类解放的现实意义，这就是马克思主义作为"改变世界"的哲学所引领的本体变革。

2. 古典政治经济学的历史局限与马克思主义的批判继承

在对德国古典哲学的批判中，马克思继承了黑格尔基于历史批判的思考，在此基础上，马克思和恩格斯自觉到，"一切社会变迁和政治变革的终极原因，不应当到人们的头脑中，到人们对永恒真理的正义的日以增进的认识中去寻找，而应当到生产方式和交换方式的变更中去寻找；不应当到有关时代的哲学中去寻找，而应当到有关的时代的经济中去寻找"①。正是在对古典政治经济学的历史局限进行批判继承的基础上，马克思主义超越了德国古典哲学人身外的理性，将历史发展视为精神自我实现历程的理解，将黑格尔体系表征的"观念的历史"倒转为人的现实的历史。

正如恩格斯总结马克思个人成就中谈及的，马克思一生中有两大贡献：唯物史观和剩余价值理论。而剩余价值理论的发现作为对古典政治经济学批判继承而来的产物，绝不是一种经济学流派的宗派理论，而是针对资本主义社会的历史逻辑写照，用恩格斯的话说，就是社会变迁的原因在经济领域中的"寻找"。为此，马克思详尽地考察了古典政治经济学从重农主义到重商主义发展演化的历史，试图从古典经济学发展的逻辑中发掘形而上学立足的资本主义现世根基及其历史局限。

早期的古典政治经济学流派是以重农主义为代表的。这一流派认为，农业是社会中唯一的生产领域，而地租是剩余价值生产的唯一形式。这一流派的代表人物是魁奈和杜尔哥。重农学派从纯粹的自然主义立场出发，认为价值并不是一般社会形式，而是由土地构成的各种物资及其转化的各种形态构成的。在此前提下，剩余价值的生产便只可能发生在农业领域，因为任何的工业生产都只是改变现有财富的形态，并不增添财富的数量。正如把皮革制成皮鞋，在重农主义者看来，这只是将皮革这种财富进行一种形式上的转化而已，并没有提升财富价值的实质意义。因而在重农学派的经济思维中，只有具体的物和具体的劳动才是衡量价值的唯一标准。在此基础上，马克思从重农主义的思想内容出发，通过梳理这种思想观点的

---

① 马克思恩格斯选集：第3卷 [M]. 北京：人民出版社，2012：797-798.

发生展现了重农主义表征的时代精神。重农主义思想发生在封建主义向资本主义转化的时代，这种时代精神的表征反映于他们对经济现象的思考中，他们一方面通过对具体物的考察，将经济理论研究的视野从流通过程转向了生产过程，从而实现了以具体的物为表征的剩余价值积累的独特贡献。马克思对这种分析视野的转换给予了充分的肯定，认为这是"现代经济科学的真正开始"①。但是这种优势恰恰成了他们最大的局限，因为在重农学派的逻辑中，一旦农业作为具体物的源泉，也成为剩余价值的源泉，资本主义的扩张范式便不再是通过抽象的物（在其发达阶段展现为符号化的货币）实现，而是以推崇土地所有权的形式出现，这恰恰是重农学派在鼓吹资本主义实质的过程中无法摆脱的封建主义"外衣"。从其思想局限发生的必然性来看，重农主义局限于具体的物去分析剩余价值，正是资本主义实质与封建主义外壳之间的矛盾在思想领域中的体现。

而后来的重商学派正是针对这一点试图对重农主义经济学有所超越。以亚当·斯密为代表的重商学派认为，价值不是一种具体的物，而是以抽象的物为表征的，因而真正的价值生产不是发生于社会经济基础的农业之中，而是产生于商业领域之中。但是重商主义对价值产生的阐释，不是在抽象的劳动中实现，而是求助具体的劳动去实现，所以资本不是借助表征一般抽象劳动的劳动时间分析，而是借助工人的实际收入去分析。这样就无法诠释不变资本再生产过程中的补偿机制问题。例如，一个纺织厂生产一匹布价值 10 万元。其中包含不变资本（纺织机）4 万元，给工人的工资 3 万元和纯利润 3 万元。为便于分析，将纺织厂相关的生产行业作为分析线索，假设不变资本把布作为日常用品卖给织机生产厂获得了补偿，但是织机厂为此付出的财富必然源自买卖织机的利润，而这部分利润又要求补偿生产织机的不变资本（钢铁机床、零件等）。如此延续，不变资本便只能在不断的转嫁中而毫无获得补偿的可能。更进一步，这种劳动与价值关系认识上的错误反映于重商主义对生产性劳动和非生产性劳动的认识中。重商主义只将具体的劳动视为价值的源泉，所以在对资本积累的分析上，亚当·斯密等重商学派虽然看到是生产劳动创造了资本，但是没有发现这一生产劳动只能通过作为实体化成果的商品进行衡量。所以判断一种劳动是否是真正的生产劳动，就要看作为劳动成果的商品持续时间的长短。比如，

---

① 马克思恩格斯全集：第 46 卷 [M]. 北京：人民出版社，2003：376.

生产一架钢琴是生产性劳动，但是一个话剧演员随着其演出的结束他的劳动成果也随即消逝，因而不具有生产劳动的意义。货币具有最高的保值性，因而有关货币流通的工资状况往往最能代表生产劳动的价值。

马克思在对重商主义的批判中，着重揭露了重商主义学派之所以只能看到具体的劳动，在于当资本主义以物的关系掩盖了人与人之间的关系时，表征这种时代精神的经济学便只能将物质生产当作一种永恒性的范畴进行理解，而无法将其当作一定历史的形式去考察。在对施托尔希的批判中，马克思批判了他把物质生产仅仅理解为物质财富的生产并错误地将雇佣式的生产劳动和自给自足的生产性劳动在交换的过程中看作同一的。在对罗西有关上衣交换的例子的批判中，马克思强调，罗西认为交换形式是无关紧要的，就好比生物学家说一定的生命形式是无关紧要的，因为它们都是有机物的形式。而在对一定社会的特殊性质进行分析时，只有形式才是真正重要的。"上衣就是上衣，但如果它是在第一种交换形式下生产出来的，那就是资本主义生产和现代资产阶级社会；如果它是在第二种交换形式下生产出来的，那就是某种甚至和亚洲关系或中世纪关系等等相适应的手工劳动形式"①。

正是在此基础上，马克思指出，之所以重商主义只能看到具体的劳动，是因为他们局限于从具体的劳动出发去阐释抽象的价值，就在于在资本主义社会，由货币表征的资本逻辑中人们身处"具体"与"抽象"颠倒的现实生活。货币作为表征商品的一般等价物，"它把宗教虔诚、骑士热忱、小市民伤感这些情感的神圣发作，淹没在利己主义打算的冰水之中"②。"忧心忡忡的穷人甚至对最美丽的景色都无动于衷；贩卖矿物的商人只看到矿物的商业价值，而看不到矿物的美的特性，他没有矿物学的感觉。"③ 在抽象的价值标准面前，符号化的货币对人而言是具体的，而具体的存在对人来说反倒是真正的抽象。这种用平面化、物化去吞没一切的思考使古典经济学家忽视了在物的掩盖下一定社会历史形式中人的具体存在。正是在这种"物的抽象"中，马克思找到了抽象形而上学的现实基础，将对资本主义社会现实的"天国"批判引向了现实的批判。倡导自由主义的西方经济学家，

---

① 马克思恩格斯全集：第 26 卷（第一册）[M]. 北京：人民出版社，1972：308-309.
② 马克思恩格斯选集：第 1 卷 [M]. 北京：人民出版社，2012：403.
③ 马克思恩格斯文集：第 2 卷 [M]. 北京：人民出版社，2009：34.

尤其是以米瑟斯和哈耶克为代表的奥地利学派，一直认为马克思恩格斯创立的政治经济学选择以劳动时间作为经济价值的考查载体时，也面临这种载体无法通过计量进行核算的困境。这种不可核算性决定了社会主义描绘的产品经济只能是一种理想的假设，而不可能真正实现。这种观点实质上从起点就偏离了马克思主义政治经济学批判的主旨。在马克思主义那里，劳动时间从来不是作为一种现存物尤其是现存价值的计量单位出现的，劳动时间既是一种描绘资本逻辑运行的手段，更是人们在资本主义经济制度下的存在方式。正如马克思强调的，人存在的时间就是他发展的空间。自由主义古典经济学的存在基础就在于世界作为有限的资源与人类的无限需要之间充满种种冲突和矛盾，如何合理配置资源实现利用的最优化就成为古典经济学最重要的主题。所以从一定程度上讲，如果实现了资源的极大丰富足以满足所有人的需要，那么古典经济学就该终结了。而这种理想的境况在马克思主义的语域里恰恰是资本主义极大发展下物的极端异化，亦恰恰是批判的起点。这种理论的"起点"与"终点"的倒置也从侧面反映了马克思主义的经济学批判绝不只是针对资本运行的经济事实的批判，而是将经济生活看作人的存在状况最为集中的体现。

（三）对马克思主义的理性认识

正如列宁强调的，概念和范畴是人们认识的阶梯和意识之网的扭结。教育基本理论对马克思主义的理解绝不仅是对马克思主义进行形式规定的问题，它内在地表征为对马克思主义思维方式的把握和教育理论研究的思维水平问题。以往的教育学研究在对马克思主义进行探讨时，往往遵从传统教科书体系对马克思主义的理解。传统教科书体系受自身朴素唯物论思维水平的限制，往往将马克思主义视为一种领域划分的科学，认为马克思主义的哲学理念是辩证唯物主义，历史唯物主义和科学社会主义实质是辩证唯物主义在历史与社会领域中的运用，而政治经济学则是马克思结合全部理论对当时时代所做的"分析和总结"。但从马克思主义对所处时代思想成果的批判继承不难发现，有两个核心的前提决定了我们对马克思主义的真正理解：其一，马克思主义是否是一门领域划分的科学；其二，马克思主义中的政治经济学是辩证唯物主义在现实生活领域中的运用还是辩证唯物主义面向社会历史的现实批判。在对马克思主义的理解中，这两个前提是相互影响的。

在人类认识发展的历史中，古代科学是以万物的统一性直接作为认识的目的，与之相应的哲学是对"世界是什么"进行回答。而近代科学尤其是实验科学产生后，人们将假设、猜想代表的主观先天结构放到世界中，逼迫自然吐露真言。表征这种时代精神的近代哲学必然是从"对世界的认识何以可能"出发间接地回答"世界是什么"的问题。这就决定了任何离开认识论反省的哲学都是一种素朴实在论的独断论。为此，在代表马克思主义走向真正成熟的《关于费尔巴哈的提纲》中，马克思开宗明义，借对费尔巴哈代表的旧唯物主义批判阐释到，传统哲学对对象、现实、感性"只是从客体的或者直观的形式去理解"，而不是把它们"当作感性的人的活动""从主体方面"[①] 去理解。这种"客观的""直观的"形式就是离开对人的认识反省直接去断言世界的存在。为此，马克思充分肯定了德国古典哲学代表的近代唯心主义将思维能动理解的方面"抽象地发展"了，这种"抽象地发展"即是德国古典哲学在思维的层次上为我们展现了"自我意识在思维中实现自身"的历程。从而德国古典哲学以对人主体能动性的思索向我们揭示了我们认识世界所要达到的不是"客观、直观"形式中的表象，而是世界的普遍必然性。但在这一过程中，德国古典哲学的思考受制于思维的范畴之内，因而走向将世界的普遍必然性直接作为自在世界本身，正如列宁所言，"从辩证唯物主义的观点来看，哲学唯心主义是把认识的某一个特征、方面、部分片面地、夸大地、无限度地发展（膨胀、扩大）为脱离了物质、脱离了自然的、神化了的绝对"[②]。

而在批判继承德国古典哲学的成果以实现对其超越时，正如恩格斯在对作为德国古典哲学集大成者的黑格尔哲学做以评述时说道，"哲学在黑格尔那里完成了"，马克思主义作为"新的哲学"，已不再是过去意义上的哲学，而只是世界观。而作为世界观的马克思主义之所以将黑格尔代表的德国古典哲学视作哲学的"终结"，是因为一方面黑格尔"在自己的哲学体系中以最宏伟的形式概括了以往哲学的全部发展"。而黑格尔这种"哲学的完成"就其方法论的贡献，恰恰在于历史与逻辑的统一，"黑格尔认为，世界上过去发生的一切和现在还在发生的一切，就是他自己思维发生的一切。因此，历史的哲学仅仅是哲学的历史，即他自己的哲学的历史"[③]。所以在黑格尔

---

① 马克思恩格斯选集：第 1 卷 [M]. 北京：人民出版社，2012：130.
② ［俄］列宁. 列宁哲学笔记 [M]. 北京：人民出版社，1974：411.
③ 马克思恩格斯选集：第 1 卷 [M]. 北京：人民出版社，1995：141.

的哲学中，思维运动的逻辑在思想史中的展开并不是唯心主义在社会历史中的运用，相反，黑格尔就认为"他是在通过思想的运动建设世界"。这种历史与逻辑的统一就是黑格尔给我们指出的"一条走出这些体系的迷宫而达到真正地切实地认识世界的道路"。对这条道路的践行就是当哲学成为建立在思维历史基础上的理论思维，那么颠倒黑格尔"观念的历史"，面向现实历史的哲学就必然成为"只有全人类在其前进的发展中"才能实现的事情。所以作为世界观的马克思主义只能"把沿着这个途径达不到而且任何单个人都无法达到的'绝对真理'撇在一边，而沿着实证科学和利用思辨思维对这些科学成果进行概括的途径去追求可以达到的相对真理"[①]。

从恩格斯的这一阐述可以看出，马克思主义政治经济学与科学社会主义不是马克思主义哲学的简单应用和拓展，而是马克思主义以实践历史为解释原则探索"人类解放何以可能"的理论实现。在对德国古典哲学和古典政治经济学的批判继承中，马克思揭示出资本对人的抽象统治与理性形而上学中"抽象人身"之间的关联。对此，马克思有一个形象的比喻，"李嘉图把人变成了帽子，黑格尔把帽子变成了观念"。正如李嘉图在描绘资本逻辑的过程中用物的关系取代了人的关系，黑格尔也以意识在现象中展开的"观念历史"取代了人的现实历史。以黑格尔为代表的形而上学体系之所以走向抽象和具体的颠倒，正是资本主义的物化生活在人的思想领域中的体现。这种物的异化在现实世界具体展开为：一方面，自然科学对社会生产的变革使得"通过工业形成的自然界"成为"真正的、人类学的自然界"[②]；另一方面，科学揭示的世界现实的关系取代了"自然哲学里幻想的关系"[③]。所以经济生活中物的关系成为现实中真实的人的关系，而形而上学的观念世界成为现实世界的真实体现。这决定了马克思主义不可能再将"世界何以可能"直接作为认识的起点和归宿，而要将科学所缔造的"人化了的自然"乃至科学本身都作为批判的对象，站在"对世界的认识何以可能"的起点上进一步回答"人类解放何以可能"的问题。而马克思主义就是以实践历史为解释原则，回答"人类解放何以可能"的世界观。

所以我们在将马克思主义理解为由辩证唯物主义、历史唯物主义和科

---

① 马克思恩格斯选集：第4卷 [M]．北京：人民出版社，2012：226．
② 马克思恩格斯全集：第42卷 [M]．北京：人民出版社，1979：128．
③ 马克思恩格斯选集：第3卷 [M]．北京：人民出版社，2012：791．

学社会主义构成的科学世界观的同时，不应教条化地将马克思主义理解为在哲学、经济学、社会学等领域彼此割裂的学说或一种有历史决定论、经济决定论主导的宗派学说。因此，本研究在对马克思主义基本内涵的认识上仍旧沿用的是传统教科书体系的定义，即马克思主义是无产阶级科学的世界观和方法论，它揭示了人类社会的发展规律，是无产阶级的革命理论。与此同时，在对马克思主义的认识态度上，本研究强调不能将马克思主义简单地看作为一种领域划分的科学，而是回答人类解放何以可能、思想与现实批判相统一的世界观。为此，在由陶德麟、汪信砚新编的普通高等教育"十一五"国家级规划教材《马克思主义哲学原理》里，开篇就强调马克思主义与具体科学的区别，"具体科学在研究特定对象的时候，是把一些前提性的问题当作不言而喻的当然道理加以'预设'或'承诺'的，而哲学却恰恰要对这些前提性的问题进行穷根究底的追问和探索"①。在强调马克思主义的社会历史意识上，马克思主义理论研究和建设工程重点教材《马克思主义哲学》则区别以往教科书的提法，首次将辩证唯物主义和历史唯物主义并列，称呼马克思主义为"辩证唯物主义历史唯物主义世界观"，并且意味深长地指出，"只有当唯物主义立足于科学的实践观基础之上时，唯物主义原则才有可能在历史的领域中被贯彻到底，唯物主义的自然观才能与唯物主义的历史观真正统一起来"②。从这些权威思想政治教材的表述不难看出，历史唯物主义在这种理解中已经不再是辩证唯物主义在社会历史领域中的简单应用，而是辩证唯物主义基于科学的实践观在社会历史领域中的理论实现。传统教科书体系在发展中已经自觉到历史意识和完整的人学视野对理解马克思主义的重要意义，只是受制于思维方式的局限，将这些发展的成果湮没于体系化科学的理解中。而新版的权威思想政治教材作为对马克思主义的时代性理解则侧重认识方式上的变革，强调人本身及其历史意识对理解马克思主义的必要意义。为此，我们只有在通晓马克思主义历史继承的基础上才能深化对它的理性认识，也只有这样，我们才能真正理解马克思主义何以是"铁板一块"的理论。但遗憾的是，迄今为止，我国的教育基本理论研究对马克思主义这一时代发展的脉搏缺乏深入把握，

---

① 陶德麟，汪信砚. 马克思主义哲学原理 [M]. 北京：高等教育出版社，2009：2.
② 马克思主义理论研究和建设工程重点教材编写组. 马克思主义哲学 [M]. 北京：高等教育出版社，2009：41.

并没有将其正式作为探讨的议题。这就更需要我们在教育学史的发展中发掘马克思主义的时代演进，在这一过程中深入体会教育基本理论研究与马克思主义间的互动关系。

三、马克思主义与教育基本理论研究的关系

马克思主义作为教育基本理论研究的指导思想，一直深刻影响着我国教育基本理论研究的发展。尤其在改革开放初期，教育学领域的拨乱反正、恢复中的重要任务之一就是重新认识马克思主义在教育学中的地位和作用。而在我国建构具有中国特色的教育学本土理论过程中，有学者更是提出政治意识形态与教育学的关系问题是影响我国未来教育学发展的第一大问题，而对马克思主义的运用和理解是否成熟当之无愧成为此问题的重中之重。为此，叶澜先生还专门在《教育研究方法论初探》中对这一问题做了探讨，并认为教育研究运用马克思主义的成熟度集中展现在对以下两方面的认识上，即能否正确认识马克思主义中学术性与政治性的区别和能否正确认识马克思主义哲学和教育科学的关系。但与此同时，我们还应清醒地看到，教育学界对教育基本理论与马克思主义的联系尚缺少一种正面的回应。正如黑格尔所言，"无知的人是不自由的，因为和他对立的是一个陌生的世界"①，教育基本理论通过揭示教育问题发生的一般规律，服务于人的自身发展探索，从研究的终极旨趣看，正是人类自我解放的题中应有之义。从方法论的意义来看，教育基本理论要想在实证主义、相对主义等质疑中寻找到自身的价值，只能在马克思主义理论思维的时代水平之上进行思考。正是在这个意义上，加强教育基本理论的研究与深化马克思主义的理解具有广泛而深刻的一致性。

（一）理论宣传与理论研究的关系

正如叶澜先生对近百年中国教育学发展进行研究后总结的结论，中国教育学未来的健康发展一定程度上取决于教育学与马克思主义之间的关系。继改革开放后四十多年的教育学发展历程中，马克思主义一直与教育学处于良性的互动中，但是这并不意味着我们已明晰了作为政治意识形态的马克思主义与教育理论研究的关系，相反，二者的关系在教育学的探讨中一直缺乏合理的定位，甚至成为一个"讳谈"的话题。"无政府主义是对机会

---

① ［德］黑格尔. 美学（第一卷）［M］. 朱光潜，译. 北京：商务印书馆，1979：125.

主义的惩罚"①，将教育学置于隔离意识形态的抽象真空中，从长远看必将有害于教育学的良性发展。而从现实的理论任务来审视二者，这种作为政治意识形态的马克思主义与教育学研究之间的互动实质关涉到理论宣传与理论研究的关系问题。

我国作为一个多元文化共融的教育大国，有必要统一思想。在这点上，即便标榜西方理性自由的黑格尔也强调国家是一种普遍伦理的历史实现。而如何运用这种统一的思想教化民众，使之成为社会的共同意志，是理论宣传的重要使命，也是作为政治意识形态的马克思主义的社会功能所在。但与此同时，理论宣传并不是孤立的形式规定，必须通过深厚的理论资源把握时代性的内容，正如马克思强调的，"理论只要说服人，就能掌握群众；而理论只要彻底，就能说服人"②。这种理论的"彻底性"就是理论在深刻揭示并引领时代精神的过程中展现的与现实对话的逻辑力量。我们常说的理论"有力量"就是这个含义。所以，理论宣传要保持这种与现实对话的逻辑力量，就要不断地从时代的境况中发掘理论资源，在理论与现实的相互作用中不断活化理论资源，这就是理论研究的功能，也是教育基本理论研究对马克思主义研究的使命所在。因而作为理论宣传的马克思主义与教育理论研究的联系，是伴随着教育现实的时代性而发展的。

从马克思主义理论宣传对教育学的指导意义看，早期的教育学受特定历史时期意识形态的影响，在相当长的时间内，教育研究中有关人的主体性探讨曾一度被认为是西方人本主义的"抽象个体"观点而备受批评。但是今天，以人为本已经成为我国的指导思想，这正是理论宣传以理论研究开拓理论资源、把握时代进而引领时代的深刻体现。与此相应，从教育学研究对马克思主义的丰富和发展看，改革开放以来，重建初期的教育学为了清理"文革"遗留的错误思想，曾试图将马克思主义作为主要依据，提出将教育学建立为体系化科学的目标。在这一过程中，马克思主义被运用和发展的一个较为典型的例证即有关对教育学对象和教育本质的探讨。而到了20世纪90年代，教育学研究在实现向人的主体性转变过程中，我国教育学对马克思主义的运用又深入至作为主体发生领域的交往与实践，进而突破苏联传统教育学体系的单一模式，以"人"为逻辑起点发掘马克思主

---

① 列宁选集：第4卷［M］. 北京：人民出版社，1995：189.
② 马克思恩格斯选集：第1卷［M］. 北京：人民出版社，2012：10.

义蕴含的理论资源。正是在教育学不断解决自身时代性问题的过程中，马克思主义才从真正意义上成为贯穿教育学发展始终的"活的灵魂"。在世纪之交，不同学者对教育学的未来发展纷纷提出自己的展望，个中的观点与取向虽各有不同，却基于一个共同的立场，即教育学应深刻反映并把握教育所处的时代精神，如顾明远先生认为，未来教育的发展核心在于创新属于时代的教育观念；叶澜先生则更为直接地提出，新教育理想的构建就在于对教育观进行时代精神中的反思和重审。马克思强调，真正的哲学是自己"时代精神上的精华"，是"文明的活的灵魂"。马克思主义对哲学与时代精神关系的阐释启示我们，在处理理论宣传与理论研究的关系上，教育基本理论对马克思主义的探索，应从理论与现实的冲突和矛盾出发，通过对教育所处时代境况的捕捉和解释原则的更新，积极为理论宣传提供理论资源，使得理论宣传对教育领域的指导超越僵死的形式规定，真正引领教育研究把握自身的时代现实。而时代精神作为所处时代现实"活的灵魂"，对处理教育学研究和理论宣传关系的重要意义就在于，只有理论宣传与教育理论研究在发掘时代精神的过程中趋向一致，教育理论研究才能突破对马克思主义"格言式的承认"或"形式化的崇拜"，进而才能从真正意义上实现教育理论研究对理论宣传的认同。反之，理论宣传才能摆脱"空洞的说教"或"抽象的权威"，从而实现对教育理论研究真正的认可。在这个意义上说，对教育现实所处时代精神的把握，正是教育理论研究和马克思主义理论宣传良性互动的基础。

教育研究在"文革"期间曾经一度受到片面政治化的影响，对这段历史的错误认识产生出一种歪曲的观点，即将教育学中运用和发展马克思主义理解为一种片面的意识形态说教，甚至将教育学术的独立同政治意识形态对立起来。其实，马克思主义的创立者自身对意识形态就持有一种批判性的态度。在《神圣家族》中，马克思揭露出以黑格尔为代表的思辨哲学头脚倒置的根源。黑格尔先从具体的事物抽象出一般的观念，再将观念作为实体，而现实则作为实体的样态，进一步，黑格尔又将实体置于意识的运动中，使得实体成为能动的主体，于是一切现实生活中具体事物的实现都成为思辨历程中概念的自我运动。正是这种以黑格尔为标志的德国古典哲学使得人的现实备受彼岸的蒙蔽，这种使得现实的人备受抽象统治的虚假意识就是马克思所要深刻批判的"德意志意识形态"。在对这一意识形态的认识中，马克思阐释到，从来就没有纯粹的意识，"'精神'一开始就很倒霉，受到物质的'纠缠'，物质在这里表现为震动的空气层、声音，简言之，即'语言'"①。在对费尔巴哈的感性直观的批判中，马克思认为生产劳动"是整个现存感性世界的非常深刻的基础。它哪怕只中断一年，费尔巴哈就会看到，不仅在自然界将发生巨大的变化，而且整个人类世界以及他的直观能力，甚至他本身的存在也就没有了"②。意识形态在马克思看来绝不是一个孤立于物质之外的抽象实体，而是作为人与世界关系的中介形态本身，是人与世界关系中起转达甚至扭曲作用的意识媒介。正因如此，马克思才说，"通过传统和教育承受了这些情感的和观点的个人，会以为这些情感和观点就是他的行为的真实动机和出发点"③。因而将意识形态与政治化等同，又将教育基本理论研究作为学术领域区别于"政治意识形态"，这种做法从根本上不可能对教育研究的学术独立具有任何贡献，因为按照马克思主义的理解，凡是在人还接受抽象统治的社会场域中，教育本身就是作为意识形态的一部分出现的。

　　与此同时，当以意识形态作为意识的中介看待它与教育基本理论研究的关系时，正如马克思在批判宗教作为一种意识形态对人的抽象统治时所言，"反宗教的斗争间接地就是反对以宗教为精神抚慰的那个世界的斗争"④。因而阶级性不是一个抽象的概念，而是以阶级观念为精神抚慰的现实生活本身，正如马克思一个形象的比喻，"搬运工和哲学家之间的原始差别要比家犬和猎犬之间的差别小得多"⑤。世界对人只是自在地存在着，存在得自然而然，我们是通过意识形态，尤其是固化为一定阶级的意识形态而拥有不同的生活世界。为此，马克思主义将无产阶级的历史任务规定为不仅要消灭资产阶级更要消灭阶级性本身。教育基本理论的研究通过发掘隐匿在教育实践背后思想的前提，将教育思想从固定在某一问题现象的局限中解放出来。这一任务就需要以理论的融涵性去展现现实教育生活的丰富，间接揭露各种隔在人与世界间的虚假意识对人的抽象统治。现当代教育基本理论强调教育回归生活世界，反对单一科学世界的研究，以人学视野批判教育生活中人的异化研究，一定意义上都是这种揭露虚假意识的体

①　马克思恩格斯选集：第1卷［M］．北京：人民出版社，2012：161.
②　马克思恩格斯选集：第1卷［M］．北京：人民出版社，1995：232.
③　马克思恩格斯选集：第1卷［M］．北京：人民出版社，2012：695.
④　马克思恩格斯选集：第1卷［M］．北京：人民出版社，2012：2.
⑤　马克思恩格斯全集：第4卷［M］．北京：人民出版社，1958：160.

现。进一步，"那种排除历史过程的、抽象的自然科学的唯物主义的缺点，每当它的代表越出自己的专业范围时，就在他们的抽象和意识形态的观念中立刻显露出来"①，因此作为身处无产阶级意识形态的教育基本理论研究，不可能通过回避意识形态并以自然科学化的取向发展自己从而做出独到的贡献，相反，只能在历史的进程中祛除存在于教育中的各种虚假意识，进而展现自身的独立价值。就此而言，深化马克思主义是我们正确理解意识形态与教育基本理论研究关系、保证教育基本理论研究健康发展的基础。

（二）马克思主义与教育基本理论研究的超学科意识

传统教育基本理论研究在处理与马克思主义的关系中，一直存在着目的与手段上的双重解释困难。一方面，当我们把马克思主义作为一种单纯的哲学理念时，马克思主义对教育学的指导作用就有可能被曲解为一种教育学对马克思主义的纯粹演绎关系，使得马克思主义被抬升为解决一切具体教育问题的"科学之科学"；另一方面，当我们把马克思主义单纯作为一种工具时，则可能会将马克思主义附会于各个教育问题的分支领域，从而导致马克思主义在具体领域中的肢解。然而，教育基本理论研究与马克思主义的这种关系，并不是一种"缺陷"，而是一般人文社会科学在理论与现实碰撞中都要面临的"解释循环"，即在解释现实的过程中，作为整体的理论必须被分解于现实的各个部分才能充分地展开，而部分反之又恰恰必须求之理论的整体才能实现真正的理解。要想跳出这种"解释循环"，就需要在超学科意识中审视马克思主义与教育基本理论研究间的关系。

所谓超学科意识，是指在理解教育基本理论和马克思主义的过程中，我们不能将二者简单地看作各个分支学科的组合，而应看作整体一块的概念系统。在教育基本理论研究中，学界一度在早期自然科学化取向下试图重建教育基本理论，将教育基本理论变为超越具体教育学分支之上的"教育科学之科学"。但随着元教育学、教育学史等的出现，这些研究成果深刻影响着教育研究针对自身的反思路径，则教育基本理论也开始真正从方法论的反省入手，将各个教育领域的"特定问题"纳入总体性的视域进行思考。这种理论发展的必然性就在于，如果单纯将具体的教育学分支视作对某一问题领域的抽象认识，而教育基本理论研究是站在具体科学之上的"抽象之抽象"，则教育基本理论所展现的内容终究仍是由概念外在描绘

---

① 马克思恩格斯文集：第5卷［M］．北京：人民出版社，2009：428.

的"一个关于整体的混沌的表象"。而只有从认识论上以教育思想本身为对象，研究具体教育研究、具体领域教育理论中由思维的逻辑、方法论基础等构成的思想前提，才能展现教育基本理论与教育现实对话的逻辑力量。从学科的现实意义看，后者才是教育基本理论的"基础性"所在。

从对马克思主义的界定可以看出，马克思主义不是一种领域划分的科学，不能将马克思主义对政治经济学和历史的思考简单地理解为辩证唯物主义在人类生活领域中的具体运用。相反，必须把马克思主义理解为一种面向全体生活，回答"人类解放何以可能"的世界观。马克思主义是在充分继承"认识论转向"思想成果的基础上进一步提出"人类解放何以可能"的问题。在这种对现存世界的批判中，"人"在概念抽象中的自我实现和资本逻辑下人受物的抽象统治具有时代的一体性。所以马克思针对资本主义生活各个领域所做的思考不是一种对马克思主义哲学的形式演绎，更重要的是从理论的批判走向现实的批判，通过深入地把握现实进而揭露现实。这就是马克思主义的超学科意识。

从方法论的意义上审视马克思主义与教育基本理论研究的关系便不难发现，马克思主义与教育基本理论研究在面向现实的"总体性"思考上无疑具有广泛而深刻的一致性。首先，马克思主义与教育基本理论研究都不是在纯粹的经验直观中把握世界，而是以发掘隐匿在人类生活中抽象的思想前提为出发点，间接实现思想面向现实世界的目的。其次，马克思主义与人类生活的具体领域、教育基本理论研究和教育学分支学科之间的关系都不能被简单地看作一种概念抽象与现实具体或者内涵和外延的关系，更为深层的是后者是前者的存在土壤，前者要在后者中丰富和发展自身的关系。说到底，这种内在一致性的根源在于，近现代思想史中的"认识论转向"不仅是哲学史的重大转变，也从思维的时代性水平上向我们揭示，任何离开了方法论反省的世界观只能是一种朴素实在的存在论。就这种思维的时代水平而言，马克思主义欲回答"人类解放何以可能"，想绕过近代思维方式的变革，仅凭还处在实证科学表征的直观化思维是不可能实现的。而教育基本理论想离开这种思维水平，把教育理论思维的发展根本立足于以形式推理为核心的知性思维，就谈不上对教育问题合时代性的审思。

诚然，我们不可否认分支学科如实践教育学的经验型研究对教育基本理论与马克思主义的反哺意义。随着学科分化和交叉的趋势日益加强，分支学科已经成为教育基本理论和马克思主义的客观形态。那么在肯定教育基本理论和马克思主义超学科意识的前提下，怎么看待马克思主义和教育基本理论同具体教育问题研究的关系，怎么看待马克思主义对教育基本理论研究的指导意义，这两个问题深刻影响着我们对教育基本理论与马克思主义关系的理解。对此，恩格斯在《自然辩证法》中对哲学和具体科学关系的阐释对我们认识这种关系具有重要启示，恩格斯认为，"不管自然科学家采取什么样的态度，他们还得受哲学的支配，问题只在于他们是愿意受某种坏的时髦的哲学支配，还是愿意受一种建立在通晓思维的历史和成就的基础上的理论思维的支配"①。恩格斯的这一观点带给我们两点启示：首先，在马克思主义和教育基本理论同具体教育问题研究的关系上，前者对后者的指导，根本上不是一个单纯研究内容的启示或研究方法对研究操作的影响，而是一个如何提升理论思维反思水平的问题，无论是马克思主义还是教育基本理论在理论思维的自觉性上揭示出的都是具体研究在思维方式、价值规范中隐匿的思想前提。只有在这个意义上，具体问题研究才是受基本理论支配的。换言之，一旦具体问题研究超越本学科在实体经验上的反思，上升至对思维方式、价值规范的前提性反省，那么此种研究的实质都是作为基本理论的思考而存在的。在现当代科学史的发展中，测不准原理、薛定谔的猫常被作为哲学的命题而出现，库恩对科学史的结构化梳理使得"范式"成为科学哲学的思考范畴，都是这种关系的体现。其次，无论是教育基本理论接受马克思主义指导还是发展马克思主义，根本上都不是单纯在研究内容和方法上做以借鉴，而是要获得反思的自觉。一方面教育基本理论研究在对教育问题进行前提性省思时，不可能离开时代总体性的思维水平做出真正的回应。在这一过程中，教育理论超越朴素的经验直观，该怎么理解在实践中把握教育现实？在人的发展与社会的发展之间如何保持必要的张力，使教育更好地服务于人的现实？类似表征思维水平的理论创新本身就是对马克思主义的丰富和发展。另一方面，马克思主义也不是远离包含教育在内人类全体生活的形式规定。它作为一种思维时代性水平的表征，也必然在人的教育生活中展开自身丰富的内涵。例如，马克思在对费尔巴哈"朴素直观"的批判中强调，事物、感性应从"人的主体方面"去理解，无独有偶，中国传统儒家也把个人在教化中的发展描绘为

---

① 马克思恩格斯选集：第 3 卷［M］．北京：人民出版社，1995：533.

一个"知性而知天"①的过程。对此，我们能说中国传统教化与马克思主义代表的西方文化不同，中国传统关于人的发展认识就可以脱离人身的逻辑先在性这一思维规律而被真正理解吗？我们能说马克思主义中对全面发展个人的提法是西方近现代的产物，它对人的"全面占有"理解就是对现代实物占有的理解，而不是从自我出发去寻求人与世界的统一性，即一个"知性而知天"的过程吗？类似的做法不仅窄化了马克思主义，甚至对最本土的教育基本理论问题也无法实现真正的认识。因此，从理论思维的发展看，我们不应刻意寻求一种研究内容的边界而将基本理论研究与具体问题研究、教育基本理论与马克思主义人为地割裂开来，即便从学科的独立性考虑，没有内容的"独立"也是一种孤立的形式抽象。传统教育学一方面遵从教科书体系的教导，把马克思主义视为一种体系化的科学；另一方面在自己的学科发展上，延续早期从自然科学继承下来的传统，试图在将教育学建立为一门真正的实证科学中实现学科的独立性。然而，自然科学研究的本质是一种直观世界的思维，没有一个物理学家在观察实验现象时会问："我头脑里的物理现象和眼前的物理现象是同一现象吗？"它的问题域直接就是它的对象本身。所以也就不可能真正回应人文社会科学在基本理论与具体问题研究间必然面对的"解释循环"问题。而以经验科学的眼光认识教育基本理论，这种思维局限最为激烈的表现之一就是把马克思主义单纯看作政治意识形态，而后将教育基本理论研究和马克思主义割裂于学术与政治意识形态两个范畴并对立起来，认为只有回避后者教育研究才能真正获得独立的意义。对认识论反省的回避决定了这两种认识路径都不可能从根本上解决教育基本理论与马克思主义的关系问题，更无法彻底实现教育基本理论的学科独立性。

所以，在马克思主义与教育基本理论研究的关系上，教育基本理论研究接受马克思主义的指导本质上不在于在研究中运用马克思主义把握到了什么和对马克思主义理解了什么，而在于是否在问题所处思维的时代性水平上去把握和理解问题本身。因而教育基本理论研在对马克思主义的研究过程中，也不应先入为主地从"领域划分"的前提出发，拘泥于某一具体的研究方法或思想内容到底专属于"马克思主义"还是"教育基本理论"，而应从教育基本理论研究的前提性反思出发，分析和总结这些思想前提蕴

---

① 语出《孟子·尽心上》："尽其心者，知其性也。知其性，则知天矣。"

含的对马克思主义的解释原则、思维方式上的变迁，这才是研究方法应然的取向。

四、发展中的马克思主义传统

马克思主义传统作为马克思在发展中最一般稳定性的特征，是我们运用并发展马克思主义重要的立足点。同时，马克思主义与时俱进的品格决定了我们对这种传统的认识不能是一种静观表象的结果，相反，要将马克思主义传统的内涵置于马克思主义的发展中去进行理解。这就要求我们只有在马克思主义内在派别的历史发展中，在马克思主义与其他思潮的碰撞中，才能对马克思主义传统进行真正的理解。从这个意义上讲，发展本身即是一种延续马克思主义传统的需要。

（一）正统和传统的区别与联系

所谓传统，辞海中的定义是："从历史上沿传下来的思想、文化、道德、风尚、艺术、制度以及行为方式等。它通常作为历史文化遗产被继承下来，其中最稳定的因素被固定化，并在社会生活的各个方面表现出来。"①在哲学伦理学的共识性理解中，传统主要专指"文化传统"。如《哲学大辞典》就认为，传统"即'文化传统'""作为中国古代语词系指某种原创性的统绪世代相续"；近代以来，作为文化学意义上的传统，"指的是一种文化现象，即植根于一个民族生存发展的历史过程中，是这个民族所创造的经由历史凝结而沿传至今并不断流变着的诸文化因素的有机系统"②。在专门的《马克思主义哲学大辞典》中，传统也被定义为"文化传统"，"是一种文化统绪代代相续的变动着的动态过程；在不同的社会历史条件下，'传统'的流变有着不同的形式，或渐变，或变革"③。在《马克思主义百科要览》中，传统被理解为"具有时代相传特点的一种社会因素"，"是历史延续的主要纽带，把人们的意识和行为方式跟他们祖先的生活联系起来。它被用来调节人们的行为举止和看法，尤其是在不受或仅仅部分地受立法、国家规章和社会规约调节的那些社会生活领域"④。从这些对"传统"的理

---

① 辞海编辑委员会. 辞海［M］. 上海：上海古籍出版社，1999：606.
② 冯契. 哲学大辞典［M］. 上海：上海辞书出版社，1992：179.
③ 金炳华. 马克思主义哲学大辞典［M］. 上海：上海辞书出版社，2003：356.
④ 廖盖隆，孙连成，陈有进，等. 马克思主义百科要览（上卷）［M］. 北京：人民日报出版社. 1993：354.

解不难看出，现当代对传统的理解更多着眼于文化学的视野，传统作为一种文化发展中的稳定性因素，并不是静观事实形式抽象的结果，而是展现于历史发展的动态过程。如果没有过去与现在的比较，那么什么是"最稳定的因素"应被视为"传统"便失去了判断的依据，在社会生活中的表现更是无从谈起。因此，传统本身就是一个连接过去与现在的历史范畴，没有"专属过去"的传统。尤其是当伽达默尔在解释学中为我们阐明了传统作为一种内在的历史结构，是我们存在和理解的基本条件时，更从对传统的理解上启迪我们传统并非是保留旧的东西，相反，传统是在历史中不断积淀、淘汰、演化的过程，是对历史有选择的保存。与之一致，马克思主义所强调的历史意识，区别于单纯的实证史学，就在于它不是将历史看作有待形式分析的材料，而是将历史看作阐释社会问题的原则，并在这一过程中寻求历史与逻辑的统一。所以无论从传统自身的定义还是马克思主义的历史意识看，并不存在一个专属过去的"传统马克思主义"且有待我们发掘其传统。与此同时，这种传统的特征除了体现于作为人类思想成果的马克思主义理论，还体现在马克思主义作为指导思想和意识形态的发展中。而后者从其现实作用往往必须满足某一时期的人们对马克思主义的终极解释追求，这就引发了马克思主义的正统性问题。因此，在对马克思主义传统界定之前，必须对马克思主义发展中的传统与正统做以清思。

"历史从哪里开始，思想进程也应当从哪里开始，而思想进程的每一步发展不过是对历史过程在抽象的、理论上前后一贯的形式上的反映。"① 马克思的这句话同样适用于马克思主义自身的发展。马克思主义正统性问题的出现并不是人为制造概念的结果，而是最早见于关于马克思主义不同派别的论争中。有记载较早对马克思主义正统性的关注出现在第二共产国际时期。在恩格斯逝世后，考茨基在反对司徒卢威的"合法马克思主义"和伯恩斯坦的修正主义过程中，将正统的马克思主义提上了议题。此后，随着俄国十月革命的胜利和社会主义运动的发展壮大，受制于各国国情的不同，马克思主义的论争聚焦在各国革命道路和历史选择的问题上。马克思主义的正统性也与共产主义政党的合法性和革命道路的正当性紧密联系在一起。在该方面，20世纪50年代中苏有关什么是正统马克思主义的论战就是典型的代表。在此之后，西方马克思主义为区别以执政党意识形态、追

---

① 马克思恩格斯选集：第2卷 [M]. 北京：人民出版社，1995：43.

求终极解释为代表的马克思主义，开启对马克思主义的学术探讨。一方面，从马克思主义的发展出发，将马克思主义的正统性归结为对马克思思想的原点性发掘问题。最具代表性的如卢卡奇在《历史与阶级意识》中认为："正统马克思主义并不意味着无批判地接受马克思研究的结果。它不是对这个或那个论点的'信仰'，也不是对某本'圣'书的注解。恰恰相反，马克思主义问题中的正统仅仅是指方法。它是这样一种科学的信念，即辩证的马克思主义是正确的研究方法，这种方法只能按其创始人奠定的方向发展、扩大和深化。"① 另一方面，作为执政党意识形态的马克思主义主要体现在国际共产主义运动中，而在相当长的历史时期内，共产国际的活动是以苏联为主导的。所以无论是西方马克思主义研究的学界还是国内马克思主义研究的学界，都将由第二、第三国际发展并在斯大林时期形成的意识形态称为正统马克思主义。在专门的马克思主义研究领域，这种正统的马克思主义又被称为传统马克思主义。

从对马克思主义正统性认识发展历程中可以看到，当正统被理解为对马克思主义经典文本进行正本溯源时，这种"正统"等同于研究马克思主义的学统。而被学界普遍认同的正统马克思主义，也被称为传统马克思主义，是指追求终极解释、往往以执政党的指导思想和国家意识形态为表现的马克思主义。无论是西方马克思主义还是国内学界，关于正统马克思主义的界定动机主要是寻求马克思主义作为专门学术领域的相对独立性。学界将正统马克思主义又称为传统马克思主义乃是一种称谓上的约定俗成，如果特意从传统本身的内涵进行理解，这种正统马克思主义传承的"稳定性因素"乃是追求对马克思主义进行终极解释的成为执政党意识形态的价值取向。单纯从正统马克思主义的内涵上看，一切不针对国家意识形态的研究实质都是作为非正统马克思主义出现的，甚至在当代已被历史认可的正统马克思主义在特定的历史时期也是作为非正统马克思主义出现的。最为典型的代表就是"列宁主义"，列宁主义作为专门概念最早并不是出现在苏联官方的表述中，反而是被孟什维克当作马克思主义异端的含义来使用。而从马克思主义的发展历程可以想象，假如没有西方马克思主义，假如西方马克思主义同共产国际和苏共代表的正统马克思主义一路同腔，当代世界马克思主义的发展会是怎样的局面。仅就我国的马克思主义研究而言，

---

① ［匈］卢卡奇. 历史与阶级意识［M］. 杜章志，等译. 北京：商务印书馆，1992：47.

不管是否承认西方马克思主义的地位和影响，不可否认的历史事实是，卢卡奇在马克思主义研究中对认识论反省的强调，以及葛兰西对"整体性"在马克思主义认识中的首倡地位的强调，隔绝了这二者，很难想象国内有关实践唯物主义的探讨会如何引发对马克思主义的认识变革。十八大以来，习近平同志在不同场合针对认识马克思主义的问题指出，马克思并没有结束真理，而是开辟了通向真理的道路。从正统和非正统两种发展形态的关系看，这正是要求对马克思主义的认识发展必须在二者之间保持必要的张力。

所以，单纯从马克思主义作为权威的国家意识形态看，发展中的正统马克思主义与传统马克思主义内涵重合。此外，如果将马克思主义看作包含学术研究在内的发展中的理论，则马克思主义的传统包含马克思主义的正统性问题。正统马克思主义只是在马克思主义历史发展中上升为国家意识形态的表现。

（二）马克思主义传统

从马克思主义发展中传统与正统之间的关系不难看出，除了习惯性作为国家意识形态的传统马克思主义，马克思主义"传统"在历史中只能表现为一种正统和非正统之间保持必要张力的形态。正是正统和非正统的论争为我们理解和践行马克思主义指引了批判的方向，从而为理论创新提供动力。如果舍弃一方，非正统马克思主义一旦将自己隔绝于国家意识形态之外，实际只能作为一种远离现实的学术独白，也不可能真正发挥现实批判的价值。反之，正统马克思主义一旦拒绝任何理论争鸣中的异己声音，也必将削弱在面向现实的解释力量。从传统的定义可以看到，传统在外延上主要指向包含思想、道德等方面的思想范式和行为方式，是思维范式和行为方式在历史发展中的稳定性特征。所以，从马克思主义与马克思主义传统的关系看，马克思主义是科学的世界观与方法论，是揭示人类社会历史一般规律的理论。而马克思主义传统是我国长期秉持的以马克思主义作为社会发展指导思想，在运用和发展马克思主义的过程中所形成的一贯的思维范式或行为方式。从基本表现上看，马克思主义传统根植于民族发展的历史中，在思维范式上主要通过共产主义的共同信仰和理想、国家意识形态践方面表现出来，在行为方式上主要通过无产阶级运动、全面发展的实践等方面表现出来。但在这两方面表现中，学科理论研究中的马克思主义传统更为根本地体现在马克思主义一贯的思维方式上。诚然，在世界社会主义的思想发展中，马克思主义在外在活动上不乏稳定性的特征。但我们绝不能说存在一种马克思主义的实践模式，按此实践模式的社会活动都是一种马克思主义行动，这种观点实际上颠倒了理论与实践的关系。当我们说中国共产党在践行马克思主义的过程中发展出实事求是、具体问题具体分析的实践原则，这些原则不可能是对某一经验活动的程序性描述，其实质只能还是具有改造现实意义的认识方式。所以，当着眼于理论对实践的功能探讨时，教育基本理论的马克思主义传统对教育学发展的实质意义在于持续的认识论反省。在这种传统中，马克思主义发展中的稳定性不能简单地从对传统马克思主义的抽象归纳中得到。只要肯定马克思主义处在不断的变革中，马克思主义传统的发展就一刻也不能停止正统与非正统的论争。为此，从相关研究的观点看，马克思主义传统作为运用和发展马克思主义过程中的稳定性特征，在学科理论研究中的根本内容是一贯的思维方式，这种思维方式的核心体现为历史唯物主义的理论基础和以阶级批判与辩证分析为基础的方法论原则。从相关对马克思主义传统的研究看，这一普遍理解经历了从单纯满足学科发展需要到回归马克思主义现实批判的认识发展历程。

早期对马克思主义传统的认识主要基于学科建设的需要，较有代表性的是早期社会学对马克思主义传统的认识，比较典型的如于光远先生论及社会学领域对马克思主义传统的理解。在于光远先生看来，社会学研究的马克思主义传统主要由两部分构成：首先是在理论基础上，一门社会研究"要想成为真正的科学，总是要以历史唯物主义作为理论基础"①；其次是在研究方法上，对社会调查的强调是"马克思恩格斯以及后来列宁、毛泽东的一个特色。在这方面也充分显示了社会学的马克思主义传统"②。从于先生的表述不难看出，这种马克思主义传统突出体现为以唯物史观为代表的理论基础和以实地调查分析为主的方法论原则。

而随着西方马克思主义的发展，当代马克思主义意识到：一方面，资本主义社会的发展仍显现出旺盛的生命力；另一方面，一些后现代理论视马克思主义为关于科学理性的宏大叙事，而西方马克思主义理论在应对这种质疑时其自身对批判分析的践行却日益堕入书斋化的困境，在这一过程

①　于光远. 论社会科学研究［M］. 成都：四川人民出版社，1981：57-58.
②　于光远. 论社会科学研究［M］. 成都：四川人民出版社，1981：63.

中失却了马克思主义的实践品格，乃至走向孤立的学术独白。而马克思主义理论批判与现实批判的统一最为集中地体现在唯物史观的理论中。所以西方马克思主义为解决自身的发展困境，就将重建历史唯物主义作为回归马克思主义、梳理马克思主义传统的核心任务。较为典型的代表如安东尼·布鲁厄在《马克思主义的帝国主义理论》中认为，马克思主义的主要传统是"把生产方式设想为人类社会发展中连续的阶段，它们按照预定的次序彼此继起并以'过渡时期'相互连接"[①]。而凯尔纳在论及霸权与马克思主义传统时指出，在以拉克劳和墨菲为代表的当代西方认为，"马克思主义将复杂的社会现实简化成了生产和阶级问题，把多样性的'主体立场'消解为阶级立场"，而当代的西方马克思主义运动则表明存在"不能被还原为阶级立场和生产主义逻辑的新的政治认同"[②]。从这种表述不难看出，从马克思主义所遭受的现代西方社会冲击看，马克思主义传统也主要体现为对以"阶级立场"和"生产主义逻辑"为核心的唯物史观原则的认同。在此基础上，西方马克思主义学者提出，对唯物史观的坚持在研究方法中体现为对阶级社会的辩证分析方法。只有坚持了辩证的分析方法，才能避免将唯物史观的理论基础沦为纯粹书斋化的理智分析。为此，正如博格斯在分析知识分子的马克思主义传统中所提出的，在知识分子的历史活动中，马克思主义展现的相对稳定性特征是一种辩证的观点，"这种辩证的观点为阶级斗争中——在为争取生产和社会关系的民主化制度的大众运动中的理论视野奠定基础"[③]。而陈雪虎在论及现当代的美学批判时也提出，真正的马克思主义传统在研究方法上主要体现为一种以阶级意识形态分析为核心的政治批评传统。

从梳理这种学术研究中的马克思主义传统过程中可以看到，无论是早期为了学科建设的需要还是应对西方马克思主义的发展危机，中西方对马克思主义传统的一致性理解都是将唯物史观的理论基础和阶级性的辩证分析方法作为基本的内涵。而从有关马克思主义传统的探讨不难发现，对这

---

① ［英］安东尼·布鲁厄. 马克思主义的帝国主义理论［M］. 仇启华，等译. 北京：求实出版社，1984：291.

② ［美］道格拉斯·凯尔纳，斯蒂文·贝斯特. 后现代理论：批判性的质疑［M］. 张志斌，译. 北京：中央编译出版社，2011：218.

③ ［美］卡尔·博格斯. 知识分子与现代性的危机［M］. 李俊，蔡海榕，译. 南京：江苏人民出版社，2002：46.

种传统的认识发展实质是不断深化对唯物史观的认识，并在此基础上变革对马克思主义的解释原则以实现这种认识深化的方法论价值。为此，有关马克思主义传统的早期研究就不是纯粹将马克思主义作为具体学科理论基础的一种外向寻求，而是面对其他思潮的质疑时对马克思主义解释原则的重塑。例如，郑雪在论及社会学研究需要坚持马克思主义的传统时就强调，正是面对西方资产阶级片面将马克思主义视为一种"经济决定论"，才需我们坚持真正的马克思主义传统，这一传统就是真正自觉到马克思主义综合政治经济学的生产分析对社会问题进行整体性思考。

（三）马克思主义传统的发展表征

马克思主义最为重要的理论品质之一是与时俱进。正如恩格斯指出的，"马克思主义的整个世界观不是教义，而是方法，它提供的不是现成的教条，而是进一步研究的出发点和供这种研究使用的方法"①。通过对马克思主义传统的认识可以看到，坚守马克思主义的传统，实现马克思主义的理论自强，主要体现于运用和发展马克思主义的过程中。以唯物史观理论基础和阶级社会辩证分析为核心的马克思主义传统，在发展中具体表征为主题话语的变迁和思维方式的转换。

马克思主义的主题话语变迁主要指马克思主义在运用中的语境问题。在马克思主义与中国实际相结合的发展实践中，我国马克思主义传统践行的重要方面就是中国语境的阐释问题。早在革命时期，毛泽东就针对坚持并发展马克思主义提出，革命的理论必须用群众的话语进行阐释。而在现当代，随着各种西方思潮的涌入，马克思主义受到西方舆论的强势冲击。马克思主义主题话语的形成和创新不仅是马克思主义传统发展的现实表征，更是现当代建设马克思主义的重要任务，正如习近平总书记针对马克思主义所面对的国际舆论格局时深刻指出的，当代中国基本解决了"挨打"和"挨饿"的问题，"但'挨骂'问题还没有得到根本解决，争取国际话语权是我们必须解决好的一个问题"②。而马克思主义主题话语的提炼无疑是争夺马克思主义在当今世界话语权的核心组成部分。十九大以来，对于社会基本矛盾转换和新时代的历史定位既是对我国宏观国情的描绘，也是我国教育问题发生的时代背景，对这一历史定位的把握为我国教育基本理论发

---

① 马克思恩格斯选集：第4卷［M］. 北京：人民出版社，1995：742-743.
② 习近平. 在全国党校工作会议上的讲话［J］. 求是，2016（9）：10.

展马克思主义指明了方向。

相比较主题话语变迁这种马克思主义传统发展的具体表现，马克思主义传统发展的实质在于思维方式的发展。这种思维方式的发展要求对马克思主义的理解和运用必须达到时代的认识水平，其核心是实践的历史的辩证思维及其时代发展。正如列宁在批判以普列汉诺夫为代表的马克思主义者时曾经深刻地指出，不懂得黑格尔的逻辑学就不理解马克思的资本论。尤其在今天西方舆论的强势格局和社会发展问题日益增多的历史背景下，如果脱离了马克思主义思维水平的拷问，无论是理论话语的形成还是实践活动的创新都必然背离马克思主义的主旨。正如孙正聿先生在阐明发展马克思主义哲学的前提时提出的，理论在何种程度上超越对现实直观经验化的认识方式，就在何种程度上更进一步发展马克思主义。与之相对，"认为'箭是好箭，经是好经，只是射的不准，念的不好'，这在实际上已经完全否认了发展理论的必要性与可能性"①。在今天，党的十九大提出，马克思主义在意识形态领域的话语权建设需要我们明确，任何回避矛盾的思想和行为都是错误的。以矛盾为问题导向，必须把马克思主义的践行从直观化、经验化的思维方式中解放出来。这也是教育基本理论研究在发展马克思主义过程中深化自身理论自觉的重要使命。

（四）教育基本理论中的马克思主义传统及其发展

教育基本理论在改革开放之初走的就是以马克思主义为理论依据的重建道路，正如王焕勋先生对教育学重建道路的理解，"教育是一种社会现象，对这种社会现象的研究在很大程度上是依据对它所作哲学考察而实现的"②。所以，对马克思主义传统的继承与发展，本身就是教育基本理论重要的发展任务。

教育基本理论研究在发展马克思主义的过程中既贯穿了马克思主义传统在理论研究中的核心内容，在发展表征上又烙上了自身的学科特性。在此基础上，教育基本理论中的马克思主义传统乃是在运用马克思主义分析和解决教育学问题的过程中一贯的思维方式。但同时我们应当看到，正如舒志定教授强调的，如果仅是将马克思主义当作分析教育与政治、教育与意识形态的一种外在的工具和手段，势必遮蔽马克思主义

---

① 孙正聿. 对发展马克思主义哲学的前提思考 [J]. 天津社会科学, 1989 (4): 3.
② 王焕勋. 马克思教育思想研究 [M]. 重庆: 重庆出版社, 1988: 18.

对传统教育思维方式的变革意义，将马克思主义对人的发展的思考同理性形而上学"观念的主体"混同。这就要求我们必须一改以往认识中将马克思主义视为外在的理论依据，这种认识简单地把运用教劳结合、全面发展、异化等马克思主义理论直接看作马克思主义传统。因此，教育基本理论在对唯物史观和辩证法的运用中，这种以思维方式为核心的传统不能是一种形式化应用，核心体现在解决教育问题的过程中对实践历史辩证法的思维自觉，并合时代地进行创新。但是这种思维方式的变革并不是孤立的理智行动，必然要在教育领域对马克思主义的实践活动和研究活动中体现出来。所以在对以思维方式为主导的马克思主义传统进行梳理的同时，必须梳理教育领域对马克思主义的实践传统和体制化学术中教育基本理论对马克思主义的研究传统。只是区别于专门的马克思主义研究，教育基本理论有关马克思主义传统的具体表现并不直接体现在有关马克思主义的文本内容中，而往往直接体现在对马克思主义的研究范式和教育学的时代主题中。这就要求本研究一方面需要梳理教育基本理论对马克思主义的思维变革，另一方面必须梳理发生这种思维变革的体制化学术和教育实践活动。所以从研究内容上，教育基本理论的马克思主义传统发展表征于教育领域对马克思主义的实践传统和教育基本理论对马克思主义的研究传统。这两种传统在历史的进程中共同展现了以思维方式变革为主导的马克思主义传统发展。

与此同时，由于马克思主义传统的发展表征不同，在梳理的过程中也应采取不同的研究道路。在对马克思主义的实践和传统研究上，本研究采取的仍是以实证史学为主导的研究道路。而在对思维方式主导的马克思主义传统进行梳理中，则必须观照思想史的书写方式。这种思想史的书写方式与实证史学的区别在于，思想史书写不能简单地理解为一个史实文本的单纯积累过程，也不能通过对史实文本进行简单的形式归纳得以实现。这是因为，无论对"事实之真"的佐证多么丰富，对这些史实文本的形式归纳多么符合逻辑，这种研究路线实质都是在围绕"在者"讨论问题。与之相反，学术史探讨的则是"存在"发生的历史。在这种存在的形成历史中，我们不是因为经历了历史事件才学会怎样存在的，相反，作用于我们现在的史实在现象界中永远都是我们无意识的"应手物"，直到它不再与我们的生存世界相融（常言中的"我们没法活在过去"就是这个意思）才成为我们研究的"事件对象"①。进一步，这种学术的传统作为"存在的历史"，同纯粹事件的历史区别在于，它不是按照自然时间的进行决定先后次序的，相反，是按照存在意义发生的逻辑次序决定先后的②。例如，重建初期的教育学一个重要的发展目标是将教育学建立为一门体系化的科学。但是科学自身作为一种理念及其思维方式却并没有被真正地认识，相反，在后来教育学有关科学性与人文性之争中，教育研究对实证取向的回归中，我们才能逐渐明晰科学的要义。从自然时间的发展历程看，当然是先有将教育学建立为一门科学的目标，后有对科学的理解。可是如果回答教育学为什么选择科学性作为标志自身独立的重要学科属性、要解释过去我们这种选择发生的历史必然，却必须从现当代我们已有对科学性的认识水平上才能真正地理解。马克思在论及如何研究社会历史的发展逻辑时，曾经深刻地指出，"把经济范畴按他们在历史上起决定作用的先后次序来排列是不行的，错误的。它们的次序倒是由他们在现代资产阶级社会中的相互关系决定的，这种关系同表现出来的他们的自然次序或者符合历史发展的次序恰好相反"③。马克思的这句话正是提醒我们，不能用一种纯粹实证史学的研究方式去处理社会历史发展的逻辑，尤其是探讨思想史的进展。

---

① 海德格尔在《存在与时间》中对"应手物"与"现存物"进行过充分的阐释。他举了一个经典的例子：手杖出现在我们的生活世界里只是个应手之物，我们对它的无意识几乎将它作为我们身体的一部分，这是手杖作为真正存在的真实状态，只有有一天它因为磨损或破裂而不再"应手"时，我们才有将它作为观察对象的意向，此时它是现存物。

② 逻辑先在性与时间先在性发展是并行不悖的，当我们说"太阳晒，石头热"，从时间的自然发生看，作为原因的"太阳晒"和"石头热"的结果是共时而存在的。我们无法在自然时间中确立一个决然割裂的结点作为区分二者的前提。这种"原因决定结果"的前提只存在于我们对二者关系的认识和把握中，亦即其意义阐释的逻辑次序中。

③ 马克思恩格斯全集：第46卷（上）[M]. 北京：人民出版社，1985：45.

正如马克思强调的，问题只有在形成问题的历史条件充分成熟后，才能在现实中呈现出来。马克思主义在我国教育领域中的引入与发展，既是世界共产主义运动影响的结果，也是我国教育实践在解决教育问题的过程中根据自身国情进行的历史选择。尤其是在中国共产党领导的革命实践和国家建设时期，对马克思主义的贯彻更是直接作为教育实践的依据，因此教育领域对马克思主义的实践形态深受中国共产党对马克思主义发展的影响。参考这种发展的历史分期，并基于不同时期教育实践的历史特点可以看到，马克思主义在我国教育学中的发展大体经历了以下几个阶段。

一、选择和引入时期

十月革命一声炮响，给中国送来了马克思列宁主义。我们不可否认俄国革命对于马克思主义在中国传播的意义，但是我国教育领域对马克思主义的早期探索并不是一个完全被动的过程，而是在救亡图存国情下特定的历史选择。其传入方式及特点，主要呈现出以下特征。

（一）救亡图存下的引入活动

从马克思主义在中国早期的传播途径看，主要体现为三种方式：第一，清末以从日本引入为主导的方式；第二，以俄为师的引入方式；第三，留日、留法勤工俭学运动对马克思主义的传播。马克思主义在中国教育领域中的早期发展，主要以这三种方式为载体。

在有记载可考的相关文献中，较早提及马克思主义的文本是在《万国公报》刊登的，由本杰明·颉德著、李提摩太等翻译的《大同学》，该文提到"试稽近代学派，有讲求安民新学之一家，如德国之马客偲，主于资本者也"①。而早期教育领域对马克思主义的介绍也多以翻译和转载国外对马克思主义的研究为主，其中犹以对日本的引介居多。这里面较有代表性的如幸德秋水著、中国达识社翻译的《社会主义神髓》。在该书中，著者提出"今日之文明，一则灿烂之光天，一则暗黑之地域。翱翔于灿烂之光天者，千万中一十而已；堕入暗黑之地狱者，世界人类之大多数也"，"故虽学校林立，而不得受教育之自由"②。在这种引介日本的过程中，留日知识分子在马克思主义传播中的地位和作用也逐渐凸显出来。如以李大钊和陈独秀为代表的留日知识分子翻译了大量的马克思主义日文著述，有力地推进了教育领域对马克思主义的认识和理解。其中，较有影响的是对河上肇著作的翻译和传播。

随着俄国革命的兴起，加之五四运动的推动，以中国本土探索为主导的早期马克思主义者开始成为传播的主体，逐渐登上了历史的舞台。这一时期的主要特征是：马克思主义的传播不单单服从、服务于救亡图存的思潮，而是开始在同其他救亡思潮进行比较、争鸣的过程中逐渐开启在教育领域中的反思。较为典型的是陈独秀与无政府主义思潮的争鸣，以及李大钊与胡适的"问题"与"主义"之争。在针对无政府主义的批判中，陈、李二人撰写了《教育界能不问政治吗?》一文，文章旗帜鲜明地指出教育离开了一定政治经济而独立的空想性。针对李大钊与胡适的"问题"与"主义"之争，陈独秀指出教育不能与"变动社会、解释历史、支配人生观和经济"等方面置于同等地位。在这一过程中，尤为难能可贵的是，这些早期的留日共产主义者能自觉地从救亡"实用"思潮中走出来，从人类社会历史发展的角度去深刻把握马克思主义的思想价值，能够站在马克思主义的立场上批判地审视中国的教育文化和实际国情。如李大钊在总结我国传统以儒学为代表的教化及其社会基础时谈到，孔子的学说之所以在封建社会产生深远的影响，因为孔子思想"是适应中国二千余年来未曾变动的农

---

① 林代昭，潘国华．马克思主义在中国——从影响的传入到传播（上）[M]．北京：清华大学出版社，1983：50.

② 高军，等．五四运动前马克思主义在中国的介绍与传播[M]．长沙：湖南人民出版社，1986：150-151.

业经济组织反映出来的产物"①。而陈独秀更是站在社会历史发展的高度，看到了资本的运作给资本主义社会带来的道德沦丧，以及社会中经济与战争危机所导致的社会动荡，指出"幸而我们中国此时才创造教育、工业，在资本制度还未发达的时候，正好用社会主义来发展教育及工业，免得走欧、美、日本的错路"②。

在教育领域对马克思主义的传播中，除了这些以留日知识分子为主导的传播主体外，产生较大影响的传播主体还有清末民初的公共知识分子和其他勤工俭学的留洋人士。在这些公共知识分子中，较有代表性的有许崇清、邵飘萍和林砺儒。许崇清是最早将马克思主义思想引入教育领域的教育思想家，他曾在1921年任教育局局长，任中山大学代理校长期间，他还讲授辩证唯物论、历史唯物主义，并提倡用马克思主义的观点来分析教育哲学领域中的相关问题。邵飘萍致力于在新闻界领域积极宣传马克思主义。此外，他还整理了自己在日本所习得有关马克思主义的思考，编纂成《综合研究各国社会思潮》和《新俄国之研究》两本著作。在"社会主义概念之历史"中，邵飘萍评价了马克思、恩格斯的思想，指出"明示社会发达之倾向，社会主义社会有必然实现之趋向，而说明真理之路。其唯物史观与剩余价值学说，成为近世社会主义运动之中心色彩"③，突出强调了马克思主义中的剩余价值学说和唯物史观对分析包括教育在内的社会问题重要的理论依据意义。而林砺儒在其著作《教育哲学》中，通过引用恩格斯关于近世哲学与科学关系的观点，阐明了马克思主义哲学对教育反思的意义。与上述的理论宣传略显不同的是，在赴法勤工俭学的过程中，广大中国知识分子亲身经历了发达资本主义社会的日常生活和剥削境况。在此基础上，这些知识分子深化了对马克思主义在教育与社会关系方面的理解，从而破除了教育救国论调的空想性，如以蔡和森为代表的知识分子看到了国外资本主义教育所有权的情况，自觉到了教育权与政治权的不可分离性。

基于救亡图存的思考，加之留日、留法知识分子对马克思主义的大量翻译和引介，终于在"十月革命"和五四运动爆发时期，中国社会领域出现了"以俄为师"和探讨马克思主义的高潮。而在教育方面，具有较大影

---

① 李大钊. 李大钊文集 [M]. 北京：人民出版社，1984：174.
② 陈独秀. 陈独秀文章选编（中）[M]. 上海：三联书店，1984：52.
③ 李锐. 毛泽东：峥嵘岁月（1893—1923）[M]. 北京：北京联合出版公司，2014：277.

响力的代表性事件是在早期马克思主义者创立的各种宣传刊物中，出现了大量有关苏俄教育尤其是无产阶级文化运动的内容。其中典型的有发表在《解放与改造》上的《校外教育及无产阶级文化运动》和《苏维埃俄罗斯之文化事业与教育》，以及发表在《学灯》上的《俄国教育之改革》和《苏维埃俄罗斯教育之进化》等文章。

（二）忠于致用的传播特点

我国教育学对马克思主义的早期引入是与救亡图存的时代思潮息息相关的。但同时，受制于当时传播途径和时局的局限（这里尤指当时的政局对无产阶级思想的打压），对马克思主义的原典研究和翻译相当有限。所以早期马克思主义引进过程中的一个显著特征，就是往往按照忠于致用的原则，依附于不同的救亡图存的社会思潮，在对马克思主义的阐释上显现出鲜明的针对性。在这些救亡思潮中，较有影响力的有社会达尔文主义和有机主义。如在早期引入的对马克思主义系统阐释的日本著作中，村井知至的《社会主义》对"社会主义"的定义是"盖个人主义于社会的关系，不过如无用之契约；而社会主义者如血脉之贯通于四肢百体，为生命之所也赖"。可见，这种观点所阐释的社会主义实质是一种社会有机主义。而社会主义的教育被阐释为"普及强迫主义之教育制度是也"，这种社会主义教育的思想基础即是社会"为一大有机组织，以人人互相团结提携而成者也。一人无教育，即损社会之一部。社会必不能完其圆满之幸福"[1]。无独有偶，较早提及马克思主义的由李提摩太等翻译的《大同学》也是以社会达尔文主义的视角来看待社会主义，其把马克思的学说视作培养民众认同社会进化论、提倡安息民生的新民学说。

随着早期马克思主义者对原典翻译的大量增加和理解的深入，教育领域对马克思主义的探讨才开始逐渐摆脱对某一社会思潮的依附，而逐渐开启了独立的探索。但是这种马克思主义与其他社会思潮论争的实质仍是围绕着实际救亡斗争的需要而发展的。较为典型的如陈独秀和李大钊在揭露其他社会思潮的虚假性所发表的一系列立足马克思主义对教育领域的思考。尤其值得一提的是，在这一时期早期教育学学者中最具代表性贡献的是许崇清和林砺儒在教育哲学领域对马克思主义所做的思考。许崇清在批判姜

---

① 高军，等．五四运动前马克思主义在中国的介绍与传播［M］．长沙：湖南人民出版社，1986：63.

琦的《教育哲学》时，关注了从黑格尔到马克思的思想发展历史，并站在这种思维历史的基础上去阐明马克思主义在教育领域中的合理性。林砺儒在其著作《教育哲学》中，通过引用恩格斯关于近世哲学与科学关系的阐释，指出在学科分化的时代，当哲学从"科学之科学"的地位上被放逐出去时，哲学与教育的关系就不能是作为总体的哲学对具体教育学科的形式概括，而应当是在观念上批判地综合以往研究对教育问题的认识和理解。可见，虽然引入时期对马克思主义的认识偏重在救亡斗争中的实用性，但是这种对实用的观照并不只是停留在就事论事的理解层次上，而是能够自觉地对马克思主义进行正本清源。

（三）走向独立发展的探索价值

引入时期的环境和救亡图存的现实需要决定了早期对马克思主义的选择和引入多是一种外向依附性的传播形态。随着对马克思主义理解的加深，早期由留日和留法知识分子组成的马克思主义者开始结合中国自身国情开启对马克思主义的独立探索。这种探索的深化最终体现为教育学领域内开始出现了系统的马克思主义研究，选择和引入时期教育领域对马克思主义发展的时代价值总体体现为走向独立发展的探索。

早先我国对马克思主义的选择就是作为救亡图存的时代需求而出现的。从时间先后看，早期的传入来源主要是日本和苏俄。值得注意的是，早期传入所服务的救亡需要将马克思主义与特定社会思潮联系起来，这种发展形态虽然在后来马克思主义发展走向独立的过程中逐渐消匿，但是忠于致用、强调马克思主义的社会教化意义仍作为贯穿于革命时期的发展特点被保留了下来。即使在五四运动早期，马克思主义者开启独立探索后与"以俄为师"有关的马克思主义传播和引入仍不失服务于某一社会思潮的色彩。较为典型的如在对苏俄教育思想的引入中，我们曾一度将倡导阶级和解的"托尔斯泰主义"和强调社会改良的"社会达尔文主义"也统统纳入马克思主义的范畴。只是这种传播特征已经不再是引入初期的整体特点而愈加倾向于独立发展马克思主义进程中的特殊表现。从相关的传播活动看，这种独立性的探索主要在两个层面展开，并深刻影响着后来的马克思主义发展：一方面是马克思主义从一般救亡思潮中独立出来，逐渐被教育领域所接纳和认同；另一方面，教育领域开始结合自身发展的问题自觉地运用马克思主义解决相关问题。从马克思主义在教育领域中的历史发展可以看到，在引入初期教育领域对马克思主义的译著较少，缺乏专门教育领域运用马克思主义的相关研究。而在引入末期，尤其是以俄为师的阶段，则出现对马克思主义的全方位译介，不仅有期刊和书籍，甚至牵涉教育体制和教育规范方面的内容。与之伴随的是，一批早期教育学者已经开始自觉地对马克思主义进行独立的认识探索。充分把握教育问题身处的时代现实，可知对马克思主义的认识深化是选择和引入时期我国教育领域对马克思主义发展的独特贡献。

二、融合和发展时期

该时期主要以 20 世纪 30 年代为起点，在该时期，我国教育领域对马克思主义的发展主要由两部分力量主导：一方面是教育学者主导的基于马克思主义对独立教育学的思考；另一方面是中国共产党人在革命和建设时期对教育领域践行马克思主义的探索和总结。值得注意的是，这一时期继承了救亡图存时期发展马克思主义的实践特色，即使是对独立教育学的思考也不是一种纯粹学院式的马克思主义研究，而是在一定意义上以教育研究的方式传播马克思主义，发挥马克思主义启迪民智的功能。新中国成立以来，这种融合和发展主要体现在在马克思主义指导下对苏联教育体系的学习，以及由此展开的本土化教育实践。在这一过程中，教育界发生了将理论对实践的关系理解为一种直观经验化的关系的错误认识，最终在"文革"时期教育领域对马克思主义的实践一度陷入了停滞。

（一）革命建设中本土化践行

在融合与发展时期，马克思主义在中国教育领域中展现的历史问题一定意义上就是在革命和建设过程中的本土实践问题。中国教育接受马克思主义指导的选择，源于早期教育领域试图实现救亡图存的追求。这种先赋的发展特点作用于融合和发展时期，使得教育对马克思主义的本土化践行从开始就不是一个马克思主义如何与中国传统相结合的学理探索过程，而是在推进教育思想革命化、以阶级意识启迪民智中深化人民对马克思主义的理解。

具体而言，这种本土化践行主要由两种活动主导：第一种是教育学者对马克思主义的教育学探究，另一种是中国共产党人在革命和建设时期对马克思主义的实践总结。在第一种发展中，以杨贤江、恽代英等一批马克思主义教育学者为代表，他们在教育领域将马克思主义运用于启迪民智和对民族危机的思索。众所周知，在对马克思主义指导下教育基本理论的建构上，杨贤江的主要贡献突出体现在《新教育学大纲》和《教育史 ABC》两本著作当中。杨贤江在著作中集中批判了把教育与政治割裂开来，以及将教育视为超阶级的观点，提出教育权随着政治权走。在此基础上，杨贤江批判了教育神圣化、教育隔绝政治等错误的观点。值得注意的是，杨贤江借助马克思主义对教育学的分析与其说是对马克思主义教育思想的学理建构，不如说是在教育领域中借助马克思主义启迪下层民众的阶级觉醒更贴切些。较为典型的如杨贤江在《新教育大纲》中表明，他的写作动机并不是意欲建构一门系统的理论，更在于暴露教育以民生之名行统治之实的虚假事实。而与之相应的是，钱亦石受杨贤江启发，在此基础上丰富和发展了用辩证法分析教育理论的思想。较有代表性的如在对教育原理的看法上，钱亦石认为，没有不变的教育理论，教育理论必须随着社会历史的变化而变化。那种将理论视为一成不变的思考在他看来实质上是一种形而上学的思维。而在中国共产党人的早期革命实践中，这种启迪民智、促进民族觉醒的历史任务在对马克思主义的本土化践行中体现得尤为鲜明。在抗日战争与解放战争时期，中国共产党人结合中国革命的国情实际，在解放区创立了"民办公助"形式的普及宣传教育。如何从有利于下层民众理解、可操作性强的形式出发，本着一切为战争和革命需要的立场设计和组织教育形式，就成为这一时期在教育实践中贯彻马克思主义的重要体现。其具体表现在：在早期的苏区教育中中国共产党人对农民进行有关土地革命的教育，逐步提升农民的政治觉悟和阶级觉悟；在抗日战争期间，如何使广大民众与干部认识到阶级利益应服从于民族整体利益、争取知识分子为抗日战争服务便成了解放区教育的重要内容；在解放战争时期，如何促进教育服务于战时需要转向体制化、正规化教育，则成为这一时期贯彻马克思主义的重要任务。

而在新中国的教育建设时期，共产党人充分继承了革命时期马克思主义实践中以革命化和启迪民智为主导的特点，只是这种特点不再以"一切为战争的大局"出发，而是将教育发展同当党和国家的宏观政治结合起来。具体体现为遵循社会主义阵营"一边倒"的政策，对苏联的教育理论进行大量的引入。与此同时，在新中国成立之初，针对教育权尚未真正收回到国家手中，加之文盲率较高的国情实际，中国共产党制定了以苏为范、建设新民主主义教育体系这一发展任务，在具体落实上将这一任务诉诸争取国家对教育的领导权与扫除文盲的普及教育，并把这二者联系在一起，赋予扫盲建设民主政治的意义，这成为新中国成立初期典型的马克思主义教育实践。这一历史任务正如在全国第一次教育工作会议上教育工作总方针阐明的，"培养国家建设人才，肃清封建的、买办的、法西斯的教育思想，发展为人民服务的思想。这种新教育是民族的、科学的、大众的教育，其方法是理论与实际一致，其目的是为人民服务，首先为工农兵服务，为当前的革命斗争与建设服务"①。而从 1949 年到 1966 年，这一历史任务主要呈现为两个阶段。首先，争取教育领导权和扫除文盲的斗争，二者在这一时期的内在一致性就在于，民众的文化解放实质就是人民主权的重要组成部分。诚如国务院《关于扫除文盲的决定》指出的，"扫除文盲是我国文化上的一场大革命，也是国家进行社会主义建设的一项极为重大的政治任务"②。而随着教育的普及和教育领导权的独立，对苏联教育的引入和自身教育理论的探索也被置于日益突出的地位。但是这一时期对苏联的引入在促进新中国教育发展的同时，也造成了一系列机械照搬苏联经验的错误，较为典型的如罔顾旧中国在高等教育方面的经验，削弱除俄语外的其他语种教学、压缩专修科目等做法。其次，针对这种实践中的机械照搬和盲目学习苏联所造成的弊端，国家在宏观政策上强调要以苏为鉴，要在批判分析中学习苏联的经验，由此反对右倾和教条主义、在"调整、巩固、充实、提高"中发展教育就成为这一时期马克思主义教育实践的重要内容。在与之相应的具体实施中，教育领域开始精简机构和人员，放缓教育的发展速度，从而使教育与国民经济不相适应的境况得到了改善。

与这种国家层面对马克思主义的践行相应，建国初期较早出现的教育学著作也是以苏联为范本，其中较有代表性的如 1952 年印发的《师范学校教育学教学大纲》参照的即是由叶希波夫和冈察洛夫合编的《教育学体系》，而凯洛夫的《教育学》更是被视为标志性的范本。随着 1956 年以来对片面学习苏联经验、教条主义对待苏联理论的错误做法进行清算，教育领域也开始对苏联的马克思主义教育思想集中展开反思。1957 年，曹孚在《教育研究中的若干问题》中集中批判了教条化对待学习苏联的做法，以此为标志，如何实现教育学的"中国化"就成为重要的思考问题。在此背景

---

① 中央教育科学研究所. 中华人民共和国教育大事记 [M]. 北京：教育科学出版社，1984：3-4.

② 顾明远. 中国教育大系·21 世纪中国教育 [M]. 武汉：湖北教育出版社，2015：2155.

下，刘佛年编撰了代表性著作《教育学》。与这种从学理上对教育学体系化建构的探讨相呼应，这一时期较有代表性的研究还包括结合党和国家的教育方针及新中国建设的时代性特征，用马克思主义思考、阐释新教育特征的一系列探讨。其中，较为典型的是徐特立在新中国成立前后对社会主义教育及其特征的阐发。这些探讨从理论建设上对马克思主义与中国实际的融合做出了突出的贡献。

综上可见，在革命和建设时期，我国的教育实践一直坚持立足中国国情，与此同时充分借鉴苏联教育体系中的合理因素并将其作用于本国的发展。遗憾的是，在"文革"中，由于忽视了我国仍处于社会主义初级阶段这一基本的国情，导致对教育发展的历史前提出现了错误认识。随着"大跃进"运动的开展，"教育大革命"标志着教育界主观盲目化地对待教育各领域的发展。

（二）体系化规范化的发展特点

在引入时期，教育领域对马克思主义的研究大多处在满足救亡图存的需要层面，难以做到对马克思主义的独立探索。究其原因，一方面，马克思主义还与其他救亡的社会思潮杂糅在一起，没有真正独立分化出来。另一方面，马克思主义理论尚未真正同革命与建设的实践结合起来。这就使得这一时期发展马克思主义的形式多以忠于实用的传播方式为主。而在融合与发展时期，随着对马克思主义认识的深化和本土实践的丰富，对马克思主义的发展也愈加展现出趋向体系化建设和规范化研究的特点。

在整个融合与发展时期，较为突出的特点是一批专门运用马克思主义探讨教育问题的教育学者和学术著作陆续出现。以杨贤江和恽代英为代表的教育学者在坚持进行阶级意识揭露和启迪民智的同时，也鲜明地表现出在研究的形式上追求体系建设的特征。同是对苏俄有关马克思主义教育研究的引介，早期的选择多以现实教育问题的解决为主，而杨贤江对苏俄的借鉴则呈现出鲜明的体系化特征，其中由其翻译的《苏联新兴教育之一般理论》《苏俄之学校、教师与学生》等代表性译文集中介绍了苏联当时的教育体制。尤其值得一提的是，这一时期出现了跳出对马克思主义的单纯梳理，开始真正意义上将马克思主义作为教育研究的方法论的思想，客观上推动了对教育学解释体系的变革，较有代表性的如程今吾的《新教育体系》。程今吾在自己的著作中提出教育理论与实践相统一的问题。与杨贤江和钱亦石对马克思主义教育思想的思考都略显不同，程今吾的《新教育体系》既不如杨贤江鲜明地站在一定的阶级立场对教育问题展开现实批判，也不与钱亦石在思维方法上发掘马克思主义的方法论意义相同，而是以劳动为锁钥，站在马克思主义的立场上理解现存教育的问题。在程今吾看来，在劳动中，人们将人的自在的自然本性变为自为的存在。在此基础上，以劳动为中介的人与自然的关系决定了教育的本质和教育发生的社会根源。

而共产党人在其领导革命的实践中，虽然戎马倥偬，没有进行专门的教育理论研究，但一些针对实践的总结同样在教育理论的体系建设中做出了独到的贡献。毛泽东同志在国防教育方针中强调，"根本改革过去的教育方针和教育制度。不急之务和不合理的办法，一概废弃"①。而这种对传统文化的"扬弃"同马克思主义本土实践互为表里。为此，以毛泽东为代表的中国共产党人一方面充分肯定传统文化中的精华部分，"从孔夫子到孙中山，我们应当给以总结，承继这一份珍贵的遗产"②；另一方面看到了传统社会中存在的以血缘伦理为核心的文化将个体的交往空间局限在狭小的私人领域内，阻碍了民众国家意识和社会意识的形成，"封建的家族组织十分普遍，多是一姓一个村子，或一姓几个村子，非有一个比较长的时间，村子内阶级分化不能完成，家族主义不能战胜"③。这种对传统文化的反思对共产党人运用马克思主义指导教育实践产生了重要影响。这种影响体现在新中国成立后，在以俄为师构建我国教育理论体系的过程中，我国的教育事业也不是盲目照搬苏俄的体系，而是提炼其发展中的合理因素，助力我国的教育建设。较有代表性的如以曹孚和徐特立为代表的教育学者分别针对以俄为师过程中的问题和建设"民族的、大众的"文化展开思考。而这种思考的影响凝结于我国马克思主义的体系化建设中，最终表征为区别于苏联的教育学体系，对我国新民主主义社会下体系化教育学的独立探索发挥了重要作用。这其中，最为典型的代表即是刘佛年先生的《教育学》，该书着眼于创立我国独立的教育学体系。在书中，著者扬弃了自凯洛夫以来学界对教育学四大板块式的写法和对教育基本理论的认识，这是该书对马克思主义教育学最具代表性的探索。此外，在教育学的研究对象上，该书一改凯洛夫将研究对象界定为"对青年一代人实施共产主义教育"的狭隘

---

① 毛泽东选集：第 2 卷［M］．北京：人民出版社，1991：348．
② 毛泽东选集：第 2 卷［M］．北京：人民出版社，1991：533．
③ 毛泽东选集：第 1 卷［M］．北京：人民出版社，1991：69．

视野，将研究对象放眼于教育现象及其规律上，反映了著者对教育学与马克思主义之间的关系更为成熟和更具包容性的理解。

从这种专门化的教育研究实践可以看到，本土化和突出马克思主义的方法论意义是我国教育理论体系建设的重要特色。事实证明，只有坚持立足本土和认识论的反省才能真正在马克思主义的指导下合时代地进行教育创新。反之，像"文革"期间通过直观经验诉诸群众运动的方式在教育领域践行马克思主义，不仅没有深化马克思主义与教育之间的关系，反而使教育脱离了身处的历史条件、背离了对马克思主义的本源理解。

（三）民族化大众化的融合道路

在选择和引入时期相当长的历史阶段里，马克思主义的发展仍处于一种"外向寻求"的过程中，即马克思主义混杂于众多社会思潮甚至依附于特定社会思潮来解释自身。在这一过程中，早期有关马克思主义的教育实践使得一批教育家逐渐意识到，结合本土国情对发展我国的马克思主义教育理论和实践具有重要价值。而在融合发展阶段，我国教育领域的马克思主义建设已经不再满足区别于其他社会思潮的理论传播任务，逐渐着眼于探索马克思主义与中国文化传统的内在联系，具体体现为该时期一批教育家开始致力于探索出一条"民族化大众化"的马克思主义与中国教育实际相结合的道路。

纵观选择和引入时期，教育领域的马克思主义建设虽然产生出独立发展的需要。但是这种需要多数还是发生在少数知识分子中间。而在革命和建设时期，对马克思主义的本土实践使得马克思主义与包括广大民众在内的一般社会群体有了真实的接触，因而是一次同中国实际的真正碰撞。纵观整个革命时期的教育实践，在对马克思主义与教育关系的处理上，我们所遭遇的挑战主要体现在两个方面：一是马克思主义怎样通过大众化、实际化的话语方式向大众传播；二是当时的中国作为一个以农业为主、宗法色彩浓厚的社会，应该怎样接受马克思主义代表的西方理性思想，二者在实质上互为表里。为解决这两个困难，中国共产党人一方面充分肯定了中国文化传统在发展马克思主义过程中的时代价值；另一方面以观照普通大众的话语来审视、理解和运用马克思主义应有的态度。这种"民族化大众化"的建设道路甚至影响到新中国后来的教育学体系建设。较为典型的如在用马克思主义诠释"科学化、民族化、大众化的文化教育"时，徐特立认为，正如马克思强调，理论一经掌握，群众就会变成物质的力量，理论的大众化要求理论的彻底性，而理论的彻底就要抓住事物的根本。所以对教育问题的科学规律进行探索，本身就是从方法论上贯彻马克思主义的体现，正是在此过程中才能实现文化教育大众化、民族化的需要。徐特立的这一思考一定程度上揭示了新中国成立初期以科学取向发展教育的内在原因。

民族化大众化的融合道路作为这一时期马克思主义建设所展现的时代价值，为我国教育领域进一步深化马克思主义的指导指明了方向。在这种教育领域有关马克思主义中国化的实践中，民族化和大众化使得马克思主义从同时代社会思潮的争鸣中脱颖而出，并在发展中以追求科学和实践观点为核心取向，将马克思主义与中国教育实际相结合的问题真正变为教育理论体系建设的本己问题，从而有力地推进了教育基本理论的学科发展。

三、重建与反思时期

改革开放初期，教育领域发展马克思主义的首要任务就是对"文革"时期教育领域所遭受到的破坏进行拨乱反正。"文革"时期对马克思主义与教育关系的扭曲，在一定意义上就是将马克思主义对教育领域的指导关系变成以一种纯粹经验化的方式来实现政治对教育的全面指挥。为此，回归马克思主义的原典理解，结合我国教育发展的国情实际，如何看待马克思主义与中国教育实际相结合，怎样看待马克思主义对我国教育实践的指导意义，就成为新时期教育领域重建与反思马克思主义的重要议题，这一议题深刻体现于教育学者、一线教师对实践观点的认识和对教育实践的理解。

（一）重建振兴的改革实践

改革开放以来，教育与马克思主义的关系迎来了良性发展。在初期，我国教育领域对马克思主义的探索任务主要体现在"拨乱反正"上。该时期教育领域中拨乱反正的首要任务是揭露"文革"中对知识分子的"两个估计"，而与对"两个估计"进行批判的同时进行的是对"两个凡是"的反省。在教育学领域中，对"两个估计"和"两个凡是"进行反省，重塑"实践是检验真理的唯一标准"成为我国改革开放初期教育学探索马克思主义的重要表现。

而与"实践是检验真理的唯一标准"的确立相呼应，教育在国家经济建设中的作用日益受到重视。马克思主义关于知识和劳动之间的转化关系，以及对两种劳动（脑力劳动和体力劳动）的思考成为这一时期教育在社会发展中应有地位与作用的最好诠释。正是在此基础上，以邓小平为领导的党中央适时提出了教育先行的方针，确立了教育在国民事业中优先发展的战略地位。在对景山学校的题词中，邓小平首次提出新时期以来我国教育发展的重要方针"三个面向"。这种教育服务经济建设的思考成果最终体现为在全国科技大会上，党中央首次提出科教兴国战略，通过促进教育与科技发展把经济建设转移到依靠科技进步和提高劳动者素质的轨道上来，这也是教育与马克思主义的辩证关系在当代国家发展战略中的集中体现。而这种国家战略发展的需求必然要作用于教育基本理论的研究中，素质教育的提出正是迎合了这一思考。"素质"这一概念的提出，其思考的着力点就在于超越单纯关注知识本身，更加强调知识向现实劳动力的转化。在这一过程中，以经济建设为中心的发展任务，使得教育领域冲破了"文革"以来片面政治化地对待马克思主义指导的束缚，为反省直观化、经验化地对待马克思主义指导的错误观点提供了历史契机。

而从具体教育教学的研究与实践看，新时期我国教育领域的马克思主义实践主要围绕在市场经济背景下教育如何适应并促进社会发展、如何促进人的自身发展等议题展开。改革开放初期我国的教育研究主要探讨怎样促进教育实践的科学化问题，在该方面，苏联教育学家赞可夫的纵向追踪教育学实验、布鲁纳和维果斯基立足心理学对教育问题的探讨在我国教育的重建期造成了重要影响。如何促进教育实践的发展，使教育实践更有力地促进教育学早日成为一门体系化科学，既是教育理论研究的目标，也是教育实践的重要主题。而随着市场经济的兴起，这种理论密切联系实际的实践精神落实到研究中，教育如何适应宏观经济的变化就成为马克思主义在教育领域重要的实践内容。在该方面，我国的教育实践主要体现为两方面，一是教育服务经济建设的功能，二是教育管理体制的变革。前者主要体现在教育作为劳动力再生产的重要手段，适应实际的市场需要，促进人口向人力资源的转化，从而促进经济的发展。该方面研究典型的代表是改革开放初期职业教育领域对服务经济建设进行的大量探索。以教劳结合、综合技术教育为核心内容的教育实践大量出现在教育促进区域经济发展的相关研究中。后者突出体现在加强领导阶层对教育的服务意识，确立"中央主导，地方管理，县级为主"的基础教育管理体制，并使相关管理体制进入法制化的轨道。

（二）立足实践的反思特点

重建时期，教育领域对马克思主义的重要发展任务就是转变"文革"

以来理论与实践之间的扭曲关系。从"文革"错误的发生机制可以看到，这种扭曲的关系不仅对教育实践造成了严重的破坏，更深层的是形成了经验化、直观化对待马克思主义的认识方式。时至今天，这种认识方式仍旧错误地影响着教育实践对马克思主义的理解。所以，确立"实践是检验认识真理性的唯一标准"，不仅是一种对"文革"教训的总结，更为重要的是重塑实践的认识方式，纠正理论与实践的关系，从而为教育与马克思主义的良性互动奠定坚实的基础。

无论是"文革"期间"两个估计"对知识分子的错误判断还是"文革"后"两个凡是"对马克思主义错误的认识态度，其共同的特征就是暗含了理论与实践关系的扭曲与错位，即凡是符合某一思想的行动就是不容置疑的。这种思考反映于教育学中，无疑割离了教育领域运用马克思主义过程中理论与实践的关系。而"实践是检验认识真理性的唯一标准"，不仅仅在经验领域肯定了实践的先在地位，更重要的是在思想上明确了对事物的真理性认识不能是一种自在地、直观化地反映现实的过程，而必须是在实践对既定现实的否定中实现主客统一的过程。从这个意义上而言，实践不仅是人们的一种活动方式，更是重要的反思方式。在改革开放之初，这种实践的反思体现于教育与马克思主义关系的深刻变革中，马克思主义对教育领域的指导关系不是一种经验上的直接指挥关系，而是在知识与劳动、科技与生产等领域通过经济建设间接发挥对教育的引领作用。与之相应，教育领域对马克思主义的践行着重体现在教育如何推动我国发挥人才资源的优势、促进科学技术向生产力的转化效率。体现在教育政策上，邓小平率先提出了"三个面向"的教育发展要求，尤其是其中的"教育应面向现代化"，更是将人才培养和科技转化作为人的现代化的重要任务，能否实现好这一任务，是教育服务经济建设的历史使命。这种立足实践的反思甚至影响到后来素质教育理论的产生。正如柳斌在论及素质教育的推进时提出的，在邓小平提出"三个面向"之后，民众开始充分意识到人的素质在社会发展中的功能，正是"小平同志和中央把经济建设、社会发展对劳动力素质的要求和广大人民对提高国民素质的愿望集中概括起来"[1]。

而在教育振兴的阶段，这种实践反思集中体现在对人的主体观照上。经济领域中教育对马克思主义的深化放映到对实践的认识方式上来，教育

---

① 柳斌. 柳斌谈素质教育［M］. 北京：北京师范大学出版社，1998：2.

学开始自觉地意识到，没有人的主体意识觉醒，教育理论便不可能真正理解实践的价值。因为实践中的教育实际已不再是一个自在的自然了，而是打上了深刻的社会历史烙印的、在一定社会场域中的实在。无论是科学发展观在教育领域中的影响还是"立德树人"要求的提出，其实质都强调了人在实践中的主体地位，而在教育理论研究领域，无论是教育现象学还是叙事研究的发展，实质都是从马克思主义的人学视野出发推进教育研究实现"人的转向"，从这个意义上讲，凸显人的主体性对教育实践运用和发展马克思主义具有重要的反思价值。

（三）与时俱进的发展战略

重建时期，教育领域对马克思主义的反思立足于理论与实践间的关系。传承马克思主义与教育相结合过程中"民族化、大众化"的价值取向，在理论与实践关系的重审中，教育与马克思主义最为重要的关系实质体现为马克思主义与教育身处的时代精神之间的关系。这也是新时期教育领域的马克思主义建设最为重要的发展导向。

早在"拨乱反正"初期，教育领域在确立实践地位的过程中，就是在提倡科学化的时代精神中发展马克思主义的。立足实践、辩证看待教育问题的认识方式在这一时期被看作一种科学对待马克思主义的认识方式；与之相对，脱离实际、教条化地对待马克思主义则是一种形而上学的思维。而在结合中国具体实际尤其是以经济建设为中心的改革实践中，市场经济的公共性和竞争性强调人在社会中的主体地位，但这种人的主体性从马克思主义的立场看又是一种在物的依赖下人的相对独立存在。这种以市场经济为表征的时代精神成为马克思主义与中国教育实际相结合的背景，就要求教育理论研究在实现人的现代化过程中必须通过人的主体性转向实现对马克思主义的发展。后来以交往实践为核心旨趣的新基础教育实验和回归生活世界的课程改革，从时代精神的视角看都是人在经济生活中的存在方式在教育领域中的体现。与此同时，市场经济中物的依赖特征也深刻影响着教育基本理论研究，使得如何破除教育中的单一工具理性对人的宰制成为教育学运用和发展马克思主义的重要议题。

从新时期马克思主义与教育学的关系可以看到，在早年的引入和融合发展时期，无论是服务救亡图存的需要还是民族化、大众化的发展取向，马克思主义在教育领域中的发展从总体看都是依附于特定时期的历史任务。而在改革开放时期，随着教育理论逐渐超越对实践直观化、经验化的理解，马克思主义与教育领域的结合也超越感性活动层面而愈加指向教育实践身处的时代精神。这就要求教育基本理论在未来的马克思主义建设中必须与时俱进，合时代地发展马克思主义的实践观点及其认识方式，这样才能使教育基本理论在马克思主义的指导下实现更好的发展。

四、"民族化、科学化、大众化"实践传统的发展启示

马克思主义在我国教育领域中的发展，虽然在不同的历史时期肩负着不同的历史任务，却有着相同的实践表征。在同中国具体实际相结合的过程中，它逐渐形成了"民族化、科学化、大众化"的实践传统。这三者并不是彼此割裂的价值理念，相反，马克思主义的教育实践恰恰反映出，正是三者趋向统一的过程才保证这种实践传统未沦为僵化的教条，而是在推进教育领域的建设与发展中展现出马克思主义变革现实的生命力。

（一）民族化是独立发展马克思主义的保证

发展之所以区别于自在运动，就在于它总是以一定意义为目的的动态过程。正如马克思强调的，理论意义的实现程度"总是决定于理论满足于这个国家的需要的程度"①。从马克思主义在教育领域的实践历史可以看到，马克思主义与我国教育实际的结合，在面对"为什么而发展"的问题上，民族化一直是独立发展的实践保证。

在传统认识中，民族化被普遍理解为将马克思主义根植于由中华民族的伦理、价值等构筑的文化土壤中，这从发展的外在表现看当然是确定无疑的。但审视这种表现的形成历史，民族化更为直接地体现于不同历史时期维系民族独立发展的社会变革。为此，马克思主义民族化的普遍理解实质是特定国情下无产阶级革命和人类解放实践对马克思主义进行的实践诠释和道路选择。如在接受和引入时期，马克思主义依附于各种救亡思潮实现自身的阐释和传播。这种依附性虽然具有外来资料翻译不足等历史局限，但究其根本则是民族独立的需要在思想领域中的展现。这一影响持续至体系化教育学的早期探索时期，这种教育学研究并不旨在学科建设，而是将传播马克思主义以启迪民智作为直接的动力。而在新中国成立后，从"师从苏俄"到"反思苏俄"直至改革开放后确立以经济建设为中心的发展方针，国家的社会经济发展成为民族独立的实践主题。这种发展也必然要求

---

① 马克思恩格斯选集：第 1 卷 [M]．北京：人民出版社，1995：11.

教育基本理论相应转向独立的学科体系建设和推动人口资源向人力资本的转化，在相关领域马克思主义成为推动教育基本理论研究的发展动力。

后现代倡导的"颠覆"宏大叙事，同教育学追求学术独立的要求一起，对教育研究提出了应从具体的教育场景入手的实践反思要求。在这一过程中，民族化只是教育实践的文化背景，由此产生的一些片面理解往往使我们将教育实践与民族化的关系局限于文化传承的专门领域。这种认识没有看到，民族化恰恰是现存教育的土壤，各历史时期的大众的社会意识引领着教育发展的价值取向。教育非但不能左右这种社会整体发展，相反，只能在社会的整体发展中汲取民族化的时代主题以实现社会教化的功能。与此同时，这种汲取从根本上只能是一种在与其他民族文化比较中实现对自身的自觉。引入时期，马克思主义在进行"向外寻求"发展的同时，自身也混杂于社会有机主义、达尔文主义而成为各种救亡思潮的注脚。直至在中国共产党领导下的革命实践中，马克思主义才在教育研究中恢复其本来意义，教育领域的变革才真正成为融于无产阶级运动中启蒙大众的精神力量。这种发展的历程向我们表明，教育基本理论研究只有在充分观照民族独立发展实践的过程中，才能真正实现对马克思主义传统的践行与发展。

而在当代我国教育对马克思主义的发展实践中，民族化作为马克思主义与中国实际相结合的核心导向，主要体现在争取马克思主义在意识形态中的话语权和领导权的历史任务中。这种民族化的发展实践具体体现为，在新时代的历史起点上深刻领会并实现"两步走"全面建设社会主义现代化国家的新目标。这种民族独立的发展实践，要求教育领域对马克思主义的发展必须迎合新时代我国社会主要矛盾的变化。在解决教育发展问题的过程中树立马克思主义的道路自信、理论自信、制度自信和文化自信。与此同时，十八大以来对"人类命运共同体"的阐发向我们揭示，教育实践在发展马克思主义的过程中不能将民族化简单地理解为本民族历史文化之内的故步自封，相反，必须要从"历史成为世界史"的眼光去运用马克思主义审视并解决具体的教育问题。这也是把握马克思主义与当代西方教育思潮的实践基础。

（二）科学化是深入发展马克思主义的前提

正如马克思强调的，理论要是彻底，就能说服人。这种理论的彻底性作为马克思主义科学化实践传统的表征，集中体现为围绕实践如何看待理论与现实的关系，对这种关系的认识是决定马克思主义能否在实践中深入发展的基本前提。

在对马克思主义的选择和引入时期，受制于翻译资料的局限和民族危机的历史条件，实用理性主导了救亡时期的马克思主义实践。这体现在理论与现实的关系上，理论如何直接满足救亡斗争的需要就成为马克思主义科学化的表征，这突出体现在早期对马克思主义的深入发掘往往将启迪民智作为直接的动力。无论是杨贤江还是恽代英，对马克思主义的发掘实质都是循着这种理解进行的。直至"文革"时期，有关马克思主义科学性的理解受到了重大的冲击。在此时期，理论与实践间的扭曲关系启示我们，真正的实践不是将理论诉诸直接经验，将对理论的运用理解为在经验直观中反映现实，而是在教育与社会的关系中，在这种关系表征的特定时代精神中把握现实。离开了认识论反省的实践、将马克思主义直观化为具体的社会行动，才导致将马克思主义教条化，最终酿成政治口号成为对现实教育问题的全面指挥。在这一过程中，马克思主义恰恰疏远了教育身处的时代现实。而改革开放以来，"实践是检验认识真理性的唯一标准"的提出，在理论与现实的关系上也向我们揭示，离开了实践对既定现实的否定、现实活动直观地反映理论，便会偏离马克思主义作用现实的方式，也就无法真正实现理论的彻底性。现当代的教育基本理论研究在市场经济及其人的存在方式中推进教育对马克思主义的践行，实质都是这种科学对待实践观点的体现。

从这种发展历程中不难看出，科学化的实践传统在教育基本理论研究中的发展，就是一个在理论与现实的矛盾中不断深化理解马克思主义实践观点的过程。马克思主义只有不断超越理论对教育现实直观化、经验化的认识方式，向着揭示实践作为一种把握现实的方式而努力，才能避免将马克思主义教条化，真正展现理论的彻底性。从当代的马克思主义发展看，这种科学化的教育实践要求突出体现在马克思主义发展的价值取向中。党的十八大以来，一直倡导将问题导向作为具体科学运用马克思主义、进行马克思主义理论创新的核心取向。如习近平总书记指出，"理论创新只能从问题开始……理论创新的过程就是发现问题、筛选问题、研究问题、解决问题的过程"①。这种问题导向必然要求教育实践从对马克思主义格言化、单向诠释的认识取向中走出，在解决教育问题的过程中发掘马克思主义的

---

① 习近平. 在哲学社会科学工作座谈会上的谈话 [N]. 人民日报，2016-05-19（2）.

理论资源，提升马克思主义对现实教育问题的批判力和解释力，这正是当代教育学从科学性方面发展马克思主义的时代任务。

（三）大众化是持续发展马克思主义的动力

马克思主义的大众化就是马克思主义为广大人民所认同和掌握，成为人民群众的精神支柱和理论武器。以往的研究常常将大众化单纯理解为马克思主义在教育研究中的传播广度，但是正如马克思强调的，"理论转化为实践，就需拥有群众"。所以，马克思主义的大众化不仅是一种传播的需要，更是一种坚持实践、发展实践的持久动力。

在早期的接受和融合阶段，为适应时代的需求，相关教育研究往往在救亡图存的实用理性中挖掘马克思主义，这是为了迎合当时大众化的需求。无论是李大钊、陈独秀等人对教育阶级性的阐释，还是杨贤江对教育权与政治权关系的揭示，都是为寻求民族解放的道路，站在启迪民智的立场上提出马克思主义指导教育实践发展的历史要求。以致后来新中国将扫盲与人民的受教育权、教育中的民主化联系起来，都是这种大众化实践传统的体现。但是这一时期还没有真正在教育研究中将如何看待马克思主义的大众化正式作为反思内容。因此，改革开放初在教育学重建时期，教育实践领域"拨乱反正"的重要议题就是回归马克思主义的原典，重新审视坚持马克思主义指导与解决具体教育问题、马克思主义与教育领导权的关系。

现当代批判理论已经为我们揭示了，理论走向大众不是抹平理论与现实的距离，正如弗莱雷借助黑格尔的主仆理论所阐释的，真正的解放不仅是被压迫者走出奴役世界的过程，也是压迫者走出依靠奴役他人获得生存意义的过程，只有在这种双重解放中，我们才能跳出奴役世界的循环逻辑。同样，马克思主义与现实的结合，不是靠理论绑架现实甚至奴役现实，马克思主义大众化并不意味着理论舍弃自身的抽象性，刻意去迎合现实。为此，自十八大以来，党着重强调理想信念建设在马克思主义大众化中的核心作用。马克思主义大众化的过程也是形成具有凝聚力的社会主义意识形态的过程，应将全体人民的理想信念、价值理念和道德观念紧密地团结在一起。在这一过程中，教育如何发挥在凝聚理想信念、深化社会主义意识形态中的作用，就成为马克思主义大众化最为广泛而深刻的主题。这就需要教育实践紧紧围绕实现社会主义现代化的时代任务，促进国家发展与个人发展间的相互认同，将个人理想与社会进步统一起来。为此，正如毛泽东同志强调的，"'化'者，彻头彻尾彻里彻外之谓也""如果是不但口头上提倡提倡而且自己真想实行大众化的人，那就要实地跟老百姓去学，否则仍然'化'不了的"①。马克思主义的大众化是一个马克思主义与广大民众相结合的发展实践问题。而这种发展实践只有实现"观察负载理论"，才能展现实践的逻辑力量。为此，正如有学者针对新时代教育科研特点所提出的，教育科研必须本着共商共建的原则，探索共建包含民间在内的全国教育科研协同创新体系，从而为社会主义教育学的体系建设讲好中国故事。

---

① 毛泽东选集［M］. 北京：人民出版社，1991：841.

从马克思主义在教育实践中的历史发展可以看到，我国教育学对马克思主义的探索是一个从理论清思到体系创新的过程。从理论发展的层次看，我国教育学对马克思主义的发展已经不满足于单纯的文本阐释，而是转向更新的解释原则的追求。这既是对马克思主义的认识深化，更是教育理论自我变革的集中体现。在改革开放早期，批判与清思的一项重要任务就是如何使人们从对马克思主义的曲解与教条中走出。如果从广义看将教育作为社会教化的一部分，那么探究什么是真正的马克思主义也是教育领域"拨乱反正"的重要任务。这使得有关马克思主义的"正本清源"成为新时期教育基本理论领域最重要的研究议题。而在改革开放进程中，随着市场经济的深化，教育走向更为广阔的公共领域，市场经济强调人的主体性、消费导向的多元文化乃至交换价值表征的交往理性领域都为教育中人的存在赋予了新的时代内涵。

与此同时，教育学对这一时代精神的把握，最为直接地体现在对马克思主义的学术研究中，体制化学术也成为马克思传统最具代表性的体现。在该方面，相关研究主要包括直接针对马克思主义教育思想的理论研究和借鉴马克思主义方法论的专题性教育研究，主要体现在课题立项、相关学术会议和学者群的发展。首先是重大的教育科研立项，核心研究观点和学者群往往是在重大科研立项中产生的；其次是相关的研究团体与会议，这部分一定程度上是维系特定研究主题持续发展的组织基础；最后是相关的学者群。在总结的过程中，同思维方式主导马克思主义传统的研究立场一致，新时期马克思主义对体制化教育学术的影响不仅仅作为研究依据或直接作为研究对象实现的，更重要的是围绕对马克思主义的理解和诠释，教育基本理论学者形成了哪些共识；在运用马克思主义进行具体教育问题的研究中，相关的基本理论研究的范式经历了哪些历史变迁。为此，不仅要关注教育基本理论研究中的马克思主义内容，更要发掘这一过程中马克思主义如何提升教育理论思维的水平，对深化教育学的理论认识发挥了怎样的影响。

一、重大课题立项研究

一个研究领域的核心观点和学者群往往是与某一重大课题立项相伴而生的。早在全国教育规划课题的发起之初，时任教育部部长的董纯才就提出，"教育科学研究为四个现代化服务，理论要先行""要研究当前教育工作中迫切需要解决的重大理论问题和现实问题，拨乱反正，正本清源，为实现四个现代化扫清障碍，开辟道路"①，从这一表述不难看出，在教育学的重建早期，教育科学研究领域中的"理论先行"就与党的重大思想路线结合了起来。这种教育课题对重大思想路线的观照，其核心体现为教育研究如何把握和发展马克思主义。因而，梳理新时期我国教育领域的重大科研立项，对于我们把握马克思主义的研究动态具有重要意义。

（一）相关教育学重大课题立项

马克思主义在教育领域中兼有理论依据和研究内容的双重身份，同时，随着现当代学科发展中学科不断分化和走向交叉学科的趋势，教育领域中有关马克思主义的课题立项不仅体现于教育学的相关课题研究中，还往往发生在非教育学的其他领域中。较为典型的如在最能代表我国对马克思主义的专门研究立项"马克思主义理论研究和建设工程"中，教育部就将教育学原理、教育哲学和中西教育思想史列为"马工程"组织编写的第三批教材。此外，在专门的教育学领域，有关马克思主义的研究也有很多发生在一般教育学分支学科中的西方教育流派思想研究中。而在我国有关教育的重大课题立项中，最能代表科研发展动态的是教育部科学规划课题。全国教育科学规划课题自 1979 年发起，但在早期发起阶段尚缺乏专门的课题

---

① 全国教育科学规划领导小组办公室．中国教育科学规划的回顾与展望［M］．北京：教育科学出版社，2006：3.

管理机构。直到1983年，随着全国教育科学规划领导小组办公室的正式成立，全国教育科学规划课题才正式步入正轨。全国教育科学规划小组领导办公室作为全国哲学社会科学规划单列的学科管理部门，业务上接受全国哲学社会科学规划办公室的指导。历年教育科学规划重点课题中有关马克思主义的课题立项状况如表4-1所示。

表4-1　历年与马克思主义相关的教育科学规划课题

年份	课题名称	所属项目	主持人	所属单位
"六五"规划课题	马克思恩格斯教育思想研究	国家重点	张健	教育部教育规划委员会
	马克思教育思想研究	国家重点	王焕勋	北京师范大学
	马克思主义教育理论	国家重点	刘佛年	华东师范大学
	我国社会主义教育方针的研究	教育部	吴畏	教育部政策研究室
	大学爱国主义与共产主义教育的研究	教育部	李纯 隗瀛涛	四川大学
	中小学爱国主义与共产主义的教育研究	教育部	王逢贤	东北师范大学
"七五"规划课题	马克思主义教育理论在中国的实践和发展	国家重点	张健	中央教育科学研究所
"八五"规划课题	教育与生产劳动相结合的研究与实验	国家重点	卓晴君	中央教育科学研究所
"九五"规划课题	邓小平科技、教育思想与科教兴国战略研究	国家重点	王明达	吉林大学
	具有中国特色的社会主义教育政策研究	国家重点	孙绵涛	华中师范大学
"十五"规划课题	党的第三代领导集体对马克思主义教育理论的创新与发展	一般	俞家庆	国家高级教育行政学院

年份	课题名称	所属项目	主持人	所属单位
"十一五"规划课题	马克思主义教育思想中国化历程研究	国家重点	周谷平	浙江大学
	20世纪中国马克思主义教育学传统研究	社科基金	侯怀银	山西大学

注：以上数据源自全国教育科学规划领导小组主编的《中国教育科学规划的回顾与展望》《全国教育科学"十五"规划学科发展报告》《全国教育科学"十一五"规划学科发展报告》。

通过梳理这些研究课题的发展脉络可以发现：早期对马克思主义的研究主要侧重于对经典文本的归纳与挖掘，较有代表性的如张健的"六五"规划课题"马克思恩格斯教育思想研究"、王焕勋的"马克思教育思想研究"和刘佛年的"马克思主义教育理论"。这一时期的研究成果试图从马克思主义经典理论家个人对教育的论述出发发掘马克思主义教育思想的发生、发展。此外，在马克思主义与中国具体实际相结合方面，相关的马克思主义研究主要侧重于党的宏观方针与教育发展的重大价值取向。较有代表性的课题立项如吴畏的"我国社会主义教育方针的研究"、李纯和陶濡涛的"大学爱国主义与共产主义教育的研究"以及王逢贤的"中小学爱国主义与共产主义的教育研究"。而随着改革开放的进行，一方面，在实践领域教育如何促进知识向劳动力转化成为衡量教育领域服务于经济建设的重要方面，这使得教劳结合成为这一时期重要的研究领域，其中，最有代表性的是卓晴君主持的"教育与生产劳动相结合的研究与实验"。另一方面，党和国家在新时期的教育实践中获得了哪些阶段性的反思成果，也成为教育基本理论发展马克思主义的重要研究领域。由此产生出有关教劳结合的研究与实践，以及对以邓小平为核心的党的第二代领导集体教育思想进行总结的相关立项成果。近年来，教育学领域有关马克思主义的研究课题主要侧重于对马克思主义教育学发展历程的归纳与总结，较有代表性的是周谷平的"马克思主义教育思想中国化历程研究"和侯怀银的"20世纪中国马克思主义教育学传统研究"。

除了回顾全国教育科学规划外，笔者还梳理了隶属一般社会项目和教育学分支领域的马克思主义教育学研究。为此，本研究在中国知网文献分类目录中选定"社会科学Ⅱ辑——教育理论与教育管理"和主题词"马克思主义"，针对核心以上的期刊文献进行追踪，得到有关马克思主义的主题文献及其背后隶属的科研立项。在中国知网中，可以追踪到的相关科研立项最早为2005年左右。纵观这些科研立项，主要有两类，一类是教育科学"十一五"规划课题代表的课题立项，区别于直接与马克思主义相关的教育规划课题，这里的课题立项内容主要是一些具体教育问题和对西方思想流派的研究。此外，有关马克思主义教育的课题立项主要出现在国家社科基金一般项目，以及"山西留学基金项目""高等学校博士学科点专项科研基金"等一般研究课题。比较这些课题立项与相关期刊成果间的关系可以发现，相关课题对马克思主义的研究主要有两种路径：一种是对中西方思想流派进行梳理和总结，将有关马克思主义的思想作为现代教育思潮发展的核心环节进行研究，较为典型的如韩红升的课题项目"中国传统伦理教育思想的当代价值"，在韩教授看来，马克思主义与中国传统伦理文化结合的现代表现最为集中地体现于毛泽东的教育观念之中。为此，作者在其期刊成果《毛泽东人民教育观生成的学理机制》中对这种教育观的发生及其理论资源展开了一般探索。作者通过梳理胡适、陈独秀等对毛泽东教育思想的影响，得出毛泽东教育观念的形成虽然深受杜威等西方旧时思潮的影响，但是这些思想对于教育观念的形成只是一种借鉴要素。毛泽东基于中国传统对社会变革的深刻体悟使得其教育思想超越了新村主义的理想和工读主义的框架，使得平民教育的变革成为贯穿他思考民主革命的重要主线。另一种展开方式是发掘具体教育问题研究如何运用马克思主义，即对作为理论基础的马克思主义进行梳理。该方面较为典型的如郭彩琴的教育科学"十一五"规划课题"城乡教育一体化研究"。作为该研究的理论依据，作者集中梳理了马克思和恩格斯有关城乡融合的思想，并将城乡融合归结为社会整体协调发展的理念指向、生产力发展的社会需要和消灭私有制的历史前提。郭彩琴认为，我国教育的城乡一体化发展也应充分借鉴马克思主义的城乡融合思想，将社会整体协调发展的理念贯穿于城乡教育一体化的始终。

（二）课题研究内容的动态特征

有关马克思主义的课题研究内容主要体现在相关课题的结项成果中。本研究主要结合历年全国教育科学规划重点课题的成果著作进行梳理。通过对相关的科研成果进行分析，大致得出我国教育学领域有关马克思主义的课题立项，从研究内容上呈现出以下阶段性变化。

早期的课题研究主要围绕对马克思主义的文本发掘和理性解读展开。有关教育方针、爱国主义和共产主义的研究虽然不是直接针对马克思恩格斯的教育思想本身，但也是围绕马克思主义教育思想进行的认识和理解。从早期研究内容看，这种理性解读主导的科研立项的特征主要体现在两个方面：一是对马克思主义教育思想文本的理性解读，二是着重阐释教育实践对马克思主义的解读应该持有什么样的价值取向和态度。具体而言，在对马克思主义教育思想的文本解读上，较有代表性的研究如王焕勋的《马克思教育思想研究》，在该书中，作者通过对无产阶级反对资产阶级教育斗争历史的总结，归纳整理了马克思教育思想形成发展的历程。在该书诠释的逻辑中，马克思主义教育思想的实质是无产阶级对教育领域斗争运动的思想总结，是无产阶级的社会研究在教育领域中的展现。正如作者对如何理解马克思主义的教育思考所做的阐释："教育是一种社会现象，对这种社会现象的研究在很大程度上是依据对它所作哲学考察而实现的。"① 而即使是在归纳整理阶段，这一时期的研究者已经能够初步自觉到将马克思主义置于人类思想史的背景去理解，无论是在王焕勋的《马克思教育思想研究》还是在张健的《马克思主义教育思想研究》中，都专门设立了有关"马克思教育思想的形成与发展"一章，在该章中，二位著者都不是简单地将马克思主义的产生诉诸三大理论来源的形式演绎，而是在马克思对历代思想家批判继承的基础上对马克思主义教育思想加以阐释。虽然受研究所处的时代局限，早期对马克思主义教育思想的相关研究都流于将其看作辩证唯物主义在教育领域中的应用，但是仍遮盖不了这些学者忠于"论从史出"，试图达成历史与逻辑相统一方面所做的努力。如针对德国古典哲学与马克思主义教育思想的批判继承，张健和王焕勋先生在各自著作中分析和梳理了从康德经黑格尔再至费尔巴哈对教育中自由与权威关系的阐释，论证了德国古典哲学对这一问题的考察经历了从康德"自在之物"的先验承诺到黑格尔概念的思维运动。在此基础上指出，马克思在阐释教育中人的自由发展是在一定的社会生活中，尤其是人对社会的义务关系中才能实现，而对马克思主义的认识经验和理解态度，主要体现在教育方针和爱国主义教育的研究上。较为典型的如王逢贤先生在其课题成果《中小学生爱国主义共产主义教育引论》一书中，已经自觉地提出中小学生的爱国主义和共产

---

① 王焕勋. 马克思教育思想研究 [M]. 重庆：重庆出版社，1988：18.

新时期教育基本理论的马克思主义传统发展研究

主义教育只应定位于一种启蒙的教育，是形象的、粗浅的基础教育，"这与过去曾经有过的和人们想象中的那种'高、大、全'和'假、大、空'式的所谓'共产主义教育'完全是两码事"①。在教育方针方面，吴畏教授指出，不同的历史时期和经济状况对应不同的教育方针本身就是教育方针的阶级性表现，正是在此基础上，教育方针的阶级性与科学性具有内在的一致性。

随着改革开放的深入，正如相关学者总结的，我国社会也经历着两种重要的挑战：一是国际新技术革命的挑战；二是国际反动势力推动"和平演变"战略的挑战。这两个挑战和我国发展市场经济建设对人才的渴求一起，使得科教兴国和教育与生产劳动相结合成为重要的研究议题。在科教兴国战略研究方面，正如相关学者在研究中主张的，正是邓小平的科学和教育思想发展出我国的科教兴国战略。这一战略的提出，乃是针对在国家现代化进程中科学与教育发展相脱节的现实。与此相应的是，科教兴国战略在实现的过程中必然要求我国由劳动力密集型、资源密集型向知识密集型、资源集约型的发展模式转变。因而科教兴国研究的动力正是对邓小平关于科学和教育思想的具体化，是将以经济建设为中心的发展任务真正落实到依靠科技发展和提高劳动者素质的轨道上来。正如王明达在"九五"规划成果《科教兴国——中国现代化的战略抉择》一书的导言中强调的，对科教兴国研究的重要动机就在于理论欲转化为实践，就必须拥有群众。而我国的科学认识比西方国家起步晚，对科学与现代化的关系没有成为普遍的认识而深入人心，因而缺乏通过发展科学和教育实现兴国的历史条件。有关科教兴国战略的研究，正是通过探讨科学教育和经济建设的关系，真正让教育服务国情实际的发展理念成为共识。而在教劳结合上，卓晴君主持的项目成果汇集为《〈教育同生产劳动相结合的研究与实验〉丛书》，该丛书以论文集的形式梳理了国内外对教劳结合的相关研究资料和实践模式，由《国外教育同生产劳动相结合模式》《建国以来教育同生产劳动相结合法规文献汇编》《全国普通中小学教育同生产劳动相结合个案选编》和《邓小平教育与生产劳动相结合思想的时代特征》四部分组成。在书中作者强调，邓小平对马克思主义教劳结合思想的重要发展就在于将"科学技术是第一生产力"同教育的战略地位之间的紧密联系进行了系统的阐释。在关于教

---

① 王逢贤.中小学生共产主义爱国主义教育引论 [M].北京：教育科学出版社，1987：4.

劳结合在中国未来发展的道路问题上，针对有学者提出现代的"教""劳"含义已区别于革命时期的理解，是否有必要坚持教劳结合的内涵，刘世峰教授指出，教劳结合不仅是一个教育理论问题，更是一个科学社会主义和政治经济学的概念问题。不能将教劳结合中的劳动简单地与直接经验活动等同起来。从总体看，在第二时期的相关教育科研立项已经逐渐将对马克思主义的理论宣传融于教育助力经济建设的实践中，这使得有关教育实践模式和实践理念的探究成为这一时期教育科研发展马克思主义的重要取向。

在教育学课题发展的第三阶段，相关研究内容主要以马克思主义作为理论基础的相关研究和对马克思主义在教育领域中的实践与思想历程进行反思为主，相关代表性的著作是周谷平的《马克思主义教育思想中国化历程研究》和侯怀银的《20世纪中国马克思主义教育学传统研究》。相关学者立足对改革开放以来教育实践的反思，对马克思主义在我国教育研究和实践中的历史形态和发展规律进行总结。诚如周谷平先生在研究的立场中所阐明的，中国教育走向现代化的过程，实质上也是一个选择和接受马克思主义并进一步发展马克思主义的过程。教育领域中马克思主义中国化的发展是以两种路径为主导的，一种是独立马克思主义教育学建设，另一种是在教育领域对马克思主义中国化的实践探索。前者集中展现在中国在以苏俄为师过程中对教育学体系建构的思考，后者集中体现在革命与建设时期共产党人为贯彻马克思主义而进行的相关的教育实践。侯怀银教授则针对20世纪以来形成的马克思主义教育学进行了总结，站在历史的高度试图梳理中国教育学发展马克思主义的核心成果，并把这些成果作为建设中国教育学的理论资源，融入现当代中国教育学的建设当中。在研究中侯怀银教授提出，马克思主义的教育学理论传统具有超稳定结构，这种"超稳定性"集中体现在辩证唯物主义和唯物史观的哲学基础传统及中国文化的阐释传统。作为理论基础的马克思主义研究主要侧重于两种，一种是基于马克思恩格斯经典理论对具体教育问题展开思考，郭彩琴对马克思主义城乡融合思想与城乡教育一体化的研究就是典型的代表；另一种代表性的理论基础是西方马克思主义的批判理论和新马克思主义社会学，如石艳在"学校空间社会学"对新马克思主义中的空间文化批判理论进行研究后得出，新马克思主义教育批判理论在发展中经历了文化再生产理论、抵制理论再到拓殖理论等阶段。其中，拓殖理论通过对学校文化空间的研究，实现了文化再生产理论与抵制理论的结合。

综上可见，从研究内容上看，我国教育学有关马克思主义的课题研究历经了从单纯的文本发掘到结合我国经济建设国情的实践总结研究，具体体现为教劳结合及邓小平有关科教兴国方面的教育思想。最后，在对作为理论基础的马克思主义及其教育学史的反思中，有关马克思主义的研究不再成为某一教育基本理论的专题化领域，而是真正成为反思教育学建设与方法论基础的一部分，服务于具体教育问题的解决。为此，一种当下流行的教育学观点认为，这一发展历史实质是教育学逐渐摆脱片面政治意识形态的绑缚，转而更加关注从理论与实践关系入手运用马克思主义。这从教育科研发展的外在表现形态看当然是正确的。但是，如叶澜先生在总结20世纪以来教育学的发展时，对教育学的学科建制特征的评价，一般人文社会科学在发展中往往是以学者自身构成的学术圈为主体，而教育学的研究在发展形态上往往体现为多种群体共存。这体现在课题立项中，教育行政部门、一线实践者和研究学者在课题立项中一起接受教育科学规划小组的审查，这在其他人文社科领域中是没有的。诚然，在文中叶澜教授的评价实质是在批评教育学自身还没有取得真正的独立地位，还没有在非教育领域中获得应有的学术尊严。但如果将这一事实不是从消极的意义上来看，这种"不独立"恰恰反映了教育学区别于一般人文社科领域的特点。无论经济学、社会学还是历史学，一般人文社会学科的发展总是一种"向内寻求"的逻辑，即它没有必要背负"特意观照人们日常性理解"的压力。但是教育学不同，正如相当多学者认为的，真正的教育问题其衡量标准应该包括理论所造成的社会影响。当然，这里要明确一个理论功能的合理限度问题。人文社科不像自然科学，将一切有关理论客观、真实的标准都诉诸表象的确定性，它真正直接面对的是人的意义问题，即怎样间接去把握世界的实在。在人的意义实现中，遇到了怎样的逻辑困境①，该怎么解决，这

---

① 最能体现这种"逻辑困境"的是哲学里芝诺"飞矢不动"的例子，表象上当然我们看得见飞箭从 A 到 B，但是在思维认识运动的过程中，如果我们将箭的飞行看作一段时间走了全程的1/2，下一段再走剩下的1/2，剩下的路程是可以被无限平分的，所以从思维把握运动的逻辑上，飞箭从 A 永远到达不了 B。这个例子说明人的思维和现实表象不是绝对同一的，怎样实现统一才是理性思考的必要。所以"逻辑困境"不是"制造问题"，即人随便预设一种良善的理念制造的现实困境，而是在思维与现实间每个人真实面对的思维两难。正是在解决这种思维困境的意义上，人文社科研究中的反思即是历史的"后思"。在本研究中，凡是提及思维与现实的冲突及其逻辑困境，都是就此意义而言。

才是包含教育学在内一切人文社科最本质的问题。即便如此，人们仍期望于教育学理论获得一种表象的效验。这一事实本身就说明了教育学自身必须背负人们的日常性期待。因此，关于马克思主义的教育学课题走向现实与其说是摆脱政治意识形态的绑缚，不如说是教育学学科追求的应有之义。只有站在这一立场上，我们才能更好地理解当代有关马克思主义的反思性研究对以往马克思主义关于教育的经典著述的继承与发展。早先着眼于马克思主义经典诠释的课题研究，仍是马克思主义教育思想的内部探讨。而当教育课题的研究方向从经典诠释转向党的宏观政策与重大教育实践时，这种课题内容表征的研究范式逐渐摆脱一种以马克思主义为"目的假设"的实践"演绎"，而是试图以马克思主义为根本依据深化对教育实践的理解。以"观察负载理论"的目光去看待马克思主义与教育学的关系，马克思主义只有在作为教育学理论基础的过程中，在理论依据自身的发展与转化中，才能真正实现对教育研究的积极影响。与这种认识相应，相关的课题研究只有在其将马克思主义作为理论基础和自身发展历程的反思中才能真正展现马克思主义在教育问题中的时代价值。而在第三阶段上，相关课题以教育学史为视角展开对马克思主义的研究，正是表征了只有在这种历史与现实的统一中教育基本理论研究才能更为深刻地把握马克思主义。这种教育学相关课题研究的动态特征从侧面恰恰反映马克思主义不是一种教条或有关实践模式的宗派理论，而是一种在历史中面向现实的世界观。

二、重要学术会议研讨

研究团体及其所辖的学术会议是维系一定研究领域发展的重要组织形式。早在改革开放之初，我国对马克思主义的研究就与拨乱反正的任务联系在了一起。对马克思主义的理性阐释和建设马克思主义教育学的需要使得我国成立了最早的研究马克思主义学术团体——马克思主义教育思想研究会。随着教育基本理论的发展，马克思主义也从隶属专门学术团体的探讨发展为一般教育基本理论会议的探讨论题。从各种学术会议的主题看，马克思主义学术探讨主要展现了以下的动态特征。

（一）相关学术会议的组织形式变迁

从我国各种教育学术会议发展的一般状况看，有关马克思主义的相关学术研讨经历了两个阶段。从早年看，相关的学术会议往往围绕马克思主义的专题性研究展开。从会议的组织形式看，一般以专门的马克思主义教育研究学术团体为主导。随着教育学研究领域的丰富和发展，这种专门探讨的特征愈加式微，对马克思主义的探讨往往融入一般教育学的专题会议，成为其他教育学术会议的一部分。在这些学术会议中，最具代表性的是马克思主义教育思想研究会和教育基本理论年会。作为专门研究马克思主义的教育学术会议，马克思主义教育思想研究会从 1979 年开始创立，但可惜的是，从 20 世纪 90 年代起它的作用和影响逐渐消逝。历年年会的相关情况见表 4-2。

表 4-2　马克思主义教育思想研究会历年年会

届期	时间	地点	主要内容
第一届	1979 年 5 月	安徽芜湖	对待马克思主义教育思想研究的态度与方式，高校教育学开办马克思主义教育理论课的必要与可能
第二届	1980 年 8 月	黑龙江哈尔滨	高校开展马克思主义教育理论课的教材、教法等相关探讨，人的全面发展，综合技术教育，列宁的教育思想
第三届	1987 年 11 月	四川乐山	马克思主义与我国教育改革，包括社会主义初级阶段教育理论的思考、基于马克思主义对我国教育战略地位的再认识等
第四届	1988 年 8 月	浙江杭州	社会主义初级阶段下教育的属性与特点，教育与市场经济的关系

　　除了马克思主义教育思想研究会外，早期有关马克思主义的大型教育学术会议内容主要侧重于教育方针和社会主义初级阶段教育理论方面。在该方面较有影响力的如 1984 年在天津召开的新时期教育方针表述研讨会，该会议主要针对教育方针的构成展开探讨。而在 1988 年于天津召开的教育方针研讨会上，不同学者针对全面发展教育目标的构成和是否考虑将个性发展写入教育方针之内展开充分的探讨。针对社会主义初级阶段的教育理论，相关代表性的会议如在 1988 年于郑州召开的全国社会主义初级阶段教育理论研讨会。在会上，学者们普遍认为社会主义初级阶段的特征集中展现在教育与我国社会主义基本国情间的关系上。

　　除了对马克思主义专门的研究会外，在教育基本理论领域最具影响力的会议为教育基本理论年会。该会议是教育基本理论专业委员会主持的学术会议，自 1987 年起，以每两年一届的理论年会作为主要的讨论形式。这些年会集中反映了我国教育基本理论研究发展的动向。这些年会虽然不是直接针对教育学中马克思主义的相关研究，但是有关马克思主义的研究主题却散布在历届的年会讨论之中。本研究梳理了自 1987 年以来历届教育基本理论年会的主题，由于在 1993 年之前教育基本理论年会都是以讨论会的形式实现的且没有固定的主题，所以本研究将统计的时间起点设在 1993 年，各年份理论年会的统计状况见表 4-3。

表 4-3　历年教育基本理论年会

届别	时间（年）	主题
4	1993	教育学研究的方法论、教育与市场经济
5	1995	教育与文化关系
6	1997	中国社会主义现代化与市场经济的深化
7	1999	教育理论的世纪回顾与展望
8	2001	教育与交往
9	2003	教育理论的新视域
10	2005	教育学的学科立场
11	2007	教育与幸福
12	2009	教育与人性
13	2011	教育与生活
14	2013	教育与国民性
15	2015	教育学的传统与变革
16	2017	儿童成长与教育变革
17	2019	发现"中国教育学"的"文化逻辑"

从表 4-3 相关会议的综述看，历届年会中具有代表性的马克思主义讨论议题主要围绕马克思主义与教育学建设的关系展开。从第四届到第七届理论年会对马克思主义探讨的重要议题就是如何看待马克思主义作为教育学研究的科学方法论、如何在教育与经济的关系中重审马克思主义在教育领域中的指导作用问题。从第八届到第十三届教育理论年会对马克思主义的集中探讨主要体现在如何运用马克思的人学理论解决教育理论的问题上。而近年来的教育基本理论年会对马克思主义较有影响力的探讨议题则体现在强调对马克思主义的原典研究中。

马克思主义部分作为教育研究内容的理论特性决定了教育学以外的学

术会议对马克思主义建设产生的重要影响。尤其在马克思主义专题性教育学会议逐渐消匿的现当代，除了教育基本理论年会外，对我国产生较大影响的会议主要集中在马克思主义经典作家的研究会和教育史的会议中。较有代表性的如早年对毛泽东教育思想和刘少奇教育思想的相关研究，主要出现在纪念毛泽东、刘少奇的研究会议中。通过检索中国知网中有关"会议"的相关内容，较有影响力的会议有"毛泽东百周年纪念——全国毛泽东生平和思想研讨会""刘少奇百周年纪念——全国刘少奇生平和思想研讨会""纪念邓小平同志诞辰 100 周年学术研讨会"等。在教育史的相关会议中，较有影响的如在"《教育史研究》创刊二十周年暨中国教育史研究六十年学术研讨会"上，相关学者纷纷从马克思主义教育思想体系的传播与当代发展角度展开探讨，代表性讨论如对西方马克思主义教育思想的探讨和民国时期马克思主义教育思想的传播。此外，还有部分马克思主义教育学的探讨夹杂在一般人文社会的马克思主义专题会议中，较有代表性的如有关人的全面发展研讨作为专题出现在"人学与现代化——中国人学学会会员代表大会暨全国第四届人学研讨会"中。深化劳动教育认识、推进科教兴国战略的相关研讨出现在"社会主义社会劳动和劳动价值理论研讨会"中。

从总体看，新时期有关马克思主义的教育基本理论研究在会议形式上经历了从专门马克思主义教育会议到教育基本理论专题会议的组织形式变迁。早期会议多是以马克思主义教育思想的相关内容为主的专门会议，而在 21 世纪初，对教育基本理论的探讨多夹杂于特定的教育基本理论专题探讨中，如"教育与人性""教育与生活""教育与幸福"等会议都包含了对马克思主义人学理论的探讨。近年来，对马克思主义的相关研讨则集中在教育史的相关会议中，较有代表性的是对马克思主义经典作家的探讨。这种会议组织形式的变化标志着对马克思主义的文本发掘研究逐渐式微，其大多转为对马克思主义的教育学史考察、发掘在教育领域中马克思主义如何实现本土化的道路及意义。

（二）会议主题内容的动态进展

纵观历年有关马克思主义的研究会议在主题内容上的变化，总体上体现为两种发展任务：一种是以马克思主义经典理论指导本土教育学的建设；另一种是阐释党的教育方针、反思实践在运用马克思主义中的方法与态度问题。前者的任务在历年教育学术会议中都有所体现，后一种主要出现在改革开放初期对马克思主义的研讨中。

在早期阶段，为了完成教育领域中的拨乱反正和重建教育学的需要，相关会议的学术主题主要围绕正确对待马克思主义的态度和方法问题，并试图建立规范化的学术体制巩固和完善教育基本理论对马克思主义的探索。这突出体现在早期的马克思主义教育思想研究会中，相关学者在会上明确了教育学研究对深化马克思主义的必要性，明确了马克思主义在教育基本理论中的指导地位，并通过高校开办马克思主义教育理论课、成立马克思主义教育研究会等确立研究马克思主义的专门组织形式。与此同时，在实践领域，相关学术会议对教育方针的构成和社会主义初级阶段的教育特点进行了探讨。与会学者一致认为，新时期的教育方针为体现社会主义方向应该在三个方面充实并深化自身的内容：首先是将"三个面向"写入教育方针中，其次是将全面发展教育目标写入教育方针中，最后应强调教劳结合。而在对社会主义初级阶段的教育特点进行总结上，相关学者普遍认为这种教育特点主要体现在两个方面：一方面，社会主义初级阶段是我国教育发展的基本国情，表现为教育投入不足、起点低、发展很不均衡；另一方面，市场经济是我国教育发展的重要社会背景，集中体现在教育应正确处理与市场竞争的关系，并避免教育产业化、教育中的功利主义等不合理价值取向的破坏性影响。这些研究会议中取得的共识为教育理论研究运用和理解马克思主义指明了发展方向。最终这些早期会议中对马克思主义的探索在 20 世纪 90 年代末的教育基本年会中得到了反思性总结。无论是教育研究的方法论、教育学与市场经济的关系，还是新世纪对教育学的回顾与展望，都着重强调了新时期马克思主义在教育研究中的理论基础作用和方法论价值，较有代表性的如第四届教育基本理论年会。在这次会议中，有关教育研究方法论的研讨集中讨论了是否应当将马克思主义视为唯一科学的方法论、是否应当坚持教育研究方法的相对独立地位等一系列有关教育研究与马克思主义关系的重大理论问题。与会者普遍认为，应层级化地看待马克思主义与教育研究方法论的关系。首先，最高层次是作为哲学指导的马克思主义思想；其次，是以系统科学和数学等为代表的中间方法；最后，是教育研究自身独特的方法论。

在 20 世纪 90 年代末到 2005 年前后，有关马克思主义的探讨集中发生在对经典人物教育思想的反思与总结上。最具代表性的是对毛泽东、刘少奇和邓小平有关教育言论的反思与总结。而在 2005 年以后，与马克思主义相关的会议主题逐步落实到教育学建设中。早年对马克思主义与教育研究方法论的探讨，将学界从马克思主义作为"唯一科学方法"的盲目崇拜中解放出来，与之相应，正如有学者指出的，教育学不应当将马克思主义经典的哲学论述直接当作教育规律本身。在此基础上，教育与文化、教育与交往等基本理论年会主题对教育问题的思考超越了对经济基础、上层建筑等马克思主义文本范畴的形式演绎。在这一过程中，教育基本理论界逐渐自觉到理论与实践的关系不是一种经验直观中的二元对立关系。正如有学者强调的，在对待马克思主义指导上，传统的教育理论"一味强调物质的本原性，规律对人的优先性，客观对主观的决定性"，用二分式和决定论"把一切教育现象都划分为二体关系"①。这种探讨在理论年会主题"教育理论的新视域""教育学的学科立场"中得到集中体现并进一步总结和深化。正是在解决如何辩证地看待理论与实践关系的过程中，教育基本理论提出"实践负载理论"的发展要求，这种要求反映于教育基本理论年会中，发展出以马克思主义的人学立场深化教育基本理论建设的相关探讨。如在"教育学的学科立场"年会的主题研讨中，就有学者提出，应坚持马克思主义的人学立场，用"科学取向"取代"教育科学"的提法，不应以唯科学主义的倾向发展教育基本理论。"教育与生活""教育与幸福"等有关马克思主义的主题研讨，都是借助教育学转向人的主体地位、立足马克思主义人学立场对教育学建设加以探寻。

三、相关学者群的发展

正如托马斯·库恩在总结科学史的发展特征时所总结的，一定的研究范式必须以特定的科学家群体为表征。在长期的历史发展中，我国教育领域有关马克思主义的研究一直以来是教育基本理论研究者主导的，因此马克思主义研究的教育学者群同教育基本理论学者的分布呈现出相近的特征。

（一）研究学者的趋散化发展

从总体看，同教育基本理论领域的一般发展一致，我国马克思主义研究的教育学者群从总体上呈现出由集中趋向分散化的发展形态。在教育学的重建初期，清理"文革"以来的错误思想一定意义上与教育学的学科发展任务重合，所以对马克思主义在教育领域作用与地位的研究较早就成为

---

① 毛亚庆. 论教育学理论建构的科学主义倾向 [J]. 北京师范大学学报（哲学社会科学版），1997（3）：38.

教育基本理论关注的焦点问题。与之伴随的是，有关马克思主义研究的学者往往呈现出规模化的群体发展形态，一批有影响力的学术团体纷纷出现。在这些正规化的大型学术团体中，最具代表性的为中国教育学会主办的马克思主义教育思想研究会。该研究会于1979年成立，主要由各高等师范学校专门从事马克思主义教育理论的相关学者组成。该研究会成立之初便确立了早期马克思主义教育思想研究的两项基本任务：宣传并研究马、恩、列、斯、毛的相关思想著述及研究高校教育学中马克思主义教育理论课程与教学的相关问题。围绕研究会形成了各师范高校学者群，这些学者群主要侧重对马克思主义的诠释和梳理研究，但各自又展现出不同的特点。作为这些学者中的代表，4位部属师范院校的学会理事分别是华东师范大学刘佛年先生、北京师范大学厉以贤先生、东北师范大学石佩臣先生和华东师范大学陈桂生先生。从这些核心研究学者的构成也不难印证马克思主义研究与教育基本理论发展的一致性。

20世纪90年代以来，专门进行马克思主义研究的教育学者几近"消匿"，在这一时期有代表性的马克思主义教育学成果往往是一些知名学者对有关马克思主义的教育基本问题进行专题性的探讨。更多情况是，在对一般教育基本理论问题的研究中，与马克思主义相关的内容作为核心的观点分散在基本理论问题的探讨中。如叶澜教授在《教育研究方法论初探》中集中探讨了马克思主义哲学与教育研究方法间的关系；扈中平教授在有关教育目的的探讨中集中分析了马克思主义对个人发展与社会发展关系的阐释。而在对马克思主义教育基本理论问题的专题性探讨中，全面发展理论因为最为系统地表征了人的自由个性与全面性、人的本质与现实能力这一系列教育学中"人的转向"问题，所以相关学者的专题性研究往往是围绕全面发展理论展开的。较有代表性的如陈桂生先生立足全面发展理论与自由个性、教劳结合的实现等一系列现实中充满争执的理论问题，回答了社会化的"个人"同一般抽象人之间的区别，从而深刻阐明了马克思主义全面发展理论的时代意义。彭平一教授就全面发展理论的中国化历史进程产生的影响进行了梳理。

而在现当代，在有关马克思主义的教育研究中，相关学者又回归到专门化研究的发展道路上来，只是不同于早期阶段，这些专门研究的教育学者已不再是以大规模的学术团体为形式集群化地出现，而是以个体化为特征，较为典型的专门学者如舒志定教授。舒教授着眼于"现实的人及其活动"，试图在马克思主义对以往教育理论的继承性上为我们揭示其思想真正的当代价值。此外，较有代表性的还有刘黎明基于人学理论对马克思主义教育思想展开的探索。

（二）相关学者的研究范式变迁

当我国的马克思主义研究总体上呈现出专门化、大规模的学术团体研究向个体化、专题化研究发展时，相应的研究范式也从对马克思主义的体系化梳理转向了对教育学建设过程中马克思主义方法论意义的总结。具体而言，这种转向前后的基本特征如下：

在教育学的重建初期，对马克思主义的体系建设与教育基本理论界的拨乱反正任务具有时代的一致性。这使得相关研究主要围绕梳理马克思主义教育思想展开，但即便如此，相关学者对马克思的研究也呈现出不同的发展道路。以马克思主义教育思想研究会的理事为代表学者举例，这些早期学者同时是各部属高校教育基本理论领域中的知名学者，他们分别是华东师范大学的刘佛年先生和陈桂生先生、东北师范大学的石佩臣先生和北京师范大学的厉以贤先生。在这些学者中，侧重对马克思主义思想进行本体诠释、对有争议的概念进行辨正的是陈桂生先生。陈先生倾向从马克思主义的形成和发展出发，探讨一系列有关什么是全面发展理论、如何看待教劳结合等一系列马克思主义教育理论的本体阐释问题。相比之下，厉以贤先生更侧重运用马克思主义理论来解决现实问题，如在厉先生的代表性著作《马克思教育思想研究》中，厉先生强调著述初衷是为服务于中小学教师，所以对马克思主义教育思想的梳理不是以体系建构是否完备为最终目的，更重要的是把马克思主义教育思想作为行动的指南。与此相应，该著作对马克思教育思想的梳理也主要围绕着如三个面向、全面发展等与教育实践密切相关的方针政策展开。而刘佛年和石佩臣先生则更倾向于从教育基本理论的诠释架构出发，在深化对教育问题的认识中探讨马克思主义教育思想。所以在相关代表性著述中，石先生在体系框架的构建上严格按照教育与人，以及教育与社会两大主线，对马克思主义的基本观点展开梳理。这种体系化的思路贯穿于早期学者群的探讨之中，马克思主义教育思想的逻辑起点及其在社会主义初期阶段的发展与实践成为学者们关注的核心议题。

而随着人的转向和走向问题意识的需要，教育基本理论研究对马克思主义的发展逐渐从单纯的体系建构中走出。西方的教育理论、行动研究及叙事研究等多种研究方法的充分涌入，使得马克思主义在教育基本理论研究中作为理论基础的垄断地位逐渐淡化。但这种"边缘化"不是马克思主义的消逝，恰恰是其摆脱格言化、教条化，走向教育学日常反思所必须经历的"阵痛"。与此相应，马克思主义在教育基本理论研究中的作用和影响特点决定了在学术团体上再难组建像早期马克思主义教育思想研究会这样大规模、具有相当影响的学会，而是以不同学者侧重的研究旨趣及其专题构成了不同的学者群。从各种大型的学术会议及较有代表性的个人著述看，按照不同的研究旨趣，我国现当代教育基本理论界对马克思主义的研究大致形成以下三类学者群：

1. 试图从教育学研究方法论反思的视角探讨马克思主义的学者群

该方面的典型代表是叶澜先生，如叶澜先生在《教育研究方法论初探》的序言中阐述的，一个学科成熟的标志是该学科能否形成"自我意识"。这种自我意识是学科对自身研究的一种理论自觉，以对学科自身研究方法的反思和将学科边界的探讨作为研究的主要内容。该学者群在以教育与宏观社会背景为论题的探讨中主要将视野集中在怎样看待马克思主义作为科学方法论地位的问题上。早在第四届年会中就有学者提出应如何看待"马克思主义是唯一科学方法论"的问题，相关学者一致认为，对马克思主义的科学性应强调其条件性。首先，要从教育基本理论的整体发展去审视马克思主义作为方法论的作用及地位；其次，不应以哲学指导一切的态度对待马克思主义，用马克思主义方法论直接取代教育科学研究方法；最后，要将马克思主义置于开放的语境中，充分接纳各流派特别是西方教育思潮的不同观点。这种方法论的反省解放了人们对马克思主义的认识，使我们在教育研究应用马克思主义的过程中，不应将"文本"和"阐释"剥离开来，而应用历史和逻辑相统一的目光去理解并运用马克思主义。如在第六届年会中，关于年会的分论题"如何看待邓小平的教育思想"就有学者提出，我们既不应用教育学的相关术语和概念去附会邓小平的教育目标，更不应将邓小平对教育的思考视作永恒真理加以无限演绎。而在这种对教育学与马克思主义关系的反思中，该学者群自觉到教育学与马克思主义的高级关系应是将马克思主义的辩证思维和唯物史观的社会观作为思考教育问题的核心工具。正如叶澜先生引述马克思关于科学和哲学关系的讨论时所强调的，一门科学表征的是某一领域事物的运动形式，因而学科的分类和交叉也就遵循这些运动形式内部的排列次序。这实质揭示了教育学研究与包括哲学、社会学在内的基础理论的关系不是一种前者对后者的形式演绎关系，相反，二者之间真正深刻的内在联系是教育学研究在面对具体问题时把哲学、社会学基础真正作为一种看世界的目光。而这种思考也是后来从教育学的学科立场及教育理论视域出发去解决教育学内在问题的根本依据。

2. 试图从人学理论的视角去探讨马克思主义的学者群

该方面的典型代表如冯建军、扈中平和舒志定。该学者群秉持的核心观点为"人是马克思主义对教育思考的立脚点和目的所在"。因而马克思主义通过历史的视野对教育进行考察向我们展现了站在"人"的立场上去理解教育的思维方式。而从这种核心的观点引申开来，以人为立足点的马克思主义教育思想要求我们不应把"劳动起源论""教劳结合说"等视为一种固定的模式，而应将相关的理论观点置于不同历史时期的表现中进行理解。如在教育与交往主题年会中就有学者提出，如果将教育的"劳动起源论"作为一种实体化的现实劳动，乃是一种直观线性的思维方式，这种思维方式下我们往往忽视了教育的历史性。为此，我们应突破这种思维方式，不仅在劳动的范畴中去理解，更重要的是将劳动作为存在于历史中的交往方式进行理解，在此基础上，努力突破直观、直线式的思维方式实现认识教育问题过程中的复杂性思维。而在教育研究的方法论上，坚持以人学视野审视马克思主义的学者提出，我们在坚持科学取向建设教育学的同时，也应警惕单一科学取向中计算化、物化的价值取向带来的种种弊病。为此，这些学者认为，在教育研究中我们应将科学与人文统一起来，在研究中采用科学人文主义的方法。此外，这种对马克思主义人学视野的探寻尤其体现在站在马克思主义有关"现实的人"的立场去批判抽象理性带来的人身束缚，该方面代表性的学者如舒志定教授。舒教授回顾了西方教育思想发展中"抽象人"的魅惑及其形成原因，在此基础上提出，马克思主义从"现实的人的活动"出发，才避免了对教育问题的运思再次陷入"抽象人"的窘境。

3. 以实践哲学视角探究教育学中马克思主义的学者群

这些学者多数是从教育理论与实践的关系对有关马克思主义的教育基本理论问题展开探讨。如在对新世纪教育学的回顾与展望中，有学者针对教育研究的方法论提出，教育理论在面向现实中，仍然存在着二元对立的思维方式问题。研究者往往构建一个二元对立的形式范畴，然后把教育现实中的种种内容直接纳入形式范畴之中。有学者提出二元对立的思维方式可以适应自然科学这样的封闭式学科，却不适应教育学这样开放式的人文学科，所以突破这种二元对立的思维方式，以一种辩证的整体观去看待教育问题，成为这部分学者对教育研究方法寄予的期望。针对教育改革中理论联系实际的问题，还有学者主张应关注教育理论与实践间的转化中介，尤其应对教育实践者自身卷入教育场域中发生的各式观念和逻辑保持一定的尊重，不应以理论的逻辑和理想型公然压制甚至直接否定实践的逻辑。而在"教育与人性""教育与生活"等现当代教育基本理论主题中，该视角致力于将实践真正看作人的存在方式，强调在工具理性造成的种种教育异化中实现实践对于人的解放意义。正是在此意义上，现代批判教育理论在发展中继承并发扬了这种教育实践对于人的解放意义，并将其同马克思主义宣扬人类解放的主旨联系起来，强调真正的实践是一种理性反思的行动，而远离实践的理论往往倡导一种非反思的中立性文化，掩盖了教育现实中隐性的不平等问题。就此意义而言，标榜新马克思主义的批判教育学，实质也是站在理论与实践的关系视角诠释马克思主义在教育学研究中的意义，强调将马克思主义置于教育现实的历史向度中进行理解。

四、立足实践的研究传统发展马克思主义

从我国教育基本理论对马克思主义的研究进展可以看出，在不同时期，无论是重大科研课题、学术会议，还是相关学术团体，教育基本理论研究展现出围绕实践关注理论与现实关系的发展这一相对稳定的特征。这种立足实践的研究传统主要指向教育研究在运用马克思主义的过程中对实践的理解和认识、怎样看待实践中的理论与现实关系。其具体体现在，早期的教育基本理论重建遵从自然科学化的发展取向，往往将实践作为客观活动的经验表象来把握，与之相应，实践所展现的马克思主义理论与现实间的关系也往往呈现为一种直观的反映关系。而随着改革开放的深化，教育与经济的交互关系反作用于人们对教育问题的理解，必然要求理论与现实的关系从一种直观的反映关系中走出，真正在教育与社会的关系中结合资本逻辑表征的人的物化生活特点，反思现存的教育问题。在这一过程中，对实践的认识也必然超越一种直观的经验表象，突出体现为将实践理解为把握现实的认识方式。这种对实践的认识也必然在对马克思主义研究的外在形式中展现出来，具体体现为对主题话语和研究方式的变革。

（一）对时代精神的把握是马克思主义研究主题发展的直接动力

在改革开放初期对马克思主义的研究中，我国教育基本理论研究继承了早期的研究成果，教育基本理论研究是在自然科学取向中重建教育学体

系的。自然科学经验直观的认识特点作用于对实践的理解中，就必然在现实中呈现为理论对现实的直观反映关系。而在这一时期，无论是从重大科研立项还是早期教育学者对马克思主义的研究范式看，直接的文本发掘和对马克思主义教育理论的实践模式成为教育基本理论研究的重要主题。而从研究学者的外在表征看，直接有关马克思主义的大型研究团体成为相关研究的主要载体。当经济建设成为教育基本理论研究重要的时代背景时，其也对理论与现实的关系提出了要求，没有教育学对人的物化存在理解，理论在直观中反映实践，一切为寻求教育问题解决的教育基本理论建设终归是一种朴素唯物论的存在论。与之相应，从研究范式上，有关马克思主义的研究逐渐超越了单纯的文本发掘，转向成为具体教育问题的方法论基础和教育学学科建设的反思理论。这种实践的认识必然表征于项目选题和学者群体这些体制化的学术特征，大范围研究马克思主义思想的学术团体逐渐式微，马克思主义逐渐成为各大教育学术会议中教育基本理论专题的一部分。与此相应，在重大课题的进展中，马克思主义也逐渐以前期理论基础的形式参与具体问题的研讨中。而在现当代，马克思主义作用于教育学的学科反思建设上，这种实践作为认识方式集中表现为站在历史与现实的立场上去理解理论面向现实的关系，对马克思主义在教育领域中的发展历程总结成为教育基本理论关注的重要主题。

从教育基本理论研究中马克思主义传统的历史变迁可以看到，这种发展历经了从对实践直观化的理解到真正认识实践是一种把握现实的方式。早期教育学往往倾向于直接从马克思主义的本体内容出发，而在近世的教育学研究中，马克思主义往往隐退至教育理论思维的背景，成为教育学反思现实的前提。这种反思发展的历程就好比在拙于计量的经济学家眼中数学往往仅作为草纸上的公式和经济现象的形式标准才备受恩宠，而在真正通晓数学的经济学家眼中数学反倒隐退至经济学家思维的背景而成为经济学家看世界的目光。马克思主义之于教育学的关系也是如此，正如从学术体制上我国教育学对马克思主义的研究所反映的，随着西方思潮的大量涌入和不同学术观点的开放，现当代直接以马克思主义为对象的相关教育学研究和课题越来越少了。但是这绝不意味着马克思主义在教育学领域中的失语，相反，这种隐匿性恰恰是马克思主义深入教育理论内在反思的必要阶段。只有立足于此，我们才能说明为何在经历了问题意识下的专题性研究后，我国有关马克思主义的教育学研究又回归个体化、专门化的研究中。

这种实践传统的发展，要求在未来体制化学术的发展中我国的教育基本理论建设也只有不断深化马克思主义的理论"目光"的价值才能更好促进马克思主义的发展。

（二）对实践的认识深化是推动研究范式发展的内在依据

"范式"一词最初来自库恩对科学史的反思中，在《科学革命的结构》中，科学范式被定义为"普遍公认的科学成就是在一段时间为一个从业者的社会提供模型问题和解决方案"①。在库恩看来，一定的科学范式必然与特定的科学家群体相关联，所以研究范式的转换不仅是一种研究方法论的表征，更是一种学者群体的发展变化。而我国的教育基本理论研究在对马克思主义的发展中立足实践的认识，对实践的理解和发展也成为研究范式发展的内在依据。

新时期教育基本理论研究在以自然科学化的取向重建教育学时，也将理论与实践的关系问题看作一种类似直观感性的直接反映问题。这反映在研究范式的选择上，早期的教育基本理论研究往往以对马克思主义教育思想的文本发掘为主。而这种研究范式展现在科学家群体的特征上，早期马克思主义研究的学术团体也呈现出显性化、集中化的特征，最为典型的即是早期成立的马克思主义教育思想研究会。而随着改革开放过程中市场经济的发展，要求教育基本理论领域必须在教育与经济的关系中探索教育问题。这从客观上也逼迫教育基本理论对马克思主义的发展不是将实践作为经验表象去直观地反映理论，而是只能将实践看作认识世界的方式，在人的时代境况中间接看待马克思主义与教育现实的关系。体现在体制化学术的特征中，传统以综合技术教育、全人教育为代表的马克思主义实践模式和团体化的学者群逐渐式微，取而代之的是专门的学者对马克思主义解释原则的探讨，马克思主义也逐渐作为解决现实教育问题的理论基础和思维方法出现在各种专题性研究中。而在当代，党的十九大以来逐渐确立起问题导向的理论创新原则，也必然要求对马克思主义的研究传统必须超越实践单纯解释和反映理论的思维水平。为此，教育基本理论在发展中必须积极探索本土化实践中的思想形成机制，为我国的教育改革创造良好氛围。只有在这一过程中教育基本理论才能为马克思主义的发展觅得源头活水。

---

① ［美］托马斯·库恩. 科学革命的结构（第四版）［M］. 金吾伦，胡新和，译. 北京：北京大学出版社，2003：4.

第五章

新时期教育基本理论中马克思主义传统的发展

我国教育基本理论发展中的马克思主义传统问题，从本质上说就是在历时态上看教育研究运用和发展马克思主义的思维方式问题。但是这种思维方式并不是远离教育研究之外的形式抽象，而是紧随教育研究各时期的理论议题发展变化的。这就要求我们必须在教育基本理论研究的动态内容中考察这种研究过程对马克思主义的反思跃迁。而期刊作为学术话语的集散地，具有时效性、观点立场的集中性等特点，能较好地反映出学术议题的动态发展变化。因而本研究主要选取《教育研究》和《中国教育学刊》作为代表性期刊，再以这两种期刊为分析主线，梳理教育基本理论研究在运用和发展马克思主义的过程中经历了哪些思维方式上的历史变迁，以及在这种思维方式主导的马克思主义传统影响下，我国的教育基本理论建设经历了怎样的发展历程。

一、马克思主义发展的理性认识

（一）马克思主义发展的理性内涵

马克思主义理论的核心品质就在于与时俱进。马克思主义的发展作为与时俱进品质的重要体现，是坚持马克思主义传统的必然要求。正如习近平总书记在有关发展马克思主义的论断中提出的，"马克思主义经典作家并没有穷尽真理，而是不断为寻求真理和发展真理开辟道路"[1]。从相关学者

---

[1]　习近平. 在中央党校建校 80 周年庆祝大会暨 2013 年春季学期开学典礼上的讲话 [M]. 北京：人民出版社，2013：4.

的认识和理解看，较为一致的观点是马克思主义的发展分别在广度和深度上体现为两层基本内涵。从广度上，马克思主义的发展就是将马克思主义运用到社会生活的崭新领域中，用以回答和解释新的问题，马克思主义在解决不同时代任务的过程中形成的列宁主义、毛泽东思想都是这种发展的体现；而从深度上，马克思主义的发展是指在同一领域面对研究和实践产生的新问题，回应敌对思潮带来的新挑战，提出新的理论，从而将马克思主义推向前进，马克思主义哲学和政治经济学等原理方面的创新都是这种发展的体现。这种广度上对时代任务的回应和马克思主义自身的理论创新在马克思主义的发展中是同一过程的不同方面。正如列宁在《论马克思主义在历史发展中的几个特点》中强调的，"具体的社会政治形势改变了，迫切的直接行动的任务也有了极大的改变，因此，马克思主义这一活的学说的各个不同方面也就不能不分别提到首要地位"①。新时代对马克思主义的发展只能在应对中国现时代面临的矛盾问题中才能真正实现。

这种马克思主义的发展内涵在现实中主要呈现为三种不同的历史表现：首先是随着不同时代主题和历史条件的变化，马克思主义研究不断提出新的理论取代旧有的理论，十九大对我国社会基本矛盾的更新与阐释就是这种发展的历史表现。其次是用新的实践经验和研究成果充实并丰富马克思主义的基本原理，使之更加完备和深入。恩格斯基于所属时代的科学成就对"自然辩证法"的阐释，以及教育学受系统论的传入与启发对辩证法的再认识，都属于这种发展的历史表现。最后是在同其他思潮的斗争与争鸣中，肯定并进一步深化对马克思主义的认识，如列宁面对第二共产国际的机会主义思潮对修正主义的批判，以及改革开放以来我国对"文革"时期错误思潮的批判并在此基础上实现对实事求是路线的恢复和发展，这些都是在与其他思潮的斗争中发展马克思主义的表现。

立足马克思主义的发展审视教育基本理论的马克思主义传统，教育基本理论研究在对马克思主义的发展上，一方面要在不断解决自身遇到新挑战和问题过程中向马克思主义寻求阐释和理论基础。例如，在市场经济发展初期要求教育领域转向服务于经济建设上来，教育与劳动力的关系探讨就推动着教育基本理论在教劳结合、综合技术教育等领域不断深化马克思主义的有关问题。另一方面，马克思主义自身也要在同各种教育思潮的比

---

① 列宁选集：第 2 卷 [M]. 北京：人民出版社，1995：279.

较和争鸣中深化自身的阐释和理论意义。例如，在面对西方思潮中的极端个人主义、工具理性主义和实用主义时，马克思主义如何看待对人的价值及其实现，相关理论在我们面对重大的价值选择面前向我们提供了怎样的回答，告诫我们该秉持怎样的价值取向，就成为教育基本理论的研究问题，也是马克思主义理论发展的重大现实问题。马克思主义发展的内涵启示我们，在看待教育基本理论中马克思主义传统的发展时必须充分观照教育理论的时代任务与对马克思主义理论的认识发展，在二者的相互作用中对马克思主义传统进行理性反思和总结。

（二）马克思主义发展的内在动力和依据

马克思主义在论及发展时将矛盾作为推动发展的根本动力，"社会是在矛盾运动中前进的，有矛盾就会有斗争"①。马克思主义发展的内在动力和依据就是解决好理论与实践、坚持与创新的矛盾问题，在现实历史中具体表现为马克思主义基本原理与中国实际相结合的相关问题。正如习近平总书记在总结中国共产党90年来对马克思主义基本原理的发展后得出，"每一次理论创新都是把马克思主义基本原理同中国具体实际相结合而不断追求真理、大胆探索的结果。这个结合，是坚持马克思主义和发展马克思主义的统一"②。马克思主义的基本原理作为一般理论，总要在包含教育在内的我国的"特殊"国情中表现并发挥自身的影响。

这种理论与实践、坚持与创新的矛盾作为推动马克思主义发展的根本依据，在落实为马克思主义与中国实际的结合时，必然展现为发展的一般现实依据。正如马克思强调的，道德、宗教、形而上学和其他意识形态一旦置于历史的发展中，"便不再保留独立性的外观了"，"它们没有历史，没有发展，而发展着自己的物质生产和物质交往的人们，在改变自己的这个现实的同时也改变着自己的思维和思维的产物"③。这种现实的依据，作为马克思主义发展的规律性特征，首先表现为时代的变化，这里的时代变化区别于凝练为马克思主义发展的主题内容，指的是一般社会发展的时代现实。例如，随着中国开放格局不断扩大、与世界的发展联系日益紧密，这种时代现实正如马克思强调的，历史逐渐成为世界史，那种封闭于一国之

---

① 党的十九大报告辅导读本［M］. 北京：人民出版社，2017：15.

② 习近平. 中国共产党90年来指导思想和基本理论的与时俱进及历史启示［N］. 学习时报，2011-6-27（01）.

③ 马克思恩格斯选集：第1卷［M］. 北京：人民出版社，1995：73.

内或是孤立的某一民族的发展已经日益成为不可能。这就要求对马克思主义的发展必须在人类社会发展规律上做出建树，正是在这种历史条件下，中国特色社会主义体系提出了建设人类命运共同体的要求。这种现实依据其次体现为社会实践的丰富，正是在社会实践中才能真正产生出马克思主义理论与中国实际结合的需要。"社会主义 500 年，经过了从空想到科学、从理论到实践、从一国实践到多国发展的过程"①，正是在实践的不断丰富中，马克思主义才在与实际的结合中不断焕发出理论的生命力。最后，马克思主义发展的内在矛盾决定了其与中国国情实际的结合必须将解放思想和实事求是作为现实发展的方法论原则。实事求是强调对马克思主义的发展不能从主观主义和经验主义出发，必须立足客观实际；而解放思想是强调在发展马克思主义的过程中必须保持开放的态度，防范对马克思主义的发展陷入教条主义或本本主义。二者作为方法论原则对发展马克思主义的内在一致性就在于，只有在解放思想中，对马克思主义的发展才能结合新的实践要求，把握社会发展的实际；只有在实事求是中，对马克思主义的发展才能坚持问题导向，从而为开辟马克思主义的实践境界提供新的来源和动力。

从马克思主义发展的动力和依据看待教育基本理论的马克思主义传统，教育基本理论对马克思主义的发展是在马克思主义与我国教育国情实际结合的过程中，以问题为导向的理论创新过程。为此，要在理论与实践、坚持与发展的矛盾中，尤其是在推动这些矛盾解决的思维变革中去发掘传统，马克思主义的传统才能避免沦为僵死的教条和公式化论据，才能显示出理论面向现实的逻辑融涵性，也才能更有力地作用于现实。

二、代表性期刊的文献计量佐证

教育基本理论对马克思主义的实际运用和发展，从思维方式上讲，不是要把马克思主义作为格言化的本体承诺进行形式演绎，相反，更多的是将马克思主义作为"应手物"和"语言的工具箱"。所以，直接从经典马克思主义论述出发，按照全面发展理论、教劳结合、异化理论等形式标准展开并不能反映教育学运用马克思主义的实际状况，相反，对马克思主义的实际运用往往发生于教育学在自身领域中发现固有的问题，而后在马克思

---

① 中共中央宣传部. 习近平总书记系列重要讲话读本 [M]. 北京：学习出版社，2016：20.

主义中能得到合理的解释和解决，所以，必须从一般教育学的问题领域出发对马克思主义传统进行发掘。与此同时，我们还应清楚地意识到，虽然思维方式才是教育学真正运用和发展马克思主义的传统，但是这种思维方式的变迁并不一定直接表征于文本的阐述中，更多情况下是直接展现在如引文、主题词和合作作者等文献的现状中。只是我们在梳理种种相关研究的时候，应当从源始的现象整体出发，不应将研究内容、形式主题化作分类标准，这就需要一种"面向事件本身"的手段去整理研究内容，而不是用层层抽象的方式剥离马克思主义影响教育研究的方式。在该方面，现代文献计量的方法不是从论文的文本内容出发，而是直接从期刊的引文资料出发，所以从操作性上，利于实现面向对象全体的遍历性。

基于以上考虑，在以期刊文本作为研究对象时，有必要呈现期刊文本在文献计量中的一般特征。通过《教育研究》和《中国教育学刊》展现教育学研究的文献特征，从中归纳出马克思主义在研究文献中的相关特点，能够更好地帮助我们理解马克思主义如何在教育基本理论的建设中获得发展。而从文献计量的研究对象看，引证文献、关键词和相关作者机构往往成为评价某一研究领域发展样态的重要标准。因此，本研究通过引用空间和 SPSS 等技术手段，从实证的视角来发掘马克思主义在教育研究中的作用和影响。

从学术著作和期刊所反映的情况看，我国在 1998 年试行了《中国学术期刊检索与评价数据规范》，直至 2005 年才正式实施《文后参考文献注录规则》。所以在改革开放以来相当长的时间里，对学术论著和期刊的注释及参考文献是没有要求的。这也是为什么现阶段在中国社会科学引文索引上能搜索到的最早的教育学类文献期刊年份是 1998 年。由于没有参考文献的相关要求，所以事实上 1998 年之前的各期刊文献也谈不上发生了文献计量意义上的共被引关系或关键词共现关系，在各学术检索中，可供查阅的引文资料也都是在 1998 年之后的。虽然如此，引证文献作为一种"现在时"的目光去审视过去的对象资料，仍能够体现一个研究领域在历史发展中的独特性，一定程度上能代表学界对马克思主义的核心立场及相关态度。

（一）引证文献从专业化走向多科化

期刊中的引证文献作为教育研究重要的思想来源，能为我们了解相关学者的思想理论基础提供重要的参考。为此，本研究将 1998 年至 2016 年所有《教育研究》和《中国教育学刊》的引文资料作为研究对象，绘制了引证文献的共被引知识图谱（见图 5-1 和图 5-2）。在绘制的过程中，我们首先

罗尔斯 约翰 (2020)
亚里士多德 (2020)
马克思 (2020)
杜威 (2020)
黑格尔 (2020)
杜威 (2020)

中国教育与人力资源问题报告课题组 (2003)
马克思 (1972)
马克思 (1979)
联合国教科文组织国际教育发展委员会 (1996)
王策三 (1985)
叶澜 (1997)

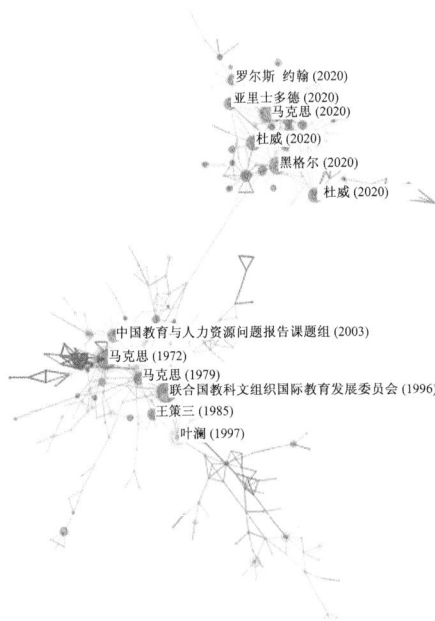

图 5-1 《教育研究》引证文献共被引知识图谱

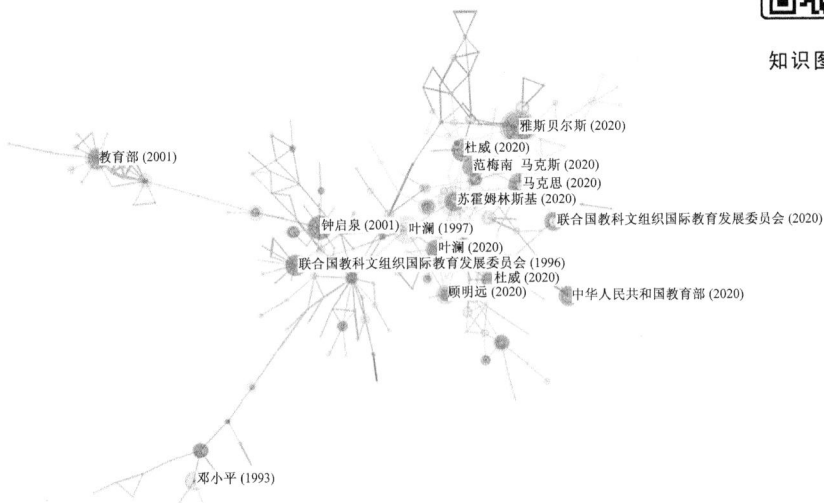

教育部 (2001)

雅斯贝尔斯 (2020)
杜威 (2020)
范梅南 马克思 (2020)
马克思 (2020)
苏霍姆林斯基 (2020)
钟启泉 (2001) 叶澜 (1997)
联合国教科文组织国际教育发展委员会 (2020)
叶澜 (2020)
联合国教科文组织国际教育发展委员会 (1996)
杜威 (2020)
顾明远 (2020) 中华人民共和国教育部 (2020)

邓小平 (1993)

图 5-2 《中国教育学刊》引证文献共被引知识图谱

新时期教育基本理论的马克思主义传统发展研究

从中国知网上筛选相关期刊，并下载以 Refworks 为格式的引文资料文献，而后导入至 Citespace 绘制知识图谱。通过考查文献中有关马克思主义部分引证文献的共被引关系和历史变化，我们能更为深刻地把握学界对马克思主义与教育学关系认识的阶段性特征。

从《教育研究》和《中国教育学刊》的共被引知识图谱反映的状况可以看出，自确立参考文献标准以来，两种权威期刊的引证文献都明显地展现出一致的阶段性特征。以 2010 年左右为界限，相关的共被引文献明显呈现出两个阶段的发展特点：在前期，教育研究中引证率较高的文献以联合国教科文组织报告和马克思主义论著为代表；而在后期，相关引证率较高的文献主要以西方理论论著为代表。通过对相关频次排名靠前的引证文献进行统计，大体可以得到两期刊以 2010 年为界核心的引证文献（见表 5-1 和表 5-2）。

表 5-1 《教育研究》的核心引证文献

频数	作者	文献
34	马克思	《马克思恩格斯全集》
29	马克思	《马克思恩格斯选集》
29	联合国教科文组织国际教育发展委员会	《教育：财富蕴藏其中》
26	叶澜	《让课堂焕发出生命活力——论中小学教学改革的深化》
21	黑格尔	《历史哲学》《美学》
20	杜威	《民主主义与教育》
19	中国教育与人力资源问题报告课题组	《从人口大国迈向人力资源强国》
18	约翰·罗尔斯	《正义论》

表 5-2 《中国教育学刊》的核心引证文献

频数	作者	文献
30	雅斯贝尔斯	《什么是教育》
25	苏霍姆林斯基	《帕夫雷什中学》《给教师的建议》
24	叶澜	《让课堂焕发出生命活力——论中小学教学改革的深化》

频数	作者	文献
22	杜威	《民主主义与教育》
22	钟启泉	《基础教育课程改革纲要解读》
20	马克思	《马克思恩格斯全集》
20	中华人民共和国教育部	《全日制义务教育语文/历史课程标准》
19	杜威	《民主主义与教育》
19	联合国教科文组织国际教育发展委员会	《教育：财富蕴藏其中》
18	叶澜	《教师角色与教师发展新探》

从《教育研究》和《中国教育学刊》核心引证文献反映出的情况可以看出，作为马克思与恩格斯的经典作品集《马克思恩格斯全集》（以下简称《全集》）和《马克思恩格斯选集》（以下简称《选集》）一直以来高居《教育研究》的核心引文榜首，相比之下，《全集》虽然没有成为《中国教育学刊》核心引文的榜首，但近三十年的被引量一直较高。值得注意的是，在两种期刊中，有关马克思主义的著述作为引证文献的中心性并不高，但是以 2010 年为界限，分别出现了两个不同的突变状态，这说明，在相关教育研究中，对马克思主义著作的引述虽然频度较高，但是这种引述并不稳定，而是伴随着特定历史时期的教育问题呈现较大的起伏。通过对比就会发现，在 2010 年之前，以马克思主义经典著作为核心的文献虽然呈现出较大的波动，但一直处在连续的被引进程之中；而在 2010 年之后，相关的文献引用一直是个别年份的特例。通过比照相关文献，本研究发现，这种情况的出现是由于早期对马克思主义相关经典的引述与一般教育经典相类似，较多地关注话语内部的探讨，与此话语特点相应的是一种以基础理论为主、以一般原理的探讨为主体内容的研究。而在后期，学界对包括马克思主义教育思想、杜威教育思想等更多是一种偏应用型、专题式的研究。另一方面，这种情况也启迪我们，马克思主义的相关经典理论对教育学的影响，并不是与教育现实问题的理论需要呈亦步亦趋的追随态势。除与现实的关系外，马克思主义在人们不断对其诠释和理解的过程中进一步得到深化，即理论基础的自身发展，这也是形成马克思主义引证文献影响特点的重要

因素。仅从文本出发的引用能够较为敏感地反映教育问题的发展变化，而对马克思主义某一理论的认识发展则呈现出明显的时滞性，这也是 2010 年前对马克思主义相关经典的引用呈现为在连续中充满起伏的形态而在 2010 年以后的引用往往以个案化形态出现的重要原因。

为此，本研究选取了《马克思恩格斯全集》《马克思恩格斯选集》《列宁选集》《列宁全集》《毛泽东选集》等马克思主义的经典著作作为统计对象，对《教育研究》和《中国教育学刊》中出现的马克思主义引文数逐年做以统计，统计结果见图 5-3 和图 5-4。

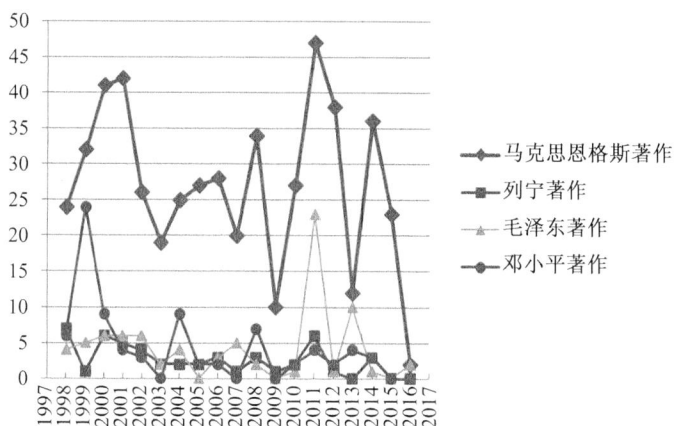

图 5-3 《教育研究》中马克思主义著作的引证状况

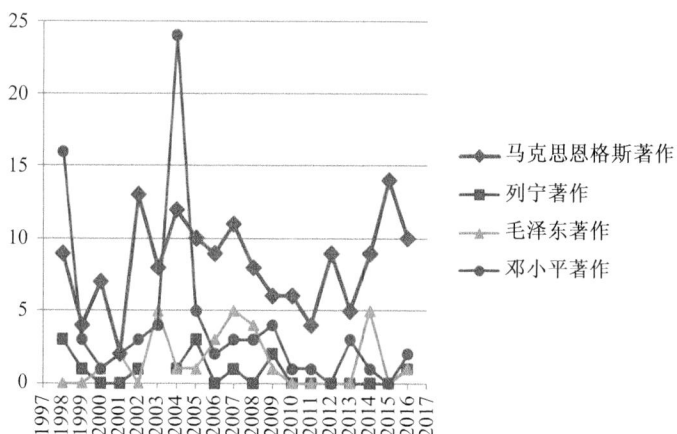

图 5-4 《中国教育学刊》中马克思主义著作的引证状况

通过折线图反映的引证文献数量对比可以发现，马克思恩格斯的著作引证量普遍高于其他经典马克思主义文献，而且各种经典文献与马克思恩格斯经典著作的引用变化情况基本一致。除马克思恩格斯的经典著作外，邓小平的相关著作在另外三种经典文献中引用率最高。这是由于改革开放以来，以邓小平为核心的党的第二代领导集体为了肃清"文革"对我国教育文化事业的迫害，提出了一系列有关振兴科学教育事业的主张，因而出现在邓小平著作中的有关教育、人才的论述最多也最为集中。此外，结合相关具体的研究可以发现，马克思主义著述的引证文献，在相关教育学研究中主要有三种作用形式：首先是直接作为马克思主义教育思想研究内容的史料文本，其次是作为相关期刊论文行文的佐证材料，最后是直接作为理论基础。结合《教育研究》和《中国教育学刊》各自在马克思主义著作引证高峰时期的相关研究可以发现，《教育研究》对马克思主义经典的引证总体上数量较多，与此相对《中国教育学刊》总体上引证的数量较少。此外，在这些经典著作中，马克思恩格斯的著作和在此之后的马克思主义经典作家的引证状况在各自高峰期也表现出明显的不同。通过对引证文献的反查比较，笔者发现，在毛泽东、列宁、邓小平相关著述的引证高峰期，相关研究主要是直接针对这些经典作家的专题性研究，如在 1999 年《教育研究》对邓小平文献的引证高峰期，这些引证的文献集中发生在类似《邓小平德育思想的哲学分析》研究中。而在对马克思恩格斯经典进行引证的相关研究中，则伴随引证高峰的年限变化，呈现出不同代表性的集中特征。在《教育研究》的几个代表性引证高峰时期，早期的 2000—2001 年马克思对教育学研究的影响主要体现在直接以马克思主义教育思想为研究内容，较为典型的代表如张力的《社会主义初级阶段人的全面发展与教育的使命》。而在 2008 年左右的高峰期，一大批马克思主义与教育学结合的理论成果出现在直接以马克思主义为理论基础的相关研究中。代表性的文章如于建福的《促进人的全面发展，提升国民综合素质——改革开放 30 年素质教育重大政策主张与理论建树》、冯文全的《德育如何做到"以人为本"——马克思恩格斯人的本质观的现代启示》。2011 年对马克思主义的运用和发展是一次重要的转折，在这一年，有大批的文章将马克思主义作为行文的佐证。在这些文章中，马克思主义的主要应用在于辅证教育与社会的关系，尤其是教育与共产主义社会理想的关系。较为典型的代表如在针对教育学的学科属性及其社会功能探讨的一系列文章中，相关的研究有不少内容引述马克思对社会历史的观点，并将其作为理论的预判和前提。如孙霄兵在论及教育与社会的相互影响机制中提出，马克思将理想的国家定位为"相互教育的自由人的联合体"，为此，社会理想的实现也必需教育对社会的积极影响。而在论述公民教育的逻辑起点时，有学者认为，马克思强调每个个体是一个权利与义务相统一的统一体，这个统一体在社会中又是具体化的"类主体"。这种具体化的类主体如何展开权利与义务的统一关系，教育在这一进程中能做到什么就是公民教育的逻辑起点。在这种对教育研究的作用中，马克思主义自身也从一种单纯政治、哲学思想中走出，转而落实到一般教育问题的现实领域发挥对教育研究的影响。而在 2014 年左右，马克思主义对教育研究的作用集中体现在其人学思想对教育的影响上。与前几个引证高峰期不同的是，这一时期教育学对马克思主义的相关研究往往伴随着重大的教育科研立项。较为典型的是以舒志定教授为代表的"马克思人学教育思想的当代阐释"课题项目，该项目以"现实的个人"及其感觉活动为理论线索，反思了有关学校教育的现实性、教育正义等一系列理论问题。

与之相应，《中国教育学刊》虽然在马克思主义著作的引证上较为稳定，但也表现了与《教育研究》相近的历史阶段性。在早期，马克思主义的作用、影响集中体现在直接以马克思主义教育思想为研究内容的相关研究中，较为典型的代表如孙喜亭先生的《人的全面发展是实现社会主义现代化建设的前提条件》。从 2002 年左右开始，马克思主义对教育研究的影响开始侧重于成为教育研究的理论基础或辅证。但是在相当长的时间内，《中国教育学刊》刊载的研究还是以对教育实践的反思性研究为主，这就使得在《中国教育学刊》中马克思主义较少发挥对教育基本理论反思的作用与影响。

除了马克思主义经典作家的相关文献外，本研究还梳理了被引率较高、研究马克思主义的相关经典文献。在这些文献中，被引数在两次以上的著作有两部，一部是高清海教授的《马克思主义哲学基础》，另一部是袁贵仁教授的《马克思的人学思想》。被引率较高的期刊文章则分别是孙喜亭先生的《马克思主义与德育灌输原理》和关锋教授的《论马克思的实践理性》。纵观这些参考文献，袁贵仁教授的《马克思的人学思想》和高清海教授的

《马克思主义哲学基础》分别从研究内容和解释原则上突破了传统教科书的体系。尤其是高清海教授的《马克思主义哲学基础》，第一次尝试突破传统教科书将辩证唯物主义和历史唯物主义割裂开来、分开叙说的弊端，从而超越了传统体系"两主义"（辩证唯物主义和历史唯物主义）、"四板块"（唯物主义理论、辩证法理论、认识论学说、唯物史观理论）的框架模式，按照客体、主体，以及主客交互中的实践及人的自由等领域对马克思主义的哲学原理做以系统的总结。而袁贵仁教授在《马克思主义的人学思想》中则强调"人学"是将人作为研究对象，研究其生存规律和发展规律的一般科学，介乎哲学与科学之间而倾向于哲学。我们在承认马克思主义对抽象的人本主义及人道主义进行批判的同时，决不能忽视马克思主义对个体的相关研究，甚至将马克思主义与个体对立起来。孙喜亭先生在《马克思主义与德育灌输原理》中则针对时下流行的将"灌输"同"注入式"和压抑个性混同起来，指出没有超阶级的意识文化，所以先进的文化不能从落后的阶级中自发产生，对落后阶级的教化是一个用先进文化进行灌输的过程，不加区别地将"灌输"等同于"注入式"，实质是消解了知识的社会历史性。关锋在《论马克思的实践理性》中则提出，以黑格尔为代表的德国古典哲学将理性视为一种能动主体的实现，而费尔巴哈在对这种理性进行批判的过程中，把人的现实置于理性的基础地位，从而赋予理性的生存意义。但是费尔巴哈理论中人的现实是一种远离意识的能动作用、经验直观中的现实。在此基础上，马克思提出实践作为理性的认识和实现方式，才真正在生存论的意义上使得理性实现了辩证唯物主义的自然观与历史观的统一。

从上述相关统计不难发现，我国的教育基本理论研究能很好地把握对马克思主义发展的时代脉搏。对马克思主义认识的每次体系化变革和解释原则的更新，都能在教育基本理论研究的发展中及时地有所响应。但与此同时，我们也应当看到，除了早期马克思主义创立者的相关经典一直占据较高的被引率外，以列宁、毛泽东、邓小平等马克思主义发展者为代表的相关经典则被引较低，亦即马克思主义的近现代发展反倒"失语"于教育基本理论研究。这就需要我们从一种政治意识形态的偏见中走出来，真正从教育身处的时代性主题去思考和审视马克思主义。

（二）研究主题从宏观建构走向反思回归

区别于从纯粹形式标准出发梳理教育学研究，从研究的主题词发掘马克思主义在教育研究中的作用影响，就要从关键词的共被引关系着手，从这些关键词在期刊文本中事实上的"远近亲疏"关系发现马克思主义的作用方式。所谓关键词的共被引关系，同引证文献的共被引关系类似，只是这种共被引的对象不再是某一参考文献，而是同时出现的一组关键词，通过关键词之间的共现频率，可以大致描绘出一定时期内期刊文本的研究主题由近及远的脉络关系，进而将相关主题词专题化，从各个专题化领域发现马克思主义在各历史时期发挥的作用及其影响。

本研究主要选取了 1998 年至 2016 年 CNKI 中的《教育研究》和《中国教育学刊》文献。又因为关键词往往与研究领域密切相关，为了体现教育基本理论的针对性，本研究对选取的文件在 CNKI 高级检索默认的学科分类中选择"社会科学Ⅱ辑——教育理论与管理"进行筛选。而后将选中文献的引文资料按照 Notefirst 格式下载后，通过书目文献分析系统转化成关键词共现矩阵。在得到前期的规范化数据后，通过 SPSS 软件中因子分析方法将关键词共现矩阵转化为展现不同关键词间相关关系的相关系数矩阵，并按照系统聚类的方法按关键词间的相关系数形成以主题词为对象的树状图（见图 5-5、图 5-6）。

在主题词共现图中，树状分支的联结表明两个关键词在不同的文献中呈现为共现关系。从横向上看，分支的长度表明不同关键词之间的关系远近。按照这种引文资料中展现的关键词共现关系，可以看出《教育研究》和《中国教育学刊》中核心主题词的结构化特征。

在《教育研究》中，首先较有代表性的专题化领域为"主体性教育"，这一领域代表性的共现主题为"主体教育""主体性发展""教育实验"等。这是由于在对人的主体性转向过程中，相当数量的研究伴随全国各地的主体性教育实验兴起。与主体教育思想并列的第二大领域，是以"党和政府宏观教育政策研究"为代表的主体研究。这一研究领域围绕改革开放对教育的推动作用及影响，形成了如"十一届三中全会""科教兴国战略""现代化建设"等代表性研究主题。而在教育改革方面，代表性的主题有"教育改革""教育发展"和"教育政策"等。此外，"教育学团体建设"和"教育实践研究"也是《教育研究》关注的焦点领域。在"教育学团体建设"中，较有代表性的研究主体有"中国教育学会""教育研究""教育科研成果"等。在"教育实践研究"的研究领域中，相关代表性主题为"教育实践工作者""教育理论""教育发展战略"等。

使用平均联接（组间）的树状图

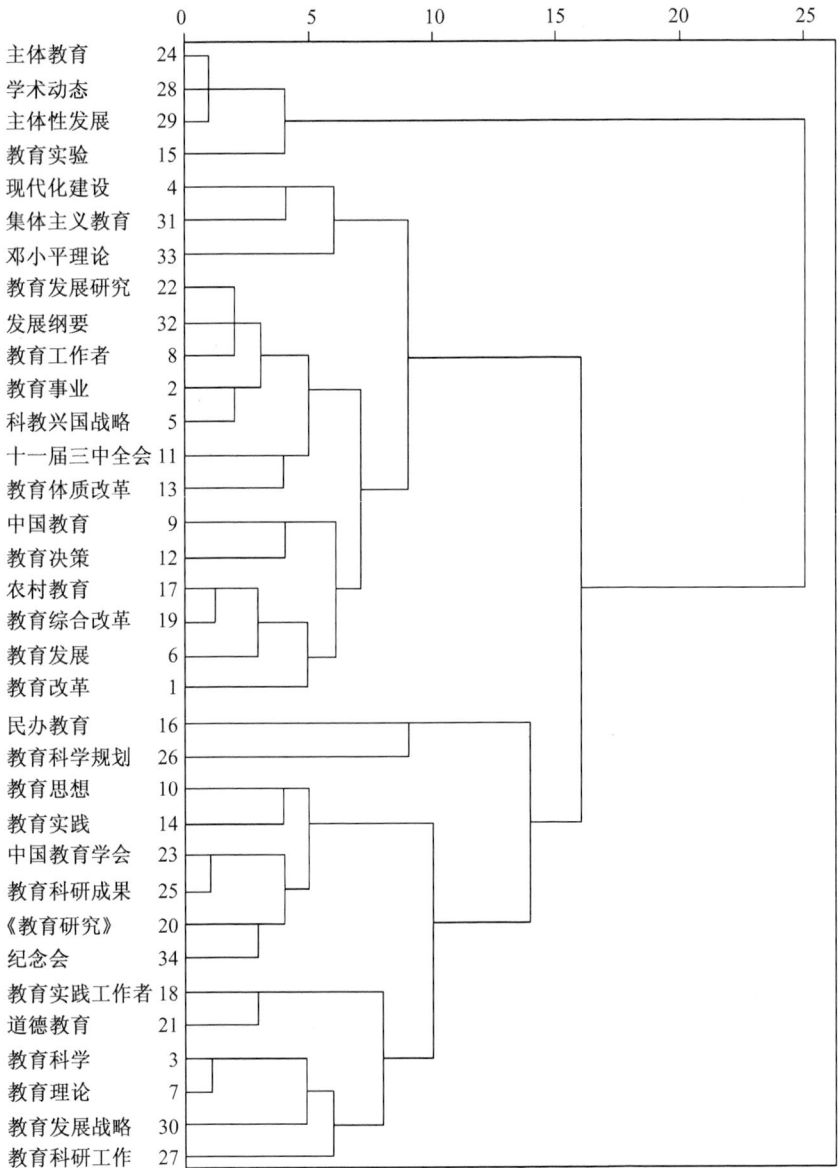

| | 0 | 5 | 10 | 15 | 20 | 25 |

主体教育 24
学术动态 28
主体性发展 29
教育实验 15
现代化建设 4
集体主义教育 31
邓小平理论 33
教育发展研究 22
发展纲要 32
教育工作者 8
教育事业 2
科教兴国战略 5
十一届三中全会 11
教育体质改革 13
中国教育 9
教育决策 12
农村教育 17
教育综合改革 19
教育发展 6
教育改革 1
民办教育 16
教育科学规划 26
教育思想 10
教育实践 14
中国教育学会 23
教育科研成果 25
《教育研究》 20
纪念会 34
教育实践工作者 18
道德教育 21
教育科学 3
教育理论 7
教育发展战略 30
教育科研工作 27

图 5-5　《教育研究》主题词共现树状图

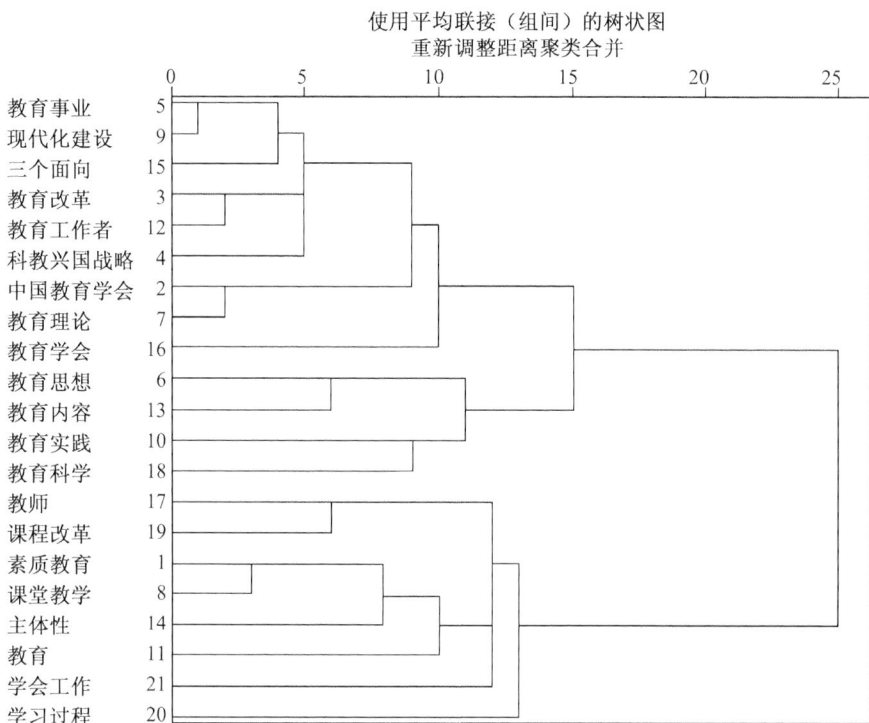

图 5-6 　《中国教育学刊》主题词共现树状图

　　相比较《教育研究》，《中国教育学刊》则更多呈现出观照教育现实领域的专题化特征。首先，较为鲜明的专题性领域是有关党的宏观方针政策的探讨，在该方面，较有代表性的研究主题有"科教兴国战略""三个面向""现代化建设"等。而这部分研究多是由《中国教育学刊》主办方中国教育学会针对党的教育时政方针组织的专题研讨形成的一系列成果。与之并列的专题性领域还有"教育理论与实践研究"和"教育教学改革"。前者的代表性主题有"教育思想""教育内容"和"教育实践"，主要围绕特定教育理论在实践中的转化问题进行展开。而后者则主要围绕素质教育和课程改革在具体教学中落实的相关问题。

　　从历时态看《教育研究》和《中国教育学刊》，通过梳理相关专题领域中的文章可以发现：早期的《教育研究》主要关注主体性教育领域；在中期阶段，相关的专题性领域主要以对理论与实践的关系为探讨焦点；而近世的《教育研究》中，相关研究更多将焦点集中到"党的宏观教育政策与教育改革"上来。随着时间变化，《中国教育学刊》相关的专题领域则呈现出从"党和国家的宏观教育政策"到"教育教学改革"再到"教育理论与实践关系"研究的发展历程。二者的不同之处在于,《教育研究》从发表的成果总体看趋向一种"自上而下"的研究,而《中国教育学刊》更多趋向于一种"自下而上"的研究。这突出体现在,经历了主体性教育的求索后《教育研究》更多地着眼于从教育理论的原创研究和本土实践探讨相关的教育问题,与之对应,走向了教育理论与实践的关系研究领域,而《中国教育学刊》则在同时代走向了素质教育与课程改革展现在微观领域的问题。直至在最后的阶段,《教育研究》在涉及党的宏观教育政策和改革实践方面将对理论与实践的关系求索诉诸中国重大教育现实,而《中国教育学刊》则在教育理论与实践的探讨中反思以往教育改革中的实践问题。所以从总体看,虽然《教育研究》和《中国教育学刊》所描绘的教育学研究的理论发展道路各有不同,但二者也有共同之处。在早期,无论是《教育研究》关注的主体教育理论还是《中国教育学刊》关注的"宏观教育政策",都是从理论建构本身出发,是一种或是诠释某一理念或是阐明某一教育大政方针的"外向寻求",因而是立足教育学全体的宏观建构。而当《教育研究》和《中国教育学刊》分别着眼于教育理论形成过程和现实改革问题时,对宏观教育学体系的思考逐渐转到具体教育问题领域,最后各自在教育改革和教育理论与实践关系的研究中实现对以往教育实践的反思,二者的研究主题从总体看都经历了从宏观建构到反思回归的发展历程。

而通过对相关的教育学专题领域做以考察可以发现,直接与马克思主义相关的教育基本理论研究专题并不是《教育研究》和《中国教育学刊》的关注焦点,甚至较少出现在《教育研究》和《中国教育学刊》所关注的研究主题中。但是与此同时,马克思主义在教育基本理论各专题领域中的作用又无处不在,如在对党和政府的宏观教育政策与教育改革的分析中,这两种期刊都将"科教兴国战略""现代化建设""三个面向"等改革开放以来邓小平在教育领域中提出的相关指导性理论作为宏观政策的关注焦点。而教育学领域有关马克思主义的研究也集中体现在这些宏观政策的专题领域。此外,通过对相关的期刊文献进行追溯,在探讨教育理论与实践关系的相关研究中,马克思主义的实践哲学也是该专题领域集中探讨的焦点。

（三）作者机构从领域泛化走向专门化

改革开放之初,我国各门学科尚处在重建期,学科之间的领域边界并不明显。我国教育学期刊领域是在 1998 年初步确定了期刊的参考文献注释标准的，在此之前，专门的写作规范尚未确定下来。所以，在相当长的历史时期内，期刊的作者及研究机构包含多领域的相关人士，甚至是民间组织机构。而在 1998 年，随着专业学术门类及学术写作标准的确立，教育类的学术期刊在作者和科研机构方面日益呈现出专门化的特征。本研究选取了在读秀学术检索中出现的 1979 年至 1987 年的《教育研究》期刊文献，对相关作者的出处进行集中统计，统计结果见图 5-7。

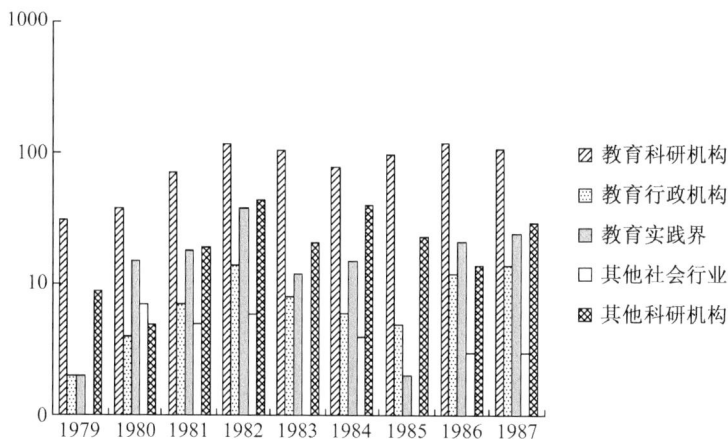

图 5-7　1979 年至 1987 年《教育研究》作者单位状况（单位：篇）

在图中，横轴为年份，纵轴是各个单位的期刊文献数量。其中，教育科研机构包括各大教育学科研院校、教师进修学校、教育科学研究所等科研机构，以及有关教育学的杂志期刊社。教育行政机构主要包括各省市教育厅、教育局及行政机构隶属的教研室，而教育实践界主要包括一线实践领域的中小学校的教师、校长等，社会行业主要包括除教育领域外的其他一线实践领域。通过这 9 年来《教育研究》中作者的出处情况可以看到，在早期《教育研究》刊发的相关成果中，来自一线教育实践界和教育科研机构的文献占据了绝大多数，尤其在 1982 年左右达到高潮。在其他科研机构的刊发文献中，针对某一教育领域中的具体问题，《教育研究》中的期刊文章呈现出鲜明的领域化特征，较有代表性的如经济学家厉以宁教授的《经济研究的新课题和教育经济学的动向》、著名伦理学家罗国杰教授的《中国传统伦理教育的分析》。社会行业和一线教育实践者的相关理论成果也突出地指向所属领域的特定问题，较有代表性的如天津市儿童保健所有关三岁前儿童动作发展的研究、中国人民银行金融教育考察团针对日本高等经济教育的发展趋势展开的考察研究。

随着专业化学术体制的不断完善，教育学期刊在作者机构中展现的这种领域泛化特征逐渐消逝，取而代之的是由专门化的作者机构一统教育学核心期刊的发展格局。本研究运用 Citespace 软件对《教育研究》和《中国教育学刊》的引证文献做以分析，通过这些作者和机构在期刊文献中的呈现状况不难发现，在规范化的教育学术体制建立之后，相关期刊文献的代表性学者群体几乎都被教育学专门化的学者垄断，见图 5-8 至图 5-11。

图 5-8 　《教育研究》作者共现知识图谱

扫一扫

知识图谱彩图

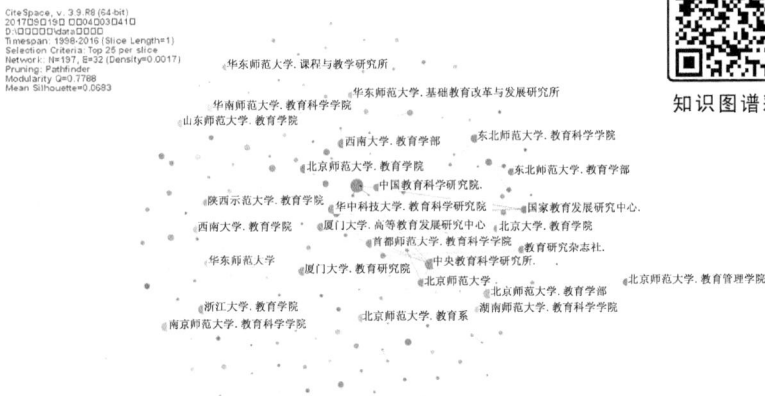

图 5-9 　《教育研究》科研机构合作知识图谱

CiteSpace, v. 3.9.R8 (64-bit)
2017□9□19□ □□04□24□55□
D:\□□□□□\data □□□□□□□
Timespan: 1998-2016 (Slice Length=1)
Selection Criteria: Top 25 per slice
Network: N=365, E=38 (Density=0.0006)
Pruning: Pathfinder
Modularity Q=0.9325
Mean Silhouette=0.0652

杨太清

邬志辉

朱永新　　　张爽

朱德全　　谈松华

靳玉乐　　宋乃庆

顾明远　　杨骞

潘涌郭永福

林崇德　　　　　朱小蔓

褚宏启　申继亮

刘义兵　　陶西平　李润州

傅维利

图 5-10　《中国教育学刊》作者共现知识图谱

CiteSpace, v. 3.9.R8 (64-bit)
2017□9□19□ □□04□37□13□
D:\□□□□□\data □□□□□□□
Timespan: 1998-2016 (Slice Length=1)
Selection Criteria: Top 25 per slice
Network: N=236, E=41 (Density=0.0015)
Pruning: Pathfinder

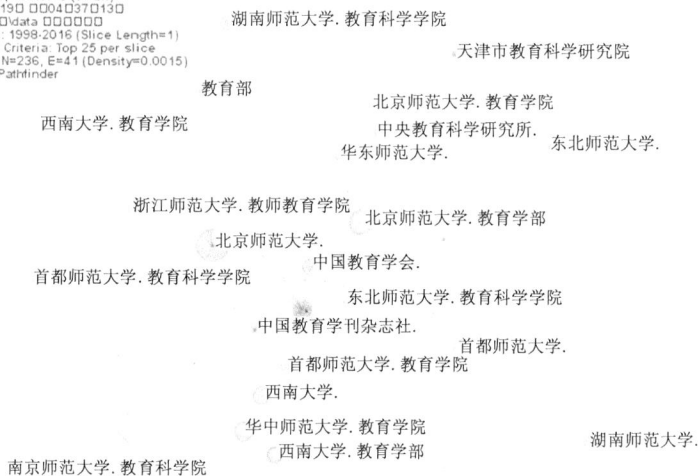

湖南师范大学.教育科学学院

天津市教育科学研究院

教育部　　　　北京师范大学.教育学院

西南大学.教育学院　　　中央教育科学研究所.

华东师范大学.　　　东北师范大学.

浙江师范大学.教师教育学院　　北京师范大学.教育学部

北京师范大学.

首都师范大学.教育科学学院　　中国教育学会

东北师范大学.教育科学学院

中国教育学刊杂志社.　　　首都师范大学.

首都师范大学.教育学院

西南大学.

华中师范大学.教育学院

西南大学.教育学部　　　　　湖南师范大学.

南京师范大学.教育科学院

图 5-11　《中国教育学刊》科研合作知识图谱

从相关学者群和科研机构合作的情况看，在《教育研究》和《中国教育学刊》这两个期刊话语阵地，分别形成了以期刊主办机构为主导，六大部属师范院校为主体的科研群体。综合考虑作者群的科研合作情况和科研机构的合作状况，从《教育研究》反映的情况看，较有代表性的科研群体主要有：以曾天山、俞国良、高如峰等代表的中央教科所和中国人民大学、北京师范大学等机构组成的科研群体。通过查阅相关文献可以发现，该科研群体的研究主要以大型实证调研为主要特征，如以曾天山为代表的教学科研成果分析的文献计量研究、以高如峰为代表的义务教育投资相关研究和以俞国良为代表的儿童学业心理方面的相关研究。以吴康宁和班华为代表、以南京师范大学为主导的科研群体，主要侧重德育和教育改革。以宁虹为代表的首都师范大学科研群体，主要进行有关教育现象学和教师教育的相关研究。以钟秉林为代表的北京师范大学科研群体，主要进行的是高等教育和教育改革的相关研究。以柳海民、马云鹏等人为代表的东北师范大学科研群体，主要进行有关教育理论创生、教育理论的实践表征等相关教育基本理论问题研究和课程体系的研究。相比较《教育研究》而言，《中国教育学刊》中作者群和科研合作机构则显现出较为集中的特征：以顾明远先生为代表的中国教育学会为主导的科研群体，主要侧重教育传统与现代化和教育公平方面的相关研究；以林崇德、申继亮为代表的北京师范大学科研群体，主要侧重教师心理和创造性教育的相关研究；以宋乃庆、朱德全为代表的西南大学教育科研群体，主要侧重数学课程与教学的相关研究。

综合考察这些教育学群体，我们并没有发现马克思主义对教育研究的直接作用和影响。相对较多体现马克思主义影响的研究为有关改革开放对教育学影响的探讨，这一探讨主要由顾明远先生代表的中国教育学会主导。此外，以宁虹为代表的首都师范大学科研群体对教育现象学的研究中，也曾对马克思主义语域中"人的现实"问题展开探索。总体而言，马克思主义对专门教育问题领域的直接作用并不明显，即使在直接作为理论依据的研究领域中，马克思主义也往往作为佐证核心论点的依据而存在。最具代表性的，如在论及生活世界的教育学意义时，宁虹教授认为我们既要肯定现象学方式是一种向生活敞开的实践，同时也要清楚这种实践同马克思主义的"生产决定生活"的实践是不同的，借此来强调现象学理论与中国本土现实的差别。但是，超越具体经验层次的表现，马克思主义与现象学在理论任务上的区别和联系究竟在哪里，它们面对的时代境况有何区别与联系？这些真正的理论内在问题却并没有呈现。这些科研群体反映的情况更加鞭策我们以一种超越纯粹经验领域的理论视野去对待马克思主义，发掘马克思主义与教育学研究在思维和认识上的一致性还是一个尚未真正深入的领域，还有相当长的一段路要走。

三、教育基本理论研究对马克思主义的发展

教育基本理论中的马克思主义传统根本在于运用和发展马克思主义的思维方式，这决定了其实并不存在一个总结马克思主义传统的形式外延。再按照传统研究范式，先进行形式分类规定一个有关"马克思主义传统"的形式边界，然后将边界内一切如教劳结合、全面发展理论等有关马克思主义研究的历史发展称为"马克思主义传统"，这种做法恰恰是一种目的与手段的分离。正如黑格尔强调的，本质是过去了的存在。马克思主义传统作为一贯的思维方式，它的本质内涵只能是这种思维方式在教育基本理论内容中的展开，亦即它存在意义发生发展的历史，而不能是一种静观内容发展的形式抽象。在此基础上，这种思维方式的传承和发展与单纯实证史学是不同的。事实上的继承往往是某一经验表象的更替，而思维方式的发展则在思想的演进历史中呈现出两种形态，一种是逻辑关系的重组，另一种是解释原则的更新。所谓逻辑关系的重组，是指研究者为解决自身的研究问题把他人的观点或理论按照自己规定的逻辑关系重新组织起来。从广义上讲，仅仅按照形式逻辑的标准，套用他人的理论去分析教育问题，这种形式演绎的做法也是逻辑关系重组的体现。而解释原则的更新与之不同，它要求研究者实现库恩"范式"意义上的转换。按照拉卡托斯的理解，标志解释原则的理论创新不能仅仅去突破传统理论的"中坚地带"，更要对"硬核"尝试突破，而标志着思维方式真正变革的理论发展形态正是这种解释原则的更新。所以，一种思维方式的变更不能简单地追随理论内容的变化而判断其发展，必须从对传统理论的前提解释和批判、如何解决传统观点所面对的理论困难等方面做出开创性的贡献。思维方式的变革不仅是一种研究内容的历史变迁，更是教育基本理论以思想自身为批判对象，在自我批判过程中发展的"反思跃迁"。

从总体而言，新时期思维水平上的跃迁大体经历了三个阶段。早期的教育学对马克思主义的探讨，是以试图将教育学建设成一种体系化科学为

目的的。而马克思主义对教育学的影响及其价值就在于为这种体系化的科学提供依据。这种科学的核心也在于感性的确定性和可重复性，所以对文本的发掘与直接阐发就成为这一时期教育学对马克思主义探究的主要范式，为此形成了将体系建构直接作为教育学发展马克思主义的理论任务。而在这一前期研究的过程中，教育基本理论学者逐渐自觉到，对教育问题、教育现象的把握不是一个关于事实的感性确定性问题，而是一个"人的意义实现"问题。在这一过程中如何借助复杂性思维实现人文和科学取向的统一就成为教育基本理论急欲解决的理论问题，与之伴随的是对马克思主义的人学解读。与此同时，当孤立地抽离于社会历史之外时，人本身就只能是一个作为科学对象的形式存在，这就使得对马克思主义的人学理解必然走向在人的实践范畴中去实现，反映在解释原则上，即马克思主义在实际教育学研究中被运用为实践唯物主义。这种人学视野下的"实践唯物论"，在面对具体的教育情境时自觉到，当以人对主体的自我意识去把握教育现实时，人对教育问题认识的理论自觉就不能诉诸外在感性确定性去解决，正如有学者强调的，教育理论者不应以理论去"吞并"实践，直接用理论和现实的关联程度去断言理论的客观性。因而对马克思主义的认识和运用转向理论与实践间的交流中介，这就走向对教育生活的日常文化考察，在思维方式和解释原则上具体体现为作为文化批判的马克思主义。

（一）作为体系化科学依据的马克思主义发展

正如相关教育学史对教育学重建初期进行的总结，在重建初期，我国教育学对马克思主义的研究是以对"文革"时期的错误思想进行清理和拨乱反正为主导的。在这种清思的过程中，中国教育基本理论逐渐确立了以科学取向建构教育学的发展思路。而对马克思主义的运用也从单一地借助其文本内容反驳"文革"的错误思想，转向为在马克思主义方法论中试图寻找将教育学建构为一门科学的依据。而从这些基本理论研究争论的焦点看，早期对马克思主义的"正本清源"主要体现为教育研究与宏观政策间的外在关系。受制于当时的时代水平，在教育基本理论研究中，不乏忽视教育领域的实际内容直接从形式逻辑出发，甚至直接用形式逻辑的合理性去判断理论是否符合实际的做法。随着学术环境的开放，一些西方教育理论引入中国，在同国外理论的分析和比较中，马克思主义与中国教育实际的结合才真正回归教育学的立场，成为教育学的本己问题。这种探讨发展的标志即在 20 世纪 90 年代盛行一时的有关教育学的学科分化、教育学的逻辑起点等一系列元教育学问题。借用马克思对"具体"的理解,"具体"不是一个关于整体的混沌表象,而应是一个包含许多规定及其丰富关系的总体。如果说早期教育基本理论研究对教育学科学化的探索还是一个感性具体层面"关于整体的混沌表象",那么这种元教育思考中欲将教育学建构为独立科学的努力则是一种"理性的具体"在反思进程中的展现。因此,与这一时期理论发展的需要相适应,教育研究从思维方式上主要体现为将马克思主义用作体系化科学的依据。在这里,"体系"一词除了一般意义理解中理论的"系统化""结构化"之外,特指这种"结构化"仅仅考虑理论内部的形式逻辑自洽,没有真正让思维的形式在对象的内容中展开。这种"体系"类似于经验科学的形式架构,从思维水平上看,这种"体系化"的教育理论思维在相当程度上还近乎实证科学中的形式思维。这种思维方式的主要特点是:它把抽象概念与教育现象直观中的同一作为理论把握现实无条件的前提。而从《教育研究》和《中国教育学刊》反映的状况看,这一时期围绕对马克思主义的理解和运用。这一思维方式在发展中主要体现为如下阶段性特征:

1. 教育研究的科学方法与态度问题

重建时期的教育研究首要任务是清理"文革"对教育领域的不良影响,而这种清思的基本取向是试图将教育学建构为一门经验科学。反映在教育基本理论研究中,早期的学者往往直接从马克思主义文本中寻找相关的方法论规定,以此作为科学研究的路线,反驳"文革"中的错误思想对教育研究的绑架。这种体系化科学的思维方式,是从对教育基本理论研究对象的反思开始的。

对研究对象的反思主要受毛泽东在《矛盾论》中对科学研究阐释的影响。毛泽东认为,"科学研究的区分,就是根据科学对象所具有的特殊的矛盾性"①。因而教育学欲成为科学,也应从对教育区别于一般社会活动的清思开始。相关代表性观点如王铁在论及教育科学研究的时代任务时即认为,既然科学研究的属性应取决于研究对象所具有的特殊的矛盾性,教育本身作为一种社会现象,对其研究的科学性也应在生产力与生产关系在教育领域展现的特殊矛盾中去探索。在"进一步解放思想,搞好教育科学研究"的讨论会中,有学者提出,在对待马克思列宁主义、毛泽东思想上,要意

---

① 毛泽东选集:第 1 卷 [M]. 北京:人民出版社,1991:309.

识到它们既是我们教育科学的指导，又是我们教育科学的研究对象，而教育科学研究首先应将它们作为研究的对象进行关注。类似的观点使得我们对教育科学的建立逐渐摆脱了片面"政治挂钩"的背负，转而开始真正从马克思主义的经典文本中去发掘教育学相关的内容。正如孙喜亭先生就教育研究应突破教条主义的束缚这一问题所阐述的，教育学能否从马列主义的经典原著上下功夫、能否在实际研究中系统地进行实验，已经成为制约教育理论研究取得重大突破的关键。

而与这种将对象问题作为教育科学建构起点的讨论相并存，对教育基本理论界发生重大影响的还有怎样看待马克思主义与教育科学关系的问题。如果说对研究对象的追问是立足于教育科学的思维起点，有关马克思主义与教育科学的探讨实质就是从哲学与科学的关系角度探索教育学的学科独立性。相关学者较为一致的观点是，教育学不应依赖马克思主义文本，要发展属于自身独立的概念体系，不能用马克思主义的研究代替教育科学的研究。而在教学论领域，有的学者更为激进地指出，用马克思主义相关哲学认识论的部分直接演绎教学领域的研究，造成的后果就是近三十年来对教学过程的研究"只不过重复哲学认识过程的概念原理"，教学研究"被死死限制在教学过程和认识过程的狭小胡同中寻找规律"①。在此基础上，这一时期的相关学者普遍形成了对"运用和解释马克思主义的两条路线"的理解。第一条路线作为批判对象，专指受"文革"错误影响以教条主义、本本主义和"长官意志"为标志，强调教育研究对马克思主义的盲目崇拜甚至有意附会马克思主义的教育研究路线。这种路线被学者们普遍认为是一种形而上学的路线。而与此相对，提倡学术民主、主张理论和实践结合、强调调查与量化手段以检验马克思主义对教育现实的解释力，才是真正符合马克思主义原旨、科学发展教育学的道路。这两条路线不仅成为教育研究是否合理运用马克思主义的判断标准，甚至直接成为判别外国教育理论的标准。有学者针对马卡连柯和凯洛夫教育学理论的优劣评判到，马可连柯的教育思想"是从实践中产生出来的，形而上学就少"，而凯洛夫的教育理论"是通过推理产生的，形而上学就多"②。

与此相应，在以经验科学态度对待教育研究的讨论中，学者们对教育研究践行马克思主义的初步共识就是将贯彻马克思主义的旨趣诠释为教育

---

① 蒲心文. 教学过程本质新探 [J]. 教育研究，1981 (1)：41.

② 陈元晖. 教育科学研究的若干问题 [J]. 教育研究，1981 (2)：16.

理论与国情的结合，具体表现为应密切结合经济发展的需要和党的教育方针。正如有学者强调的，在教育学重建初期，"在教育科学研究中，怎样贯彻调整、改革、整顿、提高的八字方针，就是贯彻'理论和实践一致'的最大课题"①。而在研究手段的选择上，学者们普遍立足于马克思对科学的理解，即"一种科学，只有在成功地运用数学时，才算达到了真正完善的地步"②。系统的实验和普遍的实证调查使教育学被寄予成为体系化科学的期望。为此，在早期的教育基本理论研究中，出现大量结合具体教学实际、有关教育实验及对教育一般规律的探讨，如《从被动听讲到主动探索》《在传授知识的过程中要发展学生智力》等。

2. 教育与经济关系的科学认识

早期教育学的重建首先是在研究方法及态度方面遵从自然科学的旨趣进行的。但是这种自然科学取向的研究态度并不能自身孤立地发展，必定在教育身处的特定历史内容中展开，这种现实内容的展开集中体现为教育基本理论研究对教育与经济关系的科学认识。正如在前期探索中学者们普遍认识到的，理论与实践的结合是科学运用马克思主义的重要标准。当时教育理论面向中国最为普遍的实际就是经济建设，所以教育学作为体系化科学的建设自然要在教育与经济的科学认识中获得发展。对教育本质的探讨、对教劳结合和全面发展理论的认识，这些对教育学发展影响较深的早期教育基本理论研究成果实质都是针对这一议题的丰富和拓展。

较早提出对教育与经济关系进行探讨的是于光远先生。早在1979年于光远先生在《重视培养人的研究》中就对教育是上层建筑的观点进行了质疑，认为上层建筑也是经济基础的反映，不宜将教育割裂于经济领域之外。这一观点直接引发后来关于教育本质的争鸣。关于教育本质的研究及其梳理在教育基本理论研究中已被充分探讨，值得注意的是于光远先生在对"上层建筑论"质疑过程中的论证方式。在提出教育不宜单一置于上层建筑范畴时，于光远先生论证道："父母和儿女这样的概念是不能单独存在的。它们和'男人''女人'这样的概念不一样……因为没有'父亲''母亲'这样的概念，也就不成为'儿子'或'女儿'。'基础'与'上层建筑'这

---

① 王铁. 关于在教育科学研究中贯彻"理论和实践一致"原则的几个问题 [J]. 中国教育学会通讯，1980（1）：49.

② ［法］拉法格，［德］李卜克内西. 忆马克思恩格斯 [M]. 杨启潾，等译. 北京：生活·读书·新知三联书店，1963：8.

两个概念也相类似。"① 在这种论证中，于先生的证明思路类似自然科学，以直接的经验事实为依据，在形式推导中把握问题的实质，这种论证思路直接影响到后来对教育本质论的探讨。如在对教育是否属于生产力的探讨中，有些学者认为欧美的经济总量很高，但中等教育的普及率赶不上发展中国家，所以教育与生产力的关系值得质疑②。通过这些论证方式不难发现，无论是"生产力"还是"经济基础与上层建筑的关系"，概念名称与经验实例的直接同一，往往成为教育学运用马克思主义的理论依据和论证前提。这种自然科学化的形式证明方式运用于阐释教育与经济的关系，教育基本理论界纷纷试图从劳动与生产力的关系出发，总结教育如何实现经济效益的一般形式，印证教育作为生产力的现实意义。较为典型的如马兆掌先生在阐释教育与劳动力再生产关系时提出，"人身生产+教育＝劳动力"。而这一公式的科学性就在于马克思在政治经济学中提出"劳动力只是作为活的个体能力而存在"③，劳动力的生产要以人的自然生产为前提。

秉持着类似"直观现实"的马克思主义理解，在教育与经济的关系领域，在教育基本理论在教劳结合、教育的经济功能等方面出现了大量结合实际的探讨。类似的探讨在 20 世纪 80 年代末的《中国教育学刊》中得到了较为集中的展现。成有信先生针对现代商品经济和教育关系的阐述颇能代表该时期教育学者们的倾向，"现代教育是商品经济条件下的产物，是适应商品经济的要求而产生和发展起来的"④。学校德育与商品经济发展、商品经济发展与教育改革等一系列研究涌现。由此发展出两条有关教育与经济关系的研究道路，一种是探索教育发展怎样与社会经济发展的实际相结合，另一种是探索教劳结合的实践模式。前者，教育基本理论研究主要围绕如何看待教育与市场经济机制的相互作用，以及如何看待教育在市场经济中的地位等方面展开。值得注意的是，在该方面研究中，教育服务经济建设的作用在后期甚至扩大化为对教育直接参与经济建设展开探讨。相关研究的选题也主要围绕教育与其他社会领域的现实联系展开。如农业作为第一生产力的代表，最为鲜明地表现了劳动力与物质生产间的转换关系，与之相应，在教育服务经济建设的探

---

① 于光远. 重视培养人的研究 [J]. 学术研究，1978（3）：26.

② 相关研究可见《关于教育本质的探讨》，李耀德整理，《教育研究》，1979 年第 3 期.

③ 马兆掌. 论教育与劳动力再生产的关系 [J]. 教育研究，1981（3）：14.

④ 成有信. 现代教育和商品经济的本质联系以及对我国教育改革的几点思考 [J]. 教育研究，1992（9）：24.

讨中，农村教育与农村经济发展关系的研究也最为集中。这一现象也从侧面印证了这一时期对教育与宏观社会关系的研究还只是一种表象层面的考察，并未成为教育学理论发展的内在需要①。在教劳结合的实践上，教育基本理论研究主要围绕劳动教育的模式及实践课程等方面展开探讨。而在人力资本理论的影响下，马克思主义政治经济学中有关劳动力的相关论述成为教育与劳动研究关注的核心。受科学主义倾向的影响，相关学者往往围绕马克思主义政治经济学中的体力劳动、脑力劳动、生产劳动等概念究竟对应何种实体经验，以及从经验表象看不同劳动的区别是什么展开争鸣。如在对教劳结合中"劳动"的理解中，就有学者提出，教劳结合中的劳动实质专指在大工业生产中创造剩余价值的劳动，而另有一部分学者认为，这里的劳动不应停留于生产劳动，还应包含广义的社会实践。不同的劳动界定形成了将教劳结合视为教育理念和实践模式的两种理解。值得注意的是，在这一过程中，马克思主义有关经济与生产力的认识对教育研究的左右作用被高度凸显，甚至成为教育学研究能否贯彻马克思主义的判断标准。正如当时有学者总结的，发展生产力作为教育工作的根本任务在于能够克服就教育论教育的陈旧观念，与之相对，"离开生产力来抽象谈论教育本质、职能的"是"历史唯心主义观点"②。

　　这种教育与经济关系的讨论作为教育研究面向社会现实的早期尝试，除了在建构体系化科学的道路上进一步发展教育基本理论外，更重要的是激发了教育学学科的独立意识，这种独立意识的激发突出体现为随着教育服务经济建设的研究不断深入，市场经济表征的价值取向与教育的真实冲突不断出现在教育学领域中，学者们普遍自觉到教育学的学科独立性不能靠向外寻求去实现，而只能是一个对教育学体系进行逻辑反思的内在价值问题③。商品经

---

① 在该方面，较为典型的研究集中出现在 20 世纪 80 年代末的《中国教育学刊》中。代表性的文章如《加强农村教育改革促进农村经济发展》（河北省阳原县教育委员会）、《农村教育必须为当地经济建设服务——谈新时期的教育与生产劳动相结合》（丁日新）、《珠江三角洲的经济开放与教育对策》（伍柳亭，李国霖）等。

② 滕纯. 办教育要符合社会主义初级阶段的基本国情 [J]. 教育研究，1988（1）：27-28.

③ 该方面在教育产业化，以及教育与经济、政治关系的相关探讨中得到了较为集中的体现。前者有不少学者提出在强调教育与商品经济的结合中应警惕市场经济的私有化对教育的价值冲击，较有代表性的研究如王逢贤的《中国"教育产业化"热点问题的冷思考》。而在教育与政治、经济关系的问题上，有部分学者提出，我们照比以往更加强调教育在经济领域中的战略地位的同时，不应放松教育的政治功能，尤其是在思想之争领域中教育的作用和影响，该方面较有代表性的研究如张腾霄的《经济、政治、教育的辩证关系——学习〈决议〉的体会》。

济的营利性与教育的公益性、资本占有的私人性与教育的公共性，类似的价值冲突揭示的不是传统教育学对经验事实方面关注的缺失，独立教育学真正缺失的是一种价值的承诺。这种教育学内在价值探索的最终表现就是对学科体系的内在逻辑进行反思。这就直接刺激了我国教育学者在元教育学的反思中，逐渐产生出有关教育学学科分类、教育学的逻辑起点等一系列关系学科自我意识的问题。

3. 系统科学与对辩证法的认识

在对教育与经济关系的探讨中，教育学界逐渐产生出关于学科独立性的要求，这种独立意识反映在对教育研究的方法论反省上，集中体现为对"马克思主义作为唯一科学方法论"的反思。正如早期教育基本理论年会所反映的，在这种反思中学者们普遍自觉到不宜将马克思主义对教育的指导经验化为对具体教育问题的研究指导。马克思主义与具体教育研究方法的关系不是直接演绎的关系，相反，从马克思主义指导到具体教育问题的研究方法应是一个多层次的方法论体系。因而在马克思主义与具体教育研究方法间应存在"中介式"方法论，这就引出系统科学的相关问题。在教育基本理论研究领域集中展现为对系统科学和辩证法关系的探索中。

系统科学在教育研究中的提法最早出现在《教育研究》于 1982 年转载的巴班斯基的文章《研究教学问题的辩证系统方法》中。在该文中，巴班斯基提出，辩证唯物主义的起点是对世界作为普遍联系整体的认识，为此，教育研究应借鉴系统科学的相关方法用辩证系统结构法去研究教学的相关问题。值得注意的是，巴班斯基提出该方法论虽然是受到西方系统科学研究的启发，但是在对系统科学的认识上实质都是照搬马克思有关社会作为有机系统的阐释。如在阐明系统性是辩证法的重要组成部分时，巴班斯基援引马克思主义的相关认识，认为有机系统"使社会的一切要素从属于自己，或者把自己还缺乏的器官从社会中创造出来。有机体制在历史上就是这样向总体发展的"①。这种思考在后来直接影响了我国学者对系统论科学乃至复杂性理论的认识。如在胡克英先生论及教育学需引入系统科学的相关研究中即认为，这种引入的必要性在于恩格斯在《自然辩证法》中提出，"相互作用是事物的真正的终极原因。我们不能比对这种相互作用的认识追

---

① 马克思恩格斯全集：第 46 卷（上）[M]. 北京：人民出版社，1979：236.

溯得更远了，因为在这之后没有什么要认识的东西了"①。由此，系统科学成为辩证法应用于教育科学建构的"中介方法"，在教育基本理论领域中被广泛地讨论。

系统科学在将马克思主义辩证法关于普遍联系的内容作为诠释依据时，一个重要的特征是把辩证法中事物自己区别自己变为不同经验要素间的区别，把事物内在区别之间的相互联系变为要素和要素之间的实体化、外显化的联系。正是在此基础上，系统科学将辩证法科学化了，进而才能使教育学效法自然科学，在感性的确定性上建立起体系化的依据。正如刁培萼先生在总结系统论与辩证法关系时提到的，人们正是"由对事物的'普遍联系'的研究进入了'系统联系'的探讨"。而作为从感性自然到社会科学的系统论研究是一个通过人作为中介使自然和历史相统一的过程，"只有掌握'自然—人—历史'这条线索，才能从整体抓住辩证法的精髓"②。在相关的研究中，较有代表性的如 20 世纪 80 年代末 90 年代初盛行的整体性教育改革，这一改革从开始就打上了这种辩证系统论的浓厚色彩。如在阐释学校领导的整体效应时，有学者认为，系统科学揭示了整体可以突破个体的局限，获得个体所不能达到的效果（《试论学校领导的整体效应》，李保强，1996）。而在对知识与能力关系的探讨中，有学者认为，只有将有效保证人们进行认识活动的稳定心理特征进行有机结合，才能称为智力，因而对智力的判断是一个有机的确定性系统（《论智力、能力、非智力因素》，燕国材，1984）。与此相类似，系统论成为理论与现实间的中介性纽带。正如有学者对新时期我国教育学方法论总结时所阐释的，关于独立的教育学方法论建构虽然提出的基本假设和理论构想各有不同，但共同的是学者都不约而同地呈现出哲学层面、中介层面和实证调查层面的三层次特点。作为中介层次的系统论无疑在这种方法论体系中发挥着重要影响。

综上所述，体系化科学依据的解释原则一个重要特征就是将马克思主义用经验科学的眼光对待了，而经验科学从思维方式上最为本质的特征就在于将思想与表象的直接同一承诺为思维把握现实无条件的前提。正如黑格尔在《小逻辑》中对经验科学特点的概括："一般经验科学""所包含的普遍性或类等等本身都是空泛的、不确定的，而且是与特殊的东西没有内

① 马克思恩格斯选集：第 3 卷［M］. 北京：人民出版社，2012：920.
② 刁培萼，丁沅. 马克思主义教育哲学［M］. 上海：华东师范大学出版社，1987：12.

在联系的"。所以一个自然科学家会用事实去验证假设，但永远也不会追问"我头脑中的事实和眼前的事实是同一件事吗？"因为科学必须也只能将直接的事实或脱离内容的形式作为自己根本的依据，一旦超越将思维与存在看作无条件的同一时，对科学问题的追问就获得了哲学反思的意义。这也正是现代物理学的"测不准原理""薛定谔的猫"往往超越物理学的领域而被理解为哲学观点的根本原因。同样道理，当教育学效法自然科学试图成为体系化的科学时，一方面，教育学在一种感性的教育现实中去寻找客观的确定性，把教育理论的真理性变为在系统教育实验中寻求感性确定性的问题；而在另一方面，从思维上，教育基本理论研究又在普遍的形式中去寻找客观的确定性，把教育理论的真理性变为形式逻辑的自洽问题。但是，在事实和形式的每一方面，事实是脱离了思维的事实，形式是脱离了内容的形式，所以才能在此基础上确立起超越个别的抽象的普遍性。正如恩格斯对经验科学中的常识性思维所描绘的，"是就是，不是就不是，除此之外，都是鬼话"，有教育学者也将这种体系化教育学的研究过程描绘为"搞科学就要寻求真理，是就是，不是就不是"①。从这个意义上讲，这种把马克思主义视作体系化科学之依据的思维方式，实质是在运用和理解马克思主义的过程中把马克思主义科学化了。

但与此同时，我们必须清楚地意识到，在教育基本理论研究对马克思主义的发展中，不同的思维方式绝不是黑格尔笔下"厮杀的疆场"，我们决不能说在后来实践唯物主义和日常文化批判的思维方式出现后，体系化科学的思维方式就成了一具冰冷的遗体。不同的思维方式构筑的对马克思主义的认识体系只是在解释原则上的不同，后来的思维方式对前人的超越实质是解释原则的超越，即理论在与现实对话中展现了更为深刻的逻辑力量。体系化科学的思维方式就其作为一种独立的思维方式而言，确是自洽而完整的，并且在相当长的时间内仍会持续存在，而其存在的合理性就在于，教育学作为一种实践性的人文社会科学，其思想的实在性最终要在表象中展现出来。人们可以允许一种哲学只给予人对现存世界崇高的理念，让人面对一切困难都有将理想付诸实践的动力，但是人们不能接受一种教育学只给予教师"儿童中心"的信念，虽然这种教育学能够开拓教师反思实践的思路，却在直观表象中无法落实。所以不同于哲学和历史学等其他人文

---

① 王铁，滕纯，顾明远，等．进一步解放思想，搞好教育科学 [J]．教育研究，1981 (4)：11.

社会科学，在经验表象上的实现是人们对教育学永远的现实诉求。正是如此，时至现当代，项贤明先生还在《教育学作为科学之应该与可能》中论及，受社会科学本身复杂化及体制化学术联系的影响，社会科学与现实教育领域的鸿沟已日益扩大，需要教育学科学化以解决问题。而库恩的"范式"理论作为一种对自然科学史的考察，被应用于审视教育学的理论发展，也从侧面说明了现代教育学的发展无疑延续了体系化科学的旨趣。

（二）作为实践唯物论的马克思主义发展

早期科学化思维方式的教育基本理论研究在追求思维形式的完整与自洽的同时，其朴素直观化的思维也在教育研究的过程中暴露了一系列问题。这些问题在认识和运用马克思主义的过程中体现为，既然客观的教育事实无非是纯粹的物质性表象，而教育思想只是主观思维的成果，那么教育思想如何能真实地反映进而指导教育事实领域中的问题？由这一问题进一步发展，凡是与人的生理、物理环境相关的教育问题实质只适于在个体的、物质的范畴进行解释和理解，凡是与人的情感、价值等相关的教育问题实质只适于在社会的、精神的领域进行理解，这就必然造成在分析教育问题的过程中辩证唯物的自然观与历史观的分离。虽然在理论的表述中不乏相关学者坚持"个人与社会""自然与历史"的统一，但这种统一实际只是悬置了思维内容的形式同一，而非内容的辩证融合。在这种体系化科学的思维方式下，马克思主义也只能相适应地表征为凌驾于具体分支学科之上的"科学之科学"。所以，在早期教育基本理论研究对马克思主义的运用中，将马克思主义从领域划分的视角肢解开来也是基于其思维时代性水平的特定选择。

而这种思维方式的转变是通过实践观点深化对马克思主义的理解实现的。实践作为主客体相互作用的活动，以实践观点认识教育现实的客观意义必然要求教育现实不再是一种纯粹直观化的客观性，而是打上主体烙印的自为存在。在这种实践观的基础上，对现存教育问题的理解也不能再停留于"理论静观现实"的理解，实践成为认识的基础必然要求对教育问题不能只从外部进行形式化地剖析，而应将问题的本质看作社会历史发展的结果。这就需要在马克思主义的理解中坚持唯物辩证的自然观与历史观的统一。所以这种以实践观点为核心的思维转向绝不仅仅是承认感性活动的作用，而是暗含着教育基本理论研究对马克思主义运用和理解的思维变革。参考哲学对马克思主义历史发展的相关总结，这种思维方式表征的马克思主义实质是一种"实践唯物主义"。这一名词最初源于马克思在《德意志意识形态》中的一段阐释，"实际上，而且对实践的唯物主义者即共产主义者来说，全部问题都在于使现存世界革命化，实际地反对并改变现存的事物"①。在这种阐释中，马克思系统地提出实践不是一种自然态度中的感觉活动，包含人的认识活动在内，都是对现存世界的"革命化"活动，是一种目的寓于手段之中，历史与现实的统一。而这也是教育基本理论研究超越体系化科学思路中"客观地、直观地"把握教育问题，实现理论思维升华的锁钥。与自然态度中的符合论不同，实践的观点强调，表征理论与现实的人与世界的关系是一种在否定中实现的统一关系，"世界不会满足人，人决心以自己的行动改变世界"。这就自然将"教育理论如何符合教育现实"的问题变为"教育思想如何在批判现实中展现自己客观性"的问题。从思维逻辑上，基于实践的认识论就必然要求教育学从一种领域划分下的"向外寻求"转向更加关注教育学的本己立场，尤其是教育中的人身。而这种思维方式在发生的早期阶段，集中展现为教育学科自我意识觉醒的相关问题。

1. 体系化科学的反省与教育学科的自我意识

早期实践唯物论的解释原则是在针对体系化科学的批判中逐渐发展起来的。实践唯物论解释原则的产生，一个重要的动机就是解决传统教育学中追求人身外教育现实的客观性，从而从根本上解决将教育学在主观与客观、物质与精神诸范畴割裂开来的相关问题。但是，在教育学的实际发展中，体系化科学解释原则的弊端并不是在解决教育实践的问题中暴露的，相反，它是在体系化建构的自身反省中，尤其是教育学在科学化追求的道路上遇到阻碍时才被进一步认识的。因而，实践唯物论的解释原则实际发端于教育学的学科意识自省。

以科学化取向将教育学建构为一门体系化学科，这一教育学发展的重要动力就在于试图树立教育学学科的独立性。在这一发展过程中，推动教育学发展的两条重要路径分别是西方先进教育思想的引入和对教育学学科结构的形式反省。在体系化科学解释原则的末期，这两条路径逐渐引发困扰教育学发展的两大理论问题，一个是传统教育与现代教育的关系问题，另一个是有关教育学的逻辑起点、教育学的学科属性等一系列元教育学问

---

① 马克思恩格斯选集：第1卷 [M]. 北京：人民出版社，2012：155.

题。在对传统文化的探讨中，有学者认为，教育学对待传统文化不能将其视为一种僵死的材料抽象地认识，而要在"活着的传统"中对其进行批判地继承，剥离了历史背景抽象地看待传统文化是违背唯物史观的①。还有的学者针对现代西方教育思想的引入提出，我国在体系化教育学的建设中虽然引入了大量的西方思想，但是这些西方的教育思想很多只停留在翻译和介绍的层面，而没有真正发掘思想内容，尤其是对西方教育理论的发生机制尚缺少真正的探索（《教育理论研究的走向》，吴康宁，1992）。在与元教育学相关的理论问题中，一批对传统教育学的反思研究也深刻地打上了马克思主义的烙印。较为典型的，如有学者借鉴马克思在《资本论》中体现的研究方法——马克思在论证过程中以商品为思考起点和母题，提出教育学也应当效法这种认识方式去解决自身的体系建构问题，这就产生了有关教育学学科逻辑起点的问题②。但无论是对西方思想引进的反思还是对元教育学的研究，这一时期的反思性研究实质还是一种科学化取向的探索。如在对教育学理论研究如何展现传统特色的问题上，有学者按照人类教育活动的一般规律、同类国家的教育规律和特定民族国家的教育规律将这一问题分为三个层次，从各个层次之间的关系出发试图说明教育学建设中中国特色所应有的定位，虽然这种方式从思维上看还是一种将客观事实直接置于形式标准来认识的科学化思路。而在对元教育学的批判反思上，最具代表性的要数 1996 年前后对教育学"终结"问题的大讨论。该讨论以吴钢的《论教育学的终结》为导火索，以郑金洲的《教育学终结了吗》为争论起点，陈桂生、周浩波等学者也参与其中。在这场争论开始，吴钢先生就提出，在走向分科化的时代，教育学被肢解为在不同学科领地的各为其主。而这种体系化的教育学必然面临肢解的根本原因在于，在赫尔巴特那里被公认的规范教育学就在哲学假设和操作性手段间被截然分开了。在吴钢先生看来，元教育学试图从学科体系出发去解决这个问题也是不会成功的，

---

① 相关代表性的研究如罗国杰在《中国传统伦理教育的分析》（《教育研究》，1987 年第 3 期）中提出的，全盘西化的思想只会把人民引向金钱至上和利己主义的斜路上去，为此，我们应坚决反对民族虚无主义的做法而合理地看待传统伦理与现代的关系在于坚持唯物史观的立场。李锡槐在《在中西文化交流选择中加强学校德育》（《中国教育学刊》，1990 年第 6 期）中强调，对待中西方文化应一分为二地看待问题，应"用历史条件、阶级实质、个性与社会性的辩证关系等去消除他们认识上的片面性"。

② 该方面较有代表性的研究如周浩波、迟艳杰的《教学哲学》中有关"逻辑起点的探索"，郭元祥的《教育的立场》中有关"教育学逻辑起点研究的若干思考"，等等。

原因在于元教育学的研究方法乃是一种教育哲学的方法，所以仍是在分支学科的立场上去解决学科分化的问题。在此基础上，吴钢先生总结到，教育研究的动力并不在于教育理论本身，而是教育实践和实践中产生的问题，像元教育学这种研究思路属于咀嚼老问题，在解决的思路上缺乏新意可言。为此，郑金洲先生提出反驳，他认为吴钢先生的观点只看到教育学自身分化的一面，没有意识到分化中蕴含着综合。

无论是对西方引入的反思还是对元教育学的思索，这种对体系化教育学的反省，实质批判的是传统科学主义思维中朴素化、直观化认识世界的方式。在这种思维方式中，中西方教育思想内容的差异只能根源于不同经验世界的差异，而忽视了认识方式的能动作用，这使得现代西方教育与中国传统特色在不同领域中被割裂开来，西方引入成了事实性介绍，中国传统特色成为脱离历史的抽象判断。为此，吴康宁教授针对教育理论研究的走向，在论及研究外国的价值时强调，只有站在特定国家或民族，以及同类群体的基础上，才能真正把握人类教育活动的一般规律，也才能真正摆脱单纯介绍性研究的弊病。西方思想的引入不是对西方教育思想进行简单的形式归纳，而是一种新进思想在特定历史内容中如何展开的问题。针对中国教育传统，丁钢先生和严先元先生也在各自的研究中强调，我们对民族教育的传统进行理解时，不能直接从传统教育的事实经验或某种抽象论断出发，而必须了解民族文化的结构和特征，在结构和特征中尤其是在政治伦理化与教育政治化中把握教育传统。在教育学分支学科"领域侵占"的问题上，正如周浩波先生强调的，分化本身乃是源于将教育学按照事实知识的视角进行分裂，但是作为事实知识的类别标准（如隶属政治、经济、社会等）必须具有先在的不可通约性才是真正的分类。所以不能真正综合的"强行综合"，从本质上仍然摆脱不了"剪拼"的命运。为此他认为只有按照现象学的思路，"回到事件本身"去认识教育领域中各分支间的关系，才是回应"终结"问题的应有之径。从这些针对体系化问题的解决道路不难看出，无论是面对中国教育传统还是学科分化下教育学的独立地位，论辩中形成的解决方式都是在不断进行理论的自我批判中试图实现学科自我意识的寻求。正是在这一过程中，教育基本理论研究开始逐渐自觉到教育学的学科独立性不能是一个依赖外在客观事实的科学化问题，而首先必须是一个理论自我批判的学科自我意识问题。正是这种教育基本理论的发展反哺对马克思主义的认识和理解，使得学者们开始意识到教育理论对问题的理性认识不同于经验科学可以直接寻求事实来验证。较有代表性的如方展画先生针对教育体系科学化的追求指出，理论联系实际并不是要求教育科学理论建构必须直接求诸教育实际问题，更不是要求教育科学理论成为教育实际的概括和抽象。在方先生看来，正如恩格斯强调的，这种理论建构的特性正是由于"从现实世界抽象出来的规律，在一定的发展阶段就和现实世界脱离，并且作为某种独立的东西，作为世界必须遵循的外来的规律而同现实世界相对立"①。无独有偶，郑金洲先生在回应学科分化下教育学的独立危机时也强调，判断基本理论研究的实践价值，不能完全根据实效制定标准。这些探讨说明，我国教育学者已经开始普遍自觉到，在马克思主义与教育学反思的问题上，运用马克思主义以科学化取向建构教育学体系是会遭遇不可避免的弊端的，一方面，教育学在追求抽象的普遍性中将马克思主义形式化了，这使得教育基本理论研究接受马克思主义的指导，异化为游离于教育问题场景之外马克思主义对教育实际的抽象指挥；另一方面，教育学在朴素唯物水平理解马克思主义则将教育现实直观化了，从而使得教育学的"科学性"往往异于纯粹事实的效验，这就引发教育学分支学科对教育学的"肢解"问题。

正是在这种教育学学科自我意识的反思中，基本理论研究以自我批判的方式揭露了纯粹客观的、脱离人而存在的教育现实在理论认识中的虚妄。恰恰在这一时期，伴随着主体性哲学探讨的兴起，传统教育中由工具理性导致的种种弊端使得教育基本理论研究开始逐渐转向教育中人的主体地位问题。教育学不能再通过一种形式的抽象或是单纯的感性确定性来作为独立学科的基础，相反，必须从教育学有关人的主体地位理解出发，才能真正探寻有关教育学独立学科属性的相关问题。

2. 教育学中人的转向及其实践意蕴

教育学中人的转向是反思以科学取向建构教育学体系的产物。这种人的转向实质是针对科学主义解释原则的变革。因为传统体系化教育学的研究根本上是将教育理论把握现实的客观性理解为教育表象的确定性或形式逻辑的自洽性问题，从思维的过程上讲，是"观念符合对象"，这种思维方式将概念与现实的直观同一直接作为思维把握现实无条件的前提。而人的转向作为解释原则的变革则要求不应寻求外在感性来证实教育理论的真理

---

① 马克思恩格斯选集：第3卷［M］. 北京：人民出版社，2012：414.

性，而首先应将人对主体的自我意识作为我们认识教育现实的逻辑前提。这一思维规定，对教育理论研究的前提性追问就是，如果我们都不能清楚地认识人自身，对人的研究而言，什么是客观真实的教育现实，哪里有值得探究的教育问题。从思维方式上看，这种人的转向背后必然要求人对世界的认识不是直观地去肯定世界，人与世界的关系是一种从怀疑出发否定性的统一关系。没有对这种否定性统一的认识，实践就永远只能作为一种外在活动的经验表象或自然态度中的感觉活动，而无法真正被理论化认识或把握。从这个意义上说，人的转向在体系化科学转向实践唯物论解释原则的过程中具有承上启下的意义。

在教育学的发展中，反思独立教育学的学科自我意识使我们逐渐自觉到，教育基本理论的自洽性不能靠纯粹外在的感性确定性真正树立，而首先必须是一个理论的自我批判问题。但是这种自我批判面对的历史条件不是一种纯思辨的传统，而是以发扬教育实证研究、推崇形式主义在论证中的作用作为体系化建设的追求。这就必然决定了从学科自我意识到人的转向的过程中，我国的教育基本理论研究不可能像德国传统中本纳的《普通教育学》对赫尔巴特《普通教育学》的革新一样，在理论思维的内部逻辑中寻找突破口。相反，这种发展必须首先从针对现实教育问题的科学实证研究中寻求前进的方向。教育领域当时面对的最大的现实任务，就是教育如何看待市场经济的发展和思想领域科学主义的兴起，所以在我国教育基本理论研究中，人的转向主要是在两股思潮中实现的。一股思潮是在教育与市场的关系中，市场经济中的公平竞争、平等交换等理念要求人的主体地位；另一股思潮是在科学与人文的关系中，传统教育学对唯科学主义的批判逐渐产生出对教育学的人文性，亦即对人的意义的追求和探寻。在这种转向的过程中，教育学者逐渐摆脱了将教育现实视作直接经验的实体化理解，而将教育事实看作个人与社会交互的结果。具体而言，针对教育与市场的关系，我国教育基本理论研究在该方面很早就提出了有关人的主体性问题。在1988年时，刘卫华、肖远等学者便提出计划经济体制代表的制度文化蕴含着个性对共性、个体对群体的服从，而市场经济体制则是强调个人在社会整体中的重要作用和人的主体地位（《引进市场机制与发展个性意识》，刘卫华，肖远，1988）。但是，在这种认识中，主体扮演的角色仍是在经济生活中针对人的"类抽象"，而后直接将这种抽象属性直接迁移到教育领域中来，所以这一研究没有真正考察主体性在教育历史中的实现。

但是在实践唯物主义解释原则下，教育基本理论对这种教育与市场关系中人的主体性的理解，一个重要特征就是一反传统将主体性视作关于类的抽象，而是在市场经济所表征的人的境遇中，尤其是市场经济下人的物化生活中理解人的主体地位。如鲁洁先生在论及德育对人的主体性树立时指出，资本主义的市场经济制度表征的个体是彼此孤立、单子式的工具理性存在，这种单子式的存在在观念上造成了个人主义与拜金主义的顽疾。为此，鲁洁先生以存在主义哲学家萨特在吸收马克思主义后发生的思想转变为例，指出萨特在接受马克思主义后不再坚持有孤立化的个人的观点，这启迪我们在运用马克思主义实现对人的主体性反思中，不应将主体与社会的关系看作抽象的二元对立关系，相反，在马克思主义那里社会从不是人身外的抽象之物，人的社会化恰恰表征了个体成为主体的过程是一种对象化的实现。与此相近，张天宝在阐明主体性教育的基本理念时也指出，我们在批判传统"个人片面服从社会"的理念而转向人的主体性时，应充分借鉴马克思强调的"应当避免把社会当作抽象的东西同人对立起来"①。作者认为，欲超越这种将社会看作一般形式抽象的认识，就必须用类主体的概念取代单纯的个体主体概念，才能自觉到人在市场经济中的主体性不再是一种单个人所固有的抽象属性，而是人在社会交往中获得的"类"存在感。这种有关经济生活中人的主体性关注也让我们在对马克思主义的理解上超越单纯文本挖掘的层次和形式演绎，进而提出在人的生存中理解马克思主义的要求。最有代表性的如王逢贤先生对马克思主义中的异化概念与全面发展理论的探讨。在该文中，王逢贤先生指出，马克思主义的异化理论蕴含着关于人及其全面发展的历史辩证法。受"文革"以来"左"倾错误的影响，长久以来我们往往将异化理论和资产阶级的人道主义混同起来，把马克思的异化理论当作不成熟的思想或修正主义来批判。为此，只有理解全面发展是一种超越异化对人的本质的全面占有，而后我们才能避免将全面性当作经验事实的"面面俱到"。类似的探讨无疑将我们从理论与事实间单纯的"符合论"中解放出来，真正在时代精神和人的境况中去审视马克思主义。

而在科学与人文关系领域所实现的人的转向，则集中发生在世纪之交。在对唯科学主义的批判中，诸多学者集中探讨了教育研究对人主体性关注的价值，如在对德育理论发展的概述中，有学者认为德育理论的未来趋势

---

① 马克思恩格斯全集：第42卷 [M]．北京：人民出版社，1979：122．

就是实现科学化与人性化的整合。在这种整合过程中，普遍性的道德规范尚处于一种抽象的形式规定，缺乏真正的内涵，道德规范只有经过个体的内化和转化，才能真正在现实中发挥具体的规范性，人的主体地位的突出重要性就在于此。王坤庆先生在谈及中国教育哲学的发展问题时亦强调，我们只有超越将个体身处的现实世界单纯看作由先天生理因素决定了的自在世界，才能真正将教育中的人置于社会历史的主体地位。这种先天的生理条件一旦置于人的现实世界中，就已经不再是人身以外的现实了，而是经过人的劳动，尤其是各种生活实践活动改造后的现实。为此，学者普遍强调，我们在实现科学与人文整合的过程中，应该超越科学主义对待人技术化、实体化的目光。正如有学者针对"因材施教"的责难提出的，在对"因材施教"中"材"的概念理解中，仍存在将学生看作技术性、对象化的"材料"这种错误理解。为此，这些学者建议，应改"因材施教"为"因人施教"，真正将学生视为有自主发展权、能够自主学习的主体（《"因材施教"的历史演进及其现代化》，张如珍，1997）。同时，在教育学的研究方法上，正如扈中平先生强调的，我们在坚持教育研究的科学性的同时，应当看到教育学研究中自身的主观性和价值性相对于自然科学并不是短板或弊端，而是教育学作为一门人文社会科学生命力的体现，教育学研究在未来必须坚持科学人文主义的方法，才能促进基本理论研究更好地发展（《教育研究必须坚持科学人文主义的方法论》，扈中平，2003）。

这种经济生活中人的主体地位与科学人文主义对传统解释原则的变革就在于，体系化教育学强调的规律性是一种抽象的普遍性，因而重建初期的教育研究虽然也不缺少对市场经济与教育、人的主体尊重相关探讨，而这种主体终归是一种类的抽象性。而教育研究中的"人的转向"则提出，在这种市场经济和科学主义冲击中，人的主体不仅仅是一种外在的经验表象或类的抽象，更是一种特定社会历史中的生活形态和存在方式。只有在这种特定的存在方式中，实践才能作为我们认识世界的方式与自然态度中的感觉活动区别开来。同时，对马克思主义的理解才能超越实证主义的水平而真正实现唯物史观的认识，即马克思主义指导下现存教育问题的内涵是社会历史发展的结果，而非预设化的抽象前提。正如石中英先生在谈及教育知识中人的形象与全面发展关系时所阐述的，现代教育知识中"制造人"和"劳动人"的形象揭示了劳动本身不仅仅是一种生存活动的表象，更是人现实的生存状态。正是在此水平下，我们才能真正超越将教劳结合看作纯粹经验活动的认识，才能从"教育与生产劳动相结合是促使人的全面发展的唯一方法"这一命题真正体会到正是在实践中"自由自觉的类本性达到充分展开的状态"①。但同时，我们还应清醒地看到，这一时期有关"人的转向"的研究更多是一种呼号式的承诺，没有在思想的内容中获得充分的展开。而这种展开首先体现在教学领域对主体性的认识上，集中体现为对对话理论和交往实践的探讨。

3. 教育中的主体对话与交往实践

教育基本理论研究通过人的转向开始将实践作为把握世界的方式，从而对教育中人及其主体地位的理解也因实践观点而发生变化。在实践中，对象外在的规定性消解了，使得包括教育现象的一切事实从自在存在真正成为"为人"而存在。与此同时，人又将主观的价值附加在外在对象上，将现实性转化为目的性。所以，实践自身即是一个人与世界交互作用的关系式范畴，人的实践性存在，从一定意义上也是人的关系式存在。这就要求教育基本理论研究在对人的理解上，不能再将人视作一种孤立化的表象，而必须自觉到人自身的主体地位，只有在人与世界、人与人的关系中才能真实地理解。这就是教育研究从人的转向发展至主体对话和交往实践内在的思维逻辑。

早期对对话理论和交往实践的研究是为了解决教学领域中人的主体问题的诞生。在研究人的主体问题的过程中，教学研究发现，传统片面灌输式教学的弊端在于往往将学生看作一种工具式存在，忽视了教育教学中人的主体地位。在此基础上，教学领域向教育基本理论研究提出探索人的主体性要求。但是受到早期主客二元对立思维的影响，教育基本理论研究一直以来都是将教育中的主体视作相对客体而存在的。按照这种逻辑的阐释，在实际教学中，相对于主体地位的教师，学生往往处在客体地位。这样一来，如果将教育中人的主体性面向包括教师和学生的整个教育领域，就发生了怎样看待学生自身在实际教育中的主体性失落问题。这一教师和学生间的主体性矛盾要求教育基本理论研究必须在新的理论框架内给予合理的阐释。

而有关这种教学反思的主体性阐释是在交往实践理论中开启的。正如张广君先生指出的，无论是叶澜先生提出的"教育形态交往起源说"，还是

---

① 石中英. 重塑教育知识中"人的形象"[J]. 教育研究，2002（06）：18.

维果斯基在历史文化理论中阐释的"文化发展过程说",都强调人在教学中的一般存在形态是交往。而传统的教学理论在理解师生关系时,虽然也谈及课堂教学中的交往关系,但这种关系往往被理解为支持教学的外部条件,没有从教学中人与人的关系、人的存在方面进行理解,这就阻碍了我们正确认识教学中人的本质。这种针对教学中交往和对话的研究扩展至教育学的其他领域,进一步发展为运用交往实践理论和对话理论分析教学中的师生关系问题。

较早提出教育是一种交往实践的学者是叶澜先生,在其著作《教育概论》中,叶澜先生认为,教育是人类交往的一种特殊形式,教育与交往的关系是特殊与一般的关系。在后期的《教育研究方法初探》中,叶澜先生针对这一论点的形成提出了更为缜密的理论论证。在该书中,叶澜先生指出,马克思主义对待特殊和一般关系的思维强调我们应从研究对象本身出发,探寻对象内在的特殊结构,将这种从特殊向一般的抽象作为研究的起点。而教育活动的基本要素所构成的是"人—人"系统,区别于单纯物质生产的"人—物"系统。这种"人—人"系统结构在马克思主义理论里的现实表征就是交往,所以教育应在交往实践的范畴中处理并思考自身的问题。叶澜先生的这一观点及其思考路径对后来的教育研究产生了深刻影响,较为典型的如项贤明在《泛教育论》中对"泛教育"的认识思路便是先从具体的教育事实出发,抽象出体现教育独特属性的一般结构,而后将这种结构推广至超出传统教育的其他社会领域。在这一过程中,项贤明借助交往实践定义教育的独特属性,从而提出教育应从学校教育的狭隘视野中走出,真正成为包含社会、家庭等广泛的意义范畴。与此同时,从交往出发试图对人的主体性进行理解,自然就引发了两个问题:一个是在形而上层面怎样看待教育中不同主体间的关系以维系平等的主体地位;另一个是怎样在实际教学中利用交往精神促进师生关系的发展。对于前者,相关学者提出,传统教育理论对主体性的阐释实质是一种以"主—客"体为基础的单极化理论模式。在这一模式下,教育往往成为一种控制和形式训练,把教育中的教育者与受教者之间的关系简化为一种单向的知识传递关系,因而实质是一种科学世界中的关系。在这种科学化的思维中,即使双主体关系也难逃被沦为"主—客"关系的命运,例如,在将教授行为理解为"教师主体"而将学习行为理解为"学生主体"的时候,其实质仍是一种"教"与"学"机械组合的两极化模式。为此,有学者提出,应真正将教育中的交往看作主体与主体之间的直接交流，真正将交往看作人实现其社会性本质的基本条件（《论交往的教育过程观》，冯建军，2000）。在利用交往精神促进师生关系发展的相关研究中，对话理论受到普遍关注，而对话理论的发展除了由于这一时期教育基本理论界受到哈贝马斯交往理论的影响外，更重要的是受到马丁·布伯在《我和你》中阐释的世界观的影响。马丁·布伯在吸收了存在主义的合理内核后提出，计算理性世界作为一种科学分析化的世界，它所表征的人与世界的关系是一种"我和他"的关系，而真正的"人与人"的世界及其交往是一种"我和你"的关系。这一思考无疑暗合了超越"主—客"体单极模式实现双主体对话的研究发展趋势，并为教学交往中人与人平等的主体地位提供了合理的分析框架。这种对话理论反映在对传统课堂教学的认识变革上，学者们普遍认为，师生之间的对话交往有利于消解传统教学中"二元对立"的师生关系，使得课堂中的师生不再是一种以知识为中介的教师对学生的单向灌输关系，取而代之的是一种"我与你"之间的对话关系。正如刘铁芳在论及教育中的交流阻隔时提出的，教育作为一种良性的交往，不仅是一种师生关系、生生关系的前提，还是良好教学的现实结果。在片面灌输甚至不惜打压学生思考空间的教学中，不可能在师生、生生之间真正实现平等的良性交流。在此基础上，有学者将对话理论深入至师生间交流的形式，从而提出传统"主—客"体师生间的单极模式实质是建立在教师权力宰制的"我与他"的交往基础上的，所以这种表面的交流实质上是一种独白式的教学话语，而真正作为对话的交流则强调正是在交流中主体才能真正地自我实现。

交往实践与对话理论作为对人主体性问题的丰富和发展，真正将主体性问题从一种承诺式呼吁和抽象前提中解放出来，揭露了主体性问题在现实教育领域中真实的矛盾与冲突。正如相关学者在对教育中的主体性研究进行梳理后指出的，传统"主—客"思维中的主体性理论虽然强调人的主体性意义，但是这种主体必须站在一种单极化的立场上相对于某一客体才能真正存在。因而这种主体性的确立往往在现实中表征为主体对客体的侵占和一种单子化、远离社会的"孤独鲁滨孙形象"。而交往实践及对话理论则为主体际的交流提供现实可能，从而将人的主体性探讨从"主—客"体的单一视域下解放出来。

与此同时，在这种交往实践与对话教学的研究中，人的主体在认识中的逻辑先在意义也得到进一步深化。这根源于作为主体际的交往如果要想真正超越"主—客"体的认识视域，而不是在像"教授中教师为主，学习中学生为主"这样一种教与学实质分离下的机械耦合，就必须避免将交往单纯地看为一般社会活动的表象，而要将交往作为人现实存在的方式加以理解。正如有学者针对交往的教育过程观进行批判时强调到，关于交往实践探讨的末端之弊往往忽略了一般社会交往与教育交往之间的具体差别，导致了交往观下的教育意义仍然局限在传统单向传递说的范畴内，没有走向实践生成说。更值得一提的是，有学者在对交往的教育观展开批判时指出，当交往自身只是被看作一种经验活动时，往往掩盖了真正的教学最终实现的是一种学生改造自身的自我教育。所以交往作为一种理解教育的范畴，最终服务的应该是学生自我建构的过程。这种将交往看作一种"返身主体"的过程进行理解，彰显了人在教育实践中获得的主体性不是一种静止的规定性，而是一个动态的历史过程，正如马克思在阐释历史与现实的关系时强调的，人只有成为他自己历史发展的结果才能真正成为他自身的前提。为此，有学者在探讨教育中人的主体性与实践唯物主义的关系时强调，将教育中的交往仅仅看作纯粹的经验活动，这种理解还是一种在静观现实中单纯对教育实践的描写。而与之相对的实践性主体则要求真正的交往本身就是一种返身主体的自我实现过程。正如冯建军先生强调的，社会关系不是我们身外的束缚，我们正是在交往中，在由交往产生的社会关系中获得关于我们每个个体的本质规定。因此这种由交往产生的人的主体性从一种单纯的认识主体转向真正的实践主体，这种理论思维的发展从认识论上必然要求教育学对现存的教育问题也要从人的实践及其历史去理解。为此，有学者在对交往的教育课程观进行批判反思后得出"马克思的实践唯物主义才是我们理解教育本质所应持的基本、科学的观点"①。这恰恰反映出交往实践对发展实践唯物主义原则的启迪之功。

但同时我们还应清楚地意识到，交往实践和主体对话中人的主体性同马克思对人的主体性理解还有相当大的差距。这种差距主要来自教育基本理论界虽然已经自觉到主体性问题不是单纯靠对外在经验进行形式抽象可以解决的，相反，主体性追问的实质是人在现世的意义。但是这种意义说到底仍是理论"静观"思维运动的结果，不是教育生活中人的存在过程。正如有学者在对教育中的交往进行批判时指出的，所谓"双主体"的认识

---

① 张应强."交往的教育过程观"批判 [J]. 教育研究，2001（08）：29.

只是强调学生不应被当作物来看待，但是其实际的主体地位仍是由教育者赋予的。这种主体主义的"蒙蔽"使得交往实践中的"双主体说"遭遇了和传统"主—客体说"相同的理论困境。这种困境要求在交往实践和对话理论中发展的主体性理解必须超越一种将主体看作"抽象实体"的认识，从思维的逻辑上表征为在转向生存论中将实践视作人的存在方式和存在过程。

4. 生存论转向与教育中人的实践性存在

交往实践和对话理论作为实践唯物主义解释原则的重要发展，真正完成了人的主体性转向，超越了传统对马克思主义实践观点实体化、表象化的理解，开启了教育基本理论研究对人现世意义的探寻。但是对话理论和交往实践作为实践唯物主义的发展，一个深刻的弊端在于，这两种理论在具体研究中对人的主体性理解仍处在"抽象实体"的水平，没有在人的存在方式尤其是存在过程中进行考察，这导致在具体的教育基本理论研究中，或者"对话"和"交往"被表征为一种对经验活动的形式抽象，或者人的主体性成为一种空泛的人道承诺。前者具体体现在实际的理论研究中，教育活动作为交往实践往往被运用为教育领域中的"一般社会交往"。而后者在具体研究中表现为对思维行程中的"返身"主体变成对师生交往内容的形式概括，割裂了主体性与主体的存在过程。而从马克思主义的立场出发，正如马克思强调的，"主体的物化，也就是实在的自由"①，主体的异化尤其是当代资本逻辑中人对物的依赖下相对独立的存在，在马克思看来都不能只被简单地理解为一种主体性失落或遮蔽，而就是主体的存在境遇本身。隔断了这种主体的存在境遇，主体性的实现就无从谈起。在此层面上，马克思主义对主体性问题的生存论意义，就是实践对人主体性实现的价值和意义。教育基本理论只有达到生存论水平看待人的主体性形成，才能真正展现实践的社会历史性。这决定了教育基本理论研究必须从生存论出发揭示在实践中人存在的本质议题，才能超越外在化的眼光审视实践和单纯通过概念去描述实践。

早期对实践的生存论意义探寻建立在有关人的主体性探讨的基础之上。由交往理论兴起的主体性反思，使得教育学界开始自觉到真正的主体不是一个抽象的现存物，而是人生在世的意义。只是这种意义在交往理论的研

---

① 马克思恩格斯全集：第46卷（下）[M]. 北京：人民出版社，1980：112.

究中总体上还是一种抽象的实体，而不是人的能动精神。为此，学者们开始探寻人的主体性作为一种类存在及其实现的过程，这就是关于生存论转向的思考。展现在教育基本理论的研究中，最早提出以生存论视角看待人的主体性主要针对有关教育起点的哲学理解，相关研究从人的存在特点出发，突破以往教育学话语中对存在作为"客观自在实体"的理解，创造性地提出了"存在就是使存在物如其所是的力量"①的观点。有关教育起源的观点已经在元教育学研究中经历了充分的探讨，值得注意的是，这种教育起点的探讨同元教育学研究时期的本质差别在于，在元教育学研究时期，无论是劳动起源说还是重演论，尤其是劳动起源说虽然引用了马克思主义的相关教育论述，但就其思维的本质而言都是把劳动和重演看作一种对经验表象的形式抽象，没有看到人存在自身能动的意义。但是这种将存在定义为"如其所是的力量"的观点，不仅超越了这种形式化的局限，更为深刻的是揭示了存在的本质不是一种抽象的实在物，而是存在的过程本身。由此引申开来，教育基本理论研究界开始逐渐自觉到马克思主义的实践观点对我们理解存在的意义就在于，马克思强调对象只能是一种"我"的本质力量的确证，只能作为一种主体能力的印证"为我"而存在，在这一过程中，这种本质力量的确证过程实质就是人的实践过程。从这个意义上讲，人是在实践中展开自身的生存结构的②。正是在这种实践性存在中，个体身处的教育活动便不再是一种与主体脱离、外在化的"客观"现象，而是真正成为主体本质对象化的表现。这种有关生存论的思考作用于实践唯物主义的解释原则，使得教育学界对实践的理解逐渐摆脱了将实践看作自然态度中的感觉活动或抽象的主客关系，从而超越了教育理论对实践"概念描述表象"的认识水平，真正在概念的范畴中把握实践、反思实践对教育学理论建构的意义。

当实践成为人的生存过程，教育基本理论研究则发展出两种代表性的研究路径，一种是将实践作为人"类生命"的体现，另一种是本质主义和

---

① 甘剑梅. 关于教育起点观的哲学阐释 [J]. 教育研究，2003（01）：21.

② 相关代表性的研究还有李秀萍在《新时期主题教育研究应关注的三个问题》（《中国教育学刊》，2005）中提出：主体教育应将学生从单纯的学习主体改造为生存主体。在这一过程中，人的主体性不是单纯从教学关系中获得的，更为根本的是在包括自然、社会在内广泛的主客体关系中形成的。这背后实质强调的就是对主体性形成的认识应超越对教育表象的形式归纳，真正将其视作存在的实现过程。

反本质主义观点的提出。前者集中展现在叶澜先生"生命·实践"学派的相关教育探索中。正如叶澜先生在《回归突破：生命实践教育学论纲》中强调的，马克思语域中人的生命有双重含义，一种是作为自然的生命，一种是作为社会历史层面人的类生命。在自然的生命层面，人与动物是同一的，所不同的在于人的类生命层次。教育作为人类生命的集中体现，是一个在实践中展现人生命属性的过程。而这种生命哲学反作用于教育基本理论，在深化对马克思主义实践观点的认识中，"生命·实践"教育将人的类生命与自然生命区别开来，又将实践看作人类生命的实现过程，揭示出人的实践同纯粹感觉活动的深刻差别。我们常评价一件好的写实艺术品称赞其"活灵活现"，这种生命的"活力"就是艺术家的主观意义在对象化过程中的能动展示。相反，无意义的素材从纯粹经验上可能是比画作更"客观真实"的，但就其"艺术生命力"而言却是僵死的存在。人之于物尚如此，教育这种人之于人的活动更何以堪？这种"生命·实践"的教育探索区别了类生命与自然生命、实践与感觉活动，其背后更为深刻的生存论意义是向我们展现了：就人的意义而言，真正的生命并不是新陈代谢的自在流转，而是主观见之于客观的能动精神。正如叶澜先生强调的，人的意义生命发生中的辩证性就是人的实践性。无论是刘铁芳先生倡导的"教育回归生命"还是冯建军先生提出的生命教育哲学，实质都是这一思考在不同教育问题中的展现。

与这种"生命·实践"教育学理解同时代发生的还有教育基本理论研究有关本质主义和反本质主义的探讨。既然教育中人真正的存在是一种存在实现的过程，那么必然就产生一个问题：这种存在的本质能否被看作一种先于存在静止的规定性，这就引发了教育基本理论研究中的本质主义和反本质主义的问题。较早提出对本质主义批判的学者是石中英先生，在石先生看来，传统教育研究在思维模式上的深刻弊病实质归结于一种本质主义的思维。这种本质主义思维的根本特征是，相信任何教育现象背后都深藏着一个唯一的问题本质，并将这种本质的揭示作为教育研究的最终目的和判断教育知识真理性的终极标准。与此相对，教育学研究只有对本质主义"祛魅"而进行反本质主义的思考，才有可能从单一化、预设化的研究倾向中解脱出来。石先生这一思考的启迪之功不容否认，但是这种本质主义的归纳仍是以一种"概念描述表象"的方式阐发本质主义思维，所以就其思维的过程而言还是一种表象化的思考。如在其对本质主义研究根本特征的总结中，石先生认为本质主义的一大核心表现就在于"物的唯一本质不能通过直观或自然观察来把握，只有通过概念的思辨或经验的证实才能掌握"①。这种对思维过程的描述实质混同了本质主义与唯理主义，对于朴素的经验主义者而言，只相信人认识的真理性来源于自然观察，任何因果法则和规律根本上都没达到经验的确定性，这又何尝不是信奉"绝对相对化"的本质主义呢？为此郝文武先生在谈到从本体存在到本质生成的教育理论建构时论及，无论是本质主义还是反本质主义，都没有看到本质的呈现是一个从绝对走向相对的过程，即没有孤立存在的本质，本质都是在现象的变化发展中才能合逻辑地实现。这种从绝对走向相对的过程实质就是本质对象化的过程。在此基础上，郝文武先生认为，实践是本质的抽象，是行动的具体，正如马克思对"理性具体"阐释的，具体之为具体，是"具有许多规定的综合和多样性的统一"。因而教育实践之于教育理论的意义在于，实践不仅是以一种对教育理念现实内容的具体化和丰富，更是一种思维规定的具体化和丰富。在实践中，单调、干枯的理念规定发展为具有多种思维规定的具体的普遍性。与此同时，当反本质主义的探讨揭示出教育理论的真理性不是追求教育概念对现实的唯一符合，更不是一种抽象的先在规定，也就打破了个别教育知识唯一真理性的权威。正如唐莹在元教育研究中指出的，真正的教育理论应该是一种"民主性的真理"，充满理论与实践间的相互沟通与交流。而恰在这一时期，有关缄默知识和内隐学习的相关理论介绍至教育基本理论领域，使得知识个体化成为反思教育中个体实践性存在的重要议题。缄默知识和内隐学习最早是作为心理学理论被介绍至教育研究领域的，正如相关学者阐发的，在教育改革的过程中，实践者的信念和具体的政策落实常常出现偏差，这些偏差除了我们业已熟知的外显性因素外，还要受到教育实践者内隐性因素的影响，可见，内隐知识提出的早期动力就是去解决教育理论实践的问题。随着对缄默知识研究的深化，学者们开始普遍自觉到传统知识总是超越个体性而试图实现抽象的普遍性，但是这种知识要在个体身上实现，却不能只是一种抽象的普遍性，反之，个体需要在专门化实践的过程中将自身打造为某一领域中的个人，如数学教师一定意义上就是数学专业生活中的个人。正是在这个意义上，由内隐知识引发的知识个体化问题从一定程度上丰富并发展了寓于

① 石中英. 本质主义、反本质主义与中国教育学研究 [J]. 教育研究，2004（01）：12.

实践性存在中的知识与权力问题。正如石中英在针对本质主义进行批判时提出的，本质主义在肯定教育事实背后有唯一抽象本质的同时，也许我们只有透过现象去追求唯一的本质规定才能实现教育理论的真理性。这就产生一种用唯一正确性抹杀掉多样化的知识霸权主义倾向，而由内隐知识引发的知识个性化和实践性知识研究则揭露了唯一抽象本质的虚假性。真正的知识作为认识真理性的实现，具有个性化的特征，内隐知识的外显化只能通过个性化的实践展现，而不是在一个完全公共化的领域通过形式归纳完成。这一过程要求真正体现主体性的知识只有置于实践中才能找到，而不能将教育知识的生产看作对教育现象形式归纳的过程。

生存论转向的教育基本理论研究对传统实践唯物论的发展在于，教育研究开始真正用概念的范畴把握马克思主义的实践原则。在传统实践先在性的理解中，我们循着物质决定意识的原理，往往合乎形式推理地将实践理解为一种直接感性的经验活动，具体体现在教育研究对实践的认识中，我们或是将实践视作一种自然态度中的感觉活动，或是将实践视为一种公式化的主客体交互形式。这二者实质都是站在实践之外的视野，把实践作为一种客观的对象考察了，缺乏将实践置于概念的范畴中进行把握和理解。在传统教育学理解的实践中，人的主体及其本质还是一种静态的规定和形式化的承诺，但这种实践中人的本质是如何展开的没有被真正地考察。而生存论转向的教育基本理论研究则从教育实践展现的生命辩证性与反本质主义特征揭示出人的主体性实质是一种存在的过程。这种生存过程实质就是人生在世意义的能动实现。教育知识在表征上不同于显性的、作为现存物的直接外在经验，而是具有内隐性，是教育中人的生存要素。因此，没有唯一正确的教育知识可以先在地规定教育实践中人的本质。体系化科学的解释原则下，我们往往将教育视为一种超社会结构的文化现象，蕴含着普遍永恒的价值形式，这体现在教育理论的研究中，往往形成抽象的统一性对本质多样化和差异性的压制。实践唯物主义强调本质在过程中的实现，恰恰在知识与权力的关系上提出反对本质主义引发的知识霸权问题，进而提出真正教育知识的真理性在实践中应该展现为一种民主协商的要求。

实践唯物主义的解释原则从人的主体性前提出发，揭示了站在朴素唯物论思维水平上理解马克思主义的弊端。在此基础上，将教育领域中人的主体性、主体在认识中的实现过程、主体思考的价值影响统一于人的实践性存在之中。只有将人的主体性作为认识世界的逻辑前提，我们才能将实践与自然态度中的感觉活动和公式化的主客体关系形式区别开来，只有将"实践"这一主体的对象化过程看作主体的存在过程本身，教育中的人才能摆脱"抽象的人身"，否则实践就是一堆描述活动的感性材料，人的主体就是对这堆材料的形式归纳。体系化科学的解释原则在以一种纯粹客观、直观的认识方式思考教育问题时，人的主体只能是一个相对外在经验的彼岸，因而实质上是一种空洞的抽象性。只有将实践过程看作主体意义的逻辑展开的过程，人的主体性才能达到理性的具体，真正实现为"多样性的统一"。所以马克思在批判以费尔巴哈代表的旧唯物主义后深刻地提出，只有摆脱理论外在化的静观事物，将事物从主体方面"作为人的实践去理解"，才能真正把握无限丰富的感性。从这个意义上讲，传统体系化科学的解释原则在本体论上是将物质世界作为具体事物的实例总和，并将其直接承诺为认识教育现实的根本依据。而实践唯物论则从人的实践出发自觉到不同主体的意义实现统一于现存世界的感性活动，因而当我们说寻找教育理论的本体依据时，从实践唯物主义看来，这种"本体"不是对实例总和的形式归纳，而是世界存在的统一本质，正是在此意义上，从实践出发的思维方式在对待教育问题的唯物主义立场上，才能超越朴素唯物论的水平展现理论面向现实更为深刻的逻辑力量。

在此基础上，以实践唯物论为核心的思维方式不仅是传统教育理论运用马克思主义过程中的发展结果，也是一种对教育理论与现实关系新的认识方式。在体系化科学的解释原则中，外在教育现实是脱离人的纯粹客观的感性，教育理论是形式思维的结果，包括马克思主义在内的哲学社会学理论作为解决教育问题的理论基础，实质只能是作为外在于教育现实的形式依据存在着。理论基础的客观性判定由是否符合外在表象来决定。外在经验事实或形式逻辑永远是唯一确定的，这就发生了教育知识中以抽象的同一性取代不同实践情境下理性认识的多样性，由此便构成了教育理论建构中的知识霸权主义问题。与此同时，在形式抽象的思维中，马克思主义也必须将自己承诺为形式思维的终点才能维护自身的指导地位，这就形成各人文社会学科解决具体教育领域分支问题，马克思主义作为"科学之科学"解决总体问题的格局。如此运用实质是将马克思主义隔绝于时代性的思考之外。而实践唯物论的解释原则最具创造性的改造就在于不是从对教育现实的感性直观出发，而是从人的意义及其实现出发，教育理论的客观性并不在是否符合事实上，而应是面向教育意义的逻辑展开性。马克思主

新时期教育基本理论的马克思主义传统发展研究

义对教育基本理论的时代性价值就在于科学地揭示了这种教育中人的意义实现统一于实践的过程。但这种实践唯物论的解释原则并不是孤立的形式真理，它与同时代的存在主义"存在先于本质"的思考、反本质主义倡导的本质不是抽象的存在，而是存在的过程都有着广泛而深刻的一致性。在这种"同时代思考"的过程中，马克思主义自身作为基本理论研究的方法论，也不能再以一种形式依据的身份出现，只能在与其他理论派别的相互斗争与吸纳中、在面向现实的认识论反省中服务教育理论研究更好地把握现实。正如新时期在我国教育学研究的进展中体现的，从体系化科学到实践唯物论这一时期，马克思主义作为"唯一科学的方法论"地位日渐式微，同其他理论的冲突和融合成为教育研究运用马克思主义的理论形态，马克思主义在教育基本研究中的深化就是这样一个从形式化、抽象化的绝对被驱赶得"无家可归"的过程，但正是在这一过程中马克思主义才实现了真正意义上的"四海为家"，而这种"四海为家"的现实表征就是作为日常文化批判的马克思主义解释原则。这种解释原则对实践唯物论的继承性就在于，当实践唯物主义揭示出人的主体性就是这种意义实现本身，教育中的主体便不是生活以外的形式抽象，而是人的意义在生活中的历史建构了。这就要求马克思主义在具体教育领域中的应用不是直接给出解决某一教育问题的终极理念，而是反思日常教育生活本身。在这一方面，实践唯物论区别于体系化科学思维的根本就在于，它揭示出真正人的类本质不是固定抽象的定在，而是感性活动中人的存在过程。这种思维的变革在具体领域中的深入与拓展就必然要求教育研究不应追求对问题的终极解释并以此作为唯一的目的，而应着眼于人在教育生活中的存在境况与过程样态。正如恩格斯针对人文社科研究曾断言，任何一种人文社科研究，其研究结论如果"没有使它得以成为结论的发展过程"[①]，就毫无价值。这就要求对马克思主义的认识和发展必须深入日常教育生活的文化批判，才能真正展现马克思主义理论对教育基本理论研究的时代价值。

（三）作为日常文化批判的马克思主义发展

实践唯物主义对体系化科学原则的超越就在于揭示了以主体性为核心的类本质是一个表征为实践的存在过程。这种解释原则的变革也要求教育基本理论必须扩展至对日常生活的文化批判才能深化对马克思主义的理解。

---

① 马克思恩格斯全集：第3卷［M］．北京：人民出版社，2002：511．

在这一方式下，主体相对人的外在经验而言只能是一种类的抽象性。这种抽象的主体作为一种静止自存的实在，它的对象化实现只能被概念表征为"孤独的鲁滨孙对无声客体的改造活动"，因而根本区别于实践这种人的存在过程。它没有在实践中将人的意义对象化于客观世界的能动精神，所以从实践唯物主义发展至日常文化批判领域，在研究的外在表象上的确是教育理论走向现实的需要，但从理论思维的逻辑发展看，也必然表征着人真正的主体存在只能是一种实践历史中的能动实现。所以这种解释原则的出现，在发展路径上不同于前一阶段，从历史形态看不是由教育基本理论内部驱动的，反而是由教师教育、批判教育学等实践性教育研究和西方理论的引入构成发展的动力。日常文化批判解释原则最初出现在教师教育的领域。在该领域中，叙事研究对教师反思性文化的探讨，发展出教育学回归生活世界的要求。而随着欧美批判教育学的引入，新马克思主义作为教育社会学的主要流派被学界广为接受，这种有关物的异化的批判又在文化再生产及非中立性知识的揭露中进一步凸显出个体与社会交互作用的深度与广度。最后，在试图将文化批判理论付诸操作的探讨中，教育基本理论研究又开启了对文化批判与后现代理论关系的反思。总体来看，日常文化批判解释原则在我国的教育学研究中主要呈现出以下发展形态：

1. 回归生活世界与批判物的异化

在将实践唯物论作为解释原则的过程中，教育基本理论研究逐渐自觉到人的主体性对教育理论面向现实真实的逻辑意义，与此同时，这种主体性一旦提出，只有置于人的存在过程，特别是表征存在过程的日常生活实践，主体才能避免沦为"类抽象"的命运。正如有学者评述的，当以价值和意义为特征的生活世界完全被必然性和普遍性所消解时，这种社会科学的研究范式必将否认个体性和差异性，忽视社会发展的文化内涵，在理论研究中体现为抽象化的顽症。从理论发展的现实意义而言，"中国各级教育中的应试教育屡禁不止，而素质教育流于形式的问题，以及决策机制和行政运行机制的经验化和缺乏理性的特征，在深层次上与中国传统日常生活世界的普遍的经验化文化图式有着紧密的关联"①。而这种面向日常文化批判的教育基本理论研究首先体现的就是教育走向生活世界的相关议题。

生活世界教育理论是在继承人的主体性研究中发展而来的。这决定了

---

① 衣俊卿. 日常生活批判与社会科学范式转换 [N]. 光明日报，2006-02-14 (012).

新时期教育基本理论的马克思主义传统发展研究

从思维的逻辑上，早期的生活世界教育理论是在深化对主体的认识中建立起来的。正如有学者针对 20 世纪以来人的主体性研究提出的，这种对人自身的观照确立了人的主体地位的同时，也由于没有将主体放在现实的个人与社会的关系中进行思考，往往造成了主体沦为单子式或绝对个体化的主体，从而在利己主义和自我中心主义中越来越暴露了它消极的一面，由此引发了人与自然、人与人之间关系的冲突和恶化。在持相关观点的学者看来，以认识中心主义为代表的科学世界将人的实践性存在看作理论静观现实的结果。而马克思主义所实现的现代哲学的转折就是以实践为基础真正将人的存在置于现实生活的过程。从这个意义上讲，马克思在实践中对个体文化的塑造也具有回归生活世界的意义。在相关代表性的研究中，如康丽颖教授认为，马克思提出生活世界是以实践为基础的现实生活过程，相对传统理论理性中，实践意识往往只作为理论意识的伴随物，但是在实践理性中反思不仅是对意识的觉知，更是对实践的评判。这种理论理性与实践理性的分离，往往被学者作为科学世界和生活世界分化的标志。如有学者在反思新课改中对生活世界的认识时即提出科学世界与生活世界"两者关系的本质是理论与实践的关系"①。值得注意的是，在这种生活世界理论的研究中，早期的研究者由于忽视了胡塞尔生活世界理论的哲学史背景，只透过个别的文本直观化地认为生活世界是"我们在自然的生活态度中所能直接感知的世界"②。但是，在生活世界提出者胡塞尔看来，对自我来说，生活世界"只具有我们的经验、我们的思考、我们的评价等等各自赋予它的存在意义，而且是以我们这些有效性的主观在这里实际完成的有效性的形式（存在的确实性的，可能性的，或者假象性的形式）具有存在意义的"③。所以，生活世界作为科学理性的根基，不是一个自然时间的先在问题，而是一个存在意义发生的逻辑先在问题。朴素唯物论的思维方式只能从意识在经验中发生的自然顺序理解生活世界，自然就把生活世界在科学理性之先理解为感性直观在理性认识之先的问题。由此引发生活世界到底是日常生活还是精神生活，是现世生活还是未来生活等一系列有关生活世界概念的争执。这一现象从侧面恰恰说明理论思维的发展并不是与实证史

---

① 王丽娟. 教师的审美人格与审美化教育 [M]. 长春：吉林文史出版社，2013：141.
② 项贤明. "生活世界"的教育与"科学世界"的教育 [J]. 教育研究与实验，1999（04）：13.
③ [德] 胡塞尔. 欧洲科学的危机与超越论的现象学 [M]. 王炳文，译. 北京：商务印书馆，2009：133.

实的积累完全一致的。形式化的抽象程度高低不代表理论思维水平的高低，对思维时代性水平的判定必须对思维如何在其历史内容中进行展开的过程做以考察。与这种理论上的要求相一致，在教育研究方法上，行动研究和教育叙事开始成为教育研究着重关注的焦点。正如有学者对教育叙事的方法论意义所解释的，传统单一体系建构的理论设计是一种宏大叙事式的研究，它凌驾于日常教育生活之上而对其实施宰制。在传统研究中，教师的日常教育生活成为教育研究的对象而不是个体成长的理论资源。在此基础上，对叙事研究的提倡及其反思使教育基本理论逐渐将教育生活从经验和先验中分开并深入体验的层次。正如有关教育中人的实践性存在研究揭示的，人在实践中真正的知识并不是那些外显性的知识，而是成为人无意识存在的缄默性的知识。但是，这一时期对这种实践中默会性知识的理解多数还是建立在心理学关于内隐学习和程序性知识的研究之上。但是心理主义的弊端在于它只能将认识的真理性建立在纯粹经验事实的基础上，但真正的必然性是逻辑在历史中如何展现的问题，而透过叙事研究反映的人在生活世界中的相关问题则进一步深化了我们对实践性存在的理解。对于一线教师而言，所谓教育知识，首先是作为一种意义联系中的应手物存在的，没有一个老师是只有教育心理学中前导者的概念才知道课堂教学需要导入的，只有在这些应手物失却了应手性成为我们关注的对象时，我们才以研究者的身份开始显性观察。正如维特根斯坦对公尺国际标准量器的质疑，将如此长度定义为一公尺自身有何意义？这当然不是一个外在经验或形式证明可以说明的问题，而只能理解为在不同交往场景中包含多种意义关系的世界作为存在结构要素的问题。我们是在一个由贸易的度量衡、工程计算等意义关系中，亦即在这些意义关系构成的应手世界中运用"公尺"的，而后才形成"公尺"的概念。在这个层面上，作为意义关系的应手世界是先于现存经验的，但这种"在先"又不是简单地"观察在先"或"形式逻辑在先"，所以缄默知识的无法言说正是这种存在逻辑的体现。从这个意义上讲，正如有学者指出的，教育叙事是一种人类体验世界方式的研究，也是教育实践者真实的存在方式。这种体验的连续性恰恰来自教育叙事中，教育实践者要承受对自己言行进行合理化解释的思想压力。教育实践者作为研究者，要不断发掘例行教育生活背后的深层意义。正是在这种意义的体验中，要求回归生活世界的教育学才能超越一种单纯为人的实践存在寻找形式依据的先验思考，进而才能进一步深化在教育中的意义建构实质就是面向生活世界本身这种生存论反思。

而与这种回归生活世界的主旨相伴随的是对物的异化的批判。物化本身作为概念很早就出现在教育研究领域，较为典型的就是早在20世纪90年代王逢贤先生提出的人的异化与全面发展的问题。在此之后，在基于交往理论的教育理论研究中，有学者对单极化的"主—客"师生关系进行批判，而批判的依据就在于，这些学者认为在单极化的"主—客"关系下，学生往往作为教师实现教学目的的工具，实质指向的就是教育中人的物化存在。但是受传统教育理论思维水平的限制，这种物的异化往往只作为人被对象压迫的经验表象理解了。实际上真正的异化并不是一种贬低性的终止化的评价，而是人的存在过程。异化的根源在于人的本质并不能孤立、抽象地实现，而必须从自我中走出去经历本质对象化的过程，所以在《精神现象学》里，黑格尔是用"教化"一词来对异化进行阐释的。马克思也强调，只有在资本的物化逻辑中，近世社会才能"创造着具有丰富的、全面而深刻的感觉的人作为这个社会的恒久的现实"①。这种作为人自身存在状态的异化过程，在生活世界对科学世界的批判中被教育基本理论研究重新检视。持有此观点的学者认为，传统教育中一味强调知识灌输，将人规训化的教育世界实质隶属于一个科学的世界，而真正走向学生、属人的教育世界应是作为生活世界而存在着的。为此，相关学者分析这种科学世界和生活世界的现实基础后认为，这种科学世界和生活世界分化的实质是能否在教育的发生中，尤为集中地体现在师生的交往中，将人作为现实完整的人来看待。在这一问题上，传统以科学世界为旨归的教育的最大问题就在于教育中的某一方实际成为一种工具化、物化了的存在。而马克思主义的物化批判对于我们理解人的这种物化存在其意义就在于，马克思描绘的资本主义物化生活不仅仅是一个人在经济政治领域饱受压迫的现实生活，更是一个人在物的异化中渴求精神自由、追求自身主体性的生活，人受压制的实际生活状况和异化了的精神领域在马克思的批判中具有时代的一体性。这就要求我们深入这种物化教育生活的现实历史维度，不再仅仅将浮于精神上的排遣或教育内容上的选择看作生活世界的实现。为此，有学者在分析教育中的人本理念后认为，经典马克思主义作家的全面发展理论是以消灭社会分工作为实现的条件，而今天的全面发展议题在此基础上又预设了接受

---

① ［德］马克思.1844年经济学哲学手稿［M］.北京：人民出版社，2000：88.

教育作为思想上的条件（《人本理念下的教育反思》，江芳，2207）。这种实现条件的变更，既丰富了全面发展理论的实现基础，同时又揭示出教育可能像社会分工一样会对人的全面发展教育起阻碍作用，即一种远离生活抽象符号化的教育会将人塑造为物化了的存在。教育中物的异化实质表征的不是现存事物对人的统治，而是人在生活中被剥离了意义的丰富性。所以，有学者指出，教育日常作为真正的生活世界，并不是一种"抹平差异"的庸碌生活，而是一种可能的生活。人是在不断超越中度过现实的，超越日常就是拥抱日常作为意义整体的实质。正如鲁洁先生着眼于马克思的异化批判与生活世界的关系认为，马克思批判的物化世界是一个抽象符号预设化的经验世界，而人的真实生活总是处在待完成之中，马克思基于实践对这种物的异化进行批判后，最终揭示出，正是在实践中生活世界自身真正成为不断超越自身、面向未来无限敞开的世界。正是在这个意义上，批判物的异化也是教育批判走向日常生活的过程。日常生活的意义不是局限于狭隘个人的眼前现状，更不是指扁平化、庸碌的个人生活。人要拥抱日常生活，作为意义的整体就必须超越日常，尤其对于教育这种引领价值理想的日常生活，它的现实性更应该就是它的可能性本身。反之，人一旦失却对自身意义的追寻与渴望，把生活简化为现存事物的场所，就隔绝了生活世界而处在物的异化生存状态中。

有关生活世界和物化问题的日常文化批判研究对马克思主义解释原则的发展在于，以往在论及教育实践及人的实现时，无论是体系化科学还是实践唯物论的解释原则往往把人在实践中的实现过程把握为一种纯粹理智的行动。即便我们论及怎样实现真正的德育、美育时，我们往往也会不自觉地走入一种理智目标的达成。为此，正如马克思强调的，"动物只是按照它所属的那个种的尺度和需要来建造，而人却懂得按照任何一个种的尺度来进行生产，并且懂得怎样处处都把内在的尺度运用到对象上去；因此，人也按照美的规律来建造"①。教育中人对意义的追寻，不仅是存在之真，其本身也是一个价值之美的问题，不能将二者外在地割裂开来。只有这样的"日常"才是完整的，才真正是作为我们存在根基的生活世界。在这个意义上，教育基本理论研究由生活世界深入物的异化批判，既是理论解决现实问题的要求，也是教育理论思维发展的必然。这种必然性集中体现在

---

① 马克思恩格斯全集：第42卷［M］．北京：人民出版社，1979：97．

胡塞尔的现象学里，生活世界作为专有的哲学概念，是相对科学世界提出的。针对在科学世界中单一的计算理性对人的束缚，胡塞尔提出回归生活世界的要求。但是，胡塞尔的生活世界理论本质上延续并发展了西方理性哲学有关自我在思维中能动实现的思考，从其研究路径看仍是理论"静观"精神在现象世界中的发展，这就决定了他为寻求生活世界创立的"悬置""本质直观"等方法逃不出理智行动的范畴。对于这一点，从他不满康德对先验的不证自明可以鲜明地体会到，胡塞尔提出康德先验的思考如经过论证成为自明的方法论，实质就是本质直观①。相比之下，马克思对物的异化批判则透过劳动深入社会历史的维度中了，并在这种维度中超越对生活世界单纯理智化的理解，而使得生活世界真正成为真善美相统一、作为意义整体的人的世界，因而具有胡塞尔生活世界理论所不具备的面向现实历史的开放性与包容性。

同时，我们也应当看到，这种物化批判背后的生存论意义在这一时期尚没有被充分挖掘出来。这是由于在实际的教育基本理论研究中，我们对教育日常生活的理解还停留在包含教师、学生、机构等教育中现存事物的全体这一层面上，没有从物化批判开辟的思维道路进一步深化。但是这一时期在对教育与文化关系的探讨中，有学者已经开始自觉到教育生活既然是一种将超越现实看作真正意义的生活，那么教育生活中的日常文化便不再是一种中立性的媒介，相反，日常文化必然被打上一定社会文化的色彩，并通过教育实践者在特定场景中的价值选择得以反映。所以，作为反思性的教育实践者对日常教育生活所做的批判，不仅是一种对教育知识真理性的求索，还是一个将自身从物化生活中解放出来的过程。相关代表性的论述如阎光才在谈及量化研究与质化研究相争的发展历史时认为，实证主义之后的行动研究往往以批判和解放的行动研究作为基本的理论研究范式，这种行动研究要求批判和解放是研究方法的最终目的。教育研究中的行动研究者同时应是解放的实践者，通过研究批判和消解教育中的压制性文化，而这种教育日常文化批判的解放意义，是在有关人的类存在和教育解放的探讨中实现的。

---

① 相关阐释见胡塞尔在《欧洲科学的危机与超越论的现象学》第三部分"对于超越论问题的澄清以及与此相关联的心理学的功能"中提出的，"只要我们在随同康德一起进行哲学思考，不是从他开始的地方并沿着他的道路前进"，我们就将走向生活世界"作为这样一种过程，它们以本质的必然性行使制造意义的形态的功能"。商务印书馆，2009年，第142页。

2. 人的类存在与教育的解放

生活世界理论及其物化批判对马克思主义认识的深化之处在于，它真正解释了人的实践不是去实现生活以外的形式目的，相反，超越平庸的意义追求就是日常教育生活真正的现实可能。但是胡塞尔生活世界理论的提出尚停留在将回归日常看作人的理智行动这一认识水平，这种"先天不足"反映在日常文化批判中，使得教育基本理论研究反复于日常究竟是我们的生存状态还是现存事物构成的生活环境。而这一理论思考是伴随着将教育回归生活看作人自身的文化解放才取得进展的。在这一过程中，马克思主义关于类存在与社会存在的思考在对回归生活的运思上揭示出人的本质不是"单个人所固有的抽象物"，就其现实性来说，它是"一切社会关系的总和"。针对关于人的本质思考为何走向"固有的抽象物"，正如马克思阐释的，理性形而上学"把我们所阐述的整个发展过程看做是'人'的发展过程，从而把'人'强加于迄今每一历史阶段中存在的个人，并把'人'描绘成历史的动力"①。从马克思的阐释不难看出，当我们不再将人看作社会历史中的个人，并且站在个体的视域面向历史，那么我们就必然走向将人的意义实现抽象化为意识在历史中的纯粹运动，于是人格成了实现中的历史，而人自然也就是历史完成于当下的人格——"固有的抽象物"。这也是着眼于孤立主体必然把走向日常的思考变为纯粹理智行动，纯粹理智行动下的"日常"终究将人实现为"抽象主体"的根源。因而，要想打破这种将回归教育日常看作单纯的理智行动，真正将日常作为真善美相统一的现实可能，就必须从孤立个人的视野走出，将日常文化的批判诉诸社会历史文化的实现，这反映在教育学中体现为教育基本理论研究对人的类存在与教育解放的思索。

有关类存在的提法最早出现在教育基本理论研究有关人的主体性探讨中。有关研究强调，如果我们对主体性的理解还是停留在单子式的主体或是完全依附于群体本位的"偶然个人"，我们就无法真正超越"主—客"二元对立的观念，也就无法在主体间性中理解教育对象及问题。所以为了区别于二者，作为主体间性中的教育主体只能以类主体的方式而存在，这种类主体从其表现形式上既是具有人类本质的主体，也是具有现实个性的个人。但是从思维方式的表征来看，早期关于类存在的认识还是一种"属+种

① 马克思恩格斯文集：第1卷 [M]. 北京：人民出版社，2009：582.

差"的形式思维,即这种"类"是从具体个人抽象出的形式化的普遍性。在相关教育基本理论研究中,我们曾长期将人理解为"有理性的动物""政治的动物"就是这种形式的普遍性的体现。在这一时期,教育基本理论研究对"类存在"的认识与这种早期形式化认识的根本区别在于,"类"概念不是一种形式化的抽象,而是人历史化的存在方式。正如马克思强调的,人作为类存在物,在实践中"使自己的生命活动本身变成自己意志的和自己意识的对象"①。而将自己作为"有生命的类"与作为形式抽象的"种类"差别就在于,后者的存在基础是人静观存在、形式归纳的结果,作为前者的类概念的存在基础则在于"人不是在某一规定性上再生产自己,而是生产出他的全面性;不是力求停留在某种已经变成的东西上,而是处在变易的绝对运动之中"②。为此,有学者在分析人的类生命与素质教育之间的关系时指出,马克思强调"人怎样去创造自己的生活,人也就有着怎样的本质和特征",因而从尊重人的类生命出发,对素质的理解也应当超越对受教者固有的抽象属性认识,素质作为受教者"类"特性的体现就在于教育应引导学生走进不断丰富完满生活体验的过程。还有的学者站在人学立场上对创新教育进行理论探讨后认为,真正的人性实现是一种无限创造的实践活动,在继承发展的过程中如果仅将继承理解为对人类已有成果的占有,忽视了价值受制于主体需要这一社会历史性,就会造成创造活动在既定历史情境中的内卷,从而违背了创新教育的初衷。正是在人的历史性中,社会性本质才不是与单个人对立的抽象力量,而是其生活本身。在此基础上,当这种"类存在"的思考作用于教育学研究的认识论,人的类存在作为真实的属人生活既然是一种历史性的展开,就必然要求教育研究中的历史意识。正如于述胜先生在探讨教育学中的历史意识时强调的,"如果说历史意识就是历史活动主体的当下自我意识,而学者的自我意识又是超越个体狭隘生活时空的类自觉,那么,学术研究的问题意识也是一种历史意识"③,只不过问题意识作为历史意识的高级形式,体现了超越人类既定状态的批判意识和创造精神。在以往强调问题意识的教育学反思中,我们往往从教育与日常生活的关系出发,倾向于将传统的理论取向研究认同为宏

① 马克思恩格斯文集:第 1 卷 [M]. 北京:人民出版社,2009:162.
② 马克思恩格斯全集:第 46 卷(上)[M]. 北京:人民出版社,1979:486.
③ 于述胜. 也谈人文社会科学研究的"历史意识"——基于教育研究的理论思考 [J]. 教育研究,2012,33(01):57.

大叙事的形式建构，相对理论取向强调问题意识的研究则是一种分析化、个体化的叙事，从而具有理论取向所不具备的亲近日常的优势性。但是这种观点根本上还是描述性的，并且容易形成一种误导，即对研究对象总体的宏观背景反思总是一种形式抽象而被隔绝在日常之外。这种"面向生活的问题意识也是历史意识"的方法论反思，向我们揭示了在问题中走向生活并不是在纯粹经验化、微观化的认识方式中逃避总体化、理论化地理解生活。而根源于人的"类"属性不是固化在形式归纳中的对象属性，而是处在不断的流变中。我们一旦将"现在"设为反思的对象，"现在"对我们而言也就成了过去。所以在类属性中，真正的"现实"不能靠外在化的定义去认识，只能是领会并反思着的历史活动主体自身，这就是"在问题意识中面向日常"的生存论根源。在实际的教育研究中，无论某一研究精细化至多么微观、事实性的领域，作为一个真正的教育问题，它的展开和完成都绝不是只停留在某一具体领域，而总是从不同侧面带给我们"教育是什么""教师是什么"等源始性问题的觉解，这正是问题意识生存论根源的体现。

这种有关类存在的研究与对马克思主义的认识深化一致，使得教育基本理论研究普遍自觉到真正的日常批判不是对孤立个体的分析，而是一种历史性的观照。为此，日常文化批判视野中的教育，根本上不是把人引向特定的现实生活，而是超越狭隘个人在历史中实现自身的生活，这就引发教育作为人的解放的相关问题。有学者在论及马克思主义有关人类解放的思想与现存教育价值合理性之间的关系时强调，马克思在论及人类解放的过程中将社会的解放与个体的解放在历史层面统一了起来。社会的解放是个体解放的必要条件，个体解放是社会解放的最终目的。这种个体与社会发展的一体性要求我们认识到，人类解放这一历史变革不单纯是一个激烈的阶级斗争过程，更是一个对人进行提升和改造的过程。为此，在这一时期，有很多的学者把目光投向对教育中"全面"与"自由"关系的理解上。虽然早期在对全面发展的理论研究中曾一度兴起有关人的全面发展与自由发展间的比较和探讨，但是这种比较和探讨在特定历史时期实质是作为清理"文革"以来窄化或误解马克思主义的错误思想而存在的，所以更多是停留于对概念形式外延的理解，没有同人的现实存在联系起来。而在这一时期，相关的教育基本理论学者普遍自觉到，自由不是一种外在的目的，而是人的本质实现自身。为此，有学者对马克思的全面发展理论做以辨析，

新时期教育基本理论的马克思主义传统发展研究

而后认为全面发展与自由发展的关系应是全面发展是基础、自由发展是在全面发展之上的升华。石中英先生在以自由精神诠释学校建设文化时更为直接地指出，真正的自由是对必然的认识与遵循，是人自觉的类本性。因此我们不能把全面发展问题从"社会本位"或"个人本位"之间割裂并对立起来，教育对人的全面性要求只能是一种社会性寓于个性自由的实现。

进一步，在这种类存在与教育解放的视域下反思教育研究的现存问题，正如有学者揭示的，传统二元对立化的形而上学思维合理存在的根基就在于常识生活中我们总是从一种对象化的认识出发去把握经验世界，在这一过程中不免要将对象从历史与现实之间割裂开来。由此，导致相关理论探讨的研究对象凝固化、抽象化。如在课程领域有学者针对课程改革中的思维模式进行分析后总结到，传统单一保守主义或激进主义的课程改革割断了课程发展的历史与未来，而将课程改革的亲历者强制于一种预设化的价值取向中，正因如此，在改革者与实施者之间，终有一方难免落入"偶然的他者"而非"类中的个人"。我们只有超越两极走向一种中介化思维，才能在课程改革的过程中解放人的思想，真正摆脱现存课程改革被工具化的命运。还有的学者针对教育理论与实践的关系指出，传统的教育学在理论转化为实践的问题上，常常不自觉地倒向理论或实践的一极，而现存的课型、教学模式等问题往往呈现出：过于具体就会失去理论模型的代表性和普适性，过于抽象就会失去模式的可操作性，在两极化的思维中常常将理论与实践的一极作为手段，以损伤一极满足另一极的利益。在这一过程中，双方都没有从个别的狭隘视域中走出，也就不可能真正实现彼此观点的交流。为此，有学者提出，我们应在理论与实践间建构一种中层理论，以实现理论和实践间的必要张力。无论是中层理论还是中介性思维实质都在强调教育中的目的（这里的目的在课程领域可类比课程价值，在教育理论与实践领域可类比理论的实践意义）同人的类存在一致，不能靠静观的理智活动达成智识上的共识，反之，必须诉诸历史过程中去实现。

纵观有关类存在与教育的解放探讨，其发生的实质是我国教育基本理论学者在对马克思主义日常文化批判的理解上开始自觉到，真正的教育理论走向日常不是一个理智行动的问题，而是一个社会历史的实现问题。在这一过程中，社会历史不是对象化的经验表象，而是人的存在方式本身。正如亚里士多德在"目的因"概念中阐释的，人的实践结果从自然时间看是行为的完成，从逻辑的发生看又是行为的动机。马克思也强调，人只有作为自己历史的产物和结果才能真正成为历史的前提。透过人的类存在分析，我们可以看到日常在超越既定现实中回归自身，正是由这种实践的历史性决定的。不同于自然事物运动的原因总是外在地规定结果，在实践中，人的目的已经寓于原因之中。所以人的类存在不能在过去和未来间形式地割裂开来，而只能是流变中历史活动的主体。因此，人面向日常的存在意识从其现实性上也是人的历史意识。在这一过程中，教育基本理论研究从方法论的反省上逐渐自觉到抽象的理智行动在将教育生活中的人视作孤立的存在时，也将对教育日常的考察在历史和现实、理论和实践间割裂开来，从而造成二元对立的形而上学思维。教育的解放和教育回归日常文化批判一致，只有将人的社会性与个体性统一于历史的实现进程，将人的自由、社会性看作"相对化中的绝对"，才能够摆脱纯粹日常中形而上学思维的影响。正如弗莱雷在《被压迫者的教育学》中指出的，压迫的教育情境作为有计划的场景，往往宣扬的不是将世界作为问题来看待，而是将世界看作固定的存在。所以教育生活中的对话和协商不仅是尊重主体性的需要，实质也是将人从一种对象化的固定存在中解放出来的需要。

与此同时，我们还应清醒地看到，教育的解放作为日常文化批判的重要体现，必然发展出教育的日常不能局限在学校教育和课堂教学的狭隘范围内，必须在教育与经济政治的关系中界定教育的日常生活范围。为此，教育的解放意义也必须在教育与其他社会生活的真实关系中才能得到真正的理解。该方面的相关教育基本理论研究是伴随着批判教育学的引入得到进一步深化和发展的。

3. 批判理论与后现代的调和

基于马克思主义的历史意识，教育基本理论研究在对日常文化批判的认识中发展出将教育的过程看作人的解放过程。但与此同时，文化批判的解释原则一旦被赋予教育解放的意义，就必然要求对教育日常的批判从纯粹的理智思考走出，而直面包括教育与宏观社会关系的现实。但是在有关类存在和教育解放的探讨中，相关教育研究并没有将教育解放置于教育与周遭世界的真实关系中进行展开，而这种展开是伴随批判教育学的引入兴起的。批判教育学的早期创立者弗莱雷强调，教育中压迫性的文化实质是压迫现实的产物，家庭和学校并不存在于抽象的意义中，而是存在于特定的时空中。与此同时，现当代马克思主义面对的后现代理论冲击也在批判教育学的困境中凸显出来，这种冲击集中体现为对马克思主义的社会理想和对政治经济学的认识。由此引发了我国教育基本理论界对批判教育学自身的反思性批判，这种反思批判在与后现代的调和中深化了对马克思主义日常批判的理解。

我国早期对批判教育学的引入是在对德国批判教育理论的介绍中展开的，但是正如彭正梅在相关介绍中展现的，德国的批判教育学从整体看更倾向于哲学家借教育对二战以来的时代精神困境做以反思，并不直接指向具体的教育问题领域。这些批判教育理论的一个普遍共识是近世科学理性并没有使人避免二战的悲剧，这是由于数学和形式逻辑将整个世界变成了抽象同一的世界。这同资本逻辑对人的抽象统治相近，都是用等价物及其交换抹杀了一切现存事物的本质差别，反映在思想领域即造成人离开了现存世界的丰富性，趋向非反思性。而酿成二战的法西斯主义从某种意义上就是这种抽象同一的绝对统治在现实历史的体现。德国批判教育理论提出了对"启蒙"的重审，在这些思想家看来，近世科学的启蒙只是将人从蒙昧的混沌阶段带到经验性认识，即康德所谓的知性水平，但是这种知性水平仍是一种僵死化的必然性认识，因而无法使人摆脱抽象同一的控制。而真正的启蒙应是在必然的基础上走向自由，这种自由是对知性认识中形式化思维规定的批判性反省，教育如何引导人走向这种反省才是超越知性阶段应当实现的"理性自由"。从思维水平上言，德国的批判教育学还是一种透过理智静观精神现象的思考。但值得注意的是，后来的欧美批判教育学兴起虽然不直接传承德国批判理论，却借鉴了相关的思考和认识。尤其是德国批判教育理论认为真正的启蒙是使人超越知性水平走向理性自由，无疑为欧美批判教育学的思维路向奠定了时代基调，同时它将对教育的批判理解为一种纯粹的理智行动也为后来欧美批判教育学的发展埋下了隐患。

对我国批判教育学的发展真正产生实质性影响的是以弗莱雷、阿普尔等代表的欧美批判教育学。值得注意的是，教育基本理论界对批判教育学的引入与应用不是前后相续，而是同时发展的。说到底，这种发展的形态正是教育日常面向生活的体现。从对马克思主义的发展上看，作为解放的教育已经要求日常批判必须走进教育与周遭世界真实的关系中。而批判教育学又身处"去主体化""去中心化"的后现代背景，这就更加突出了个人叙事在走向日常中的重要地位。诚如阿普尔强调的，"如果所有的人都批判地写东西，而不把个人本身置于斗争的位置，那我将不相信他们的著作"①。所以批判教育学从其主要开创者那里便不是将理论单纯地看作书斋式的活动，正如相关研究者阐释的，批判教育学自始至终都将理论本身看作一种"推论式的实践"，理论的方式就是实践的方式。与此同时，这种理论化实践的个体性也必然发展出日常批判者的双重身份，即教育批判的研究者自身也是一线教育实践者。因此，教育基本理论界从引入欧美批判教育学起便展开有关教师实践的批判性研究，这一情况可以说并不偶然。在这些研究中，相关学者的普遍性共识是，真正的教育追求达到的是每个人的自由和天赋能力都得到最大发展。社会的改善和个人的充分发展紧密相连。为此，教师只有作为批判的知识分子，才能最大程度上将教育实践实现为社会化改造的实践。在这种教育实践中，教师的专业发展更加着眼于教师的精神成长而不是技能成长。正如有学者总结的，经验论发展路径下教师的专业成长依托的是科学化的预测和专家论证，而在批判理论视野中教师的专业成长是对教育生活经验的发掘和主体意识的启蒙。

与这种在教师教育领域中的应用同时期，相关研究者针对批判教育学走向现实的种种困境开始进行批判反思。相关学者在批评批判教育学的局限性上，主要形成三方面的普遍共识：首先，批判教育学虽然在理论旨趣上一直主张教育与政治相结合，但是在话语方式上却往往倒向纯粹的经济政治分析，缺乏实际的操作性和有关实践策略的构想。正如有关学者对批判教育学深陷的话语困境揭露到，批判在揭示出现在教育情境中有关权力、正义、斗争和不平等的问题时，也将这种揭示简化成为一种压制偶然性的独幕剧，从而将批判话语变为对日常生活的霸权叙述。其次，批判教育学在陷入话语困境的同时，相关学者强调的"理论实践"在落实到具体实际的过程中往往失去实践的亲和力，甚至变成在实践者那里佶屈聱牙的概念分析。最后，在深入至批判教育学困境的发生机制上，学者们普遍认为，批判教育学在强调个体叙事的同时，也在批判压迫性文化和自我批判上造成双重标准的问题。例如在对待女性主义的态度上，一方面，批判学者揭示男权宰制下的压迫性文化，无论批判学者的结构还是研究对象上都少见女性形象；另一方面，批评学者认为真正的解放是一个压迫者和被压迫者

---

① Torres, Carlos Alberto. *Education, Power and Personal Biography* [M]. New York：Routledge. 1998.

共同超越压迫性文化的过程，但实际展现的往往只是被压迫者自身。实际上，这些缺陷性特征只是批判教育学固有弊端的外在表现，批判教育学的弊端表现实质反映的是马克思主义在走向日常批判过程中与后现代的理论冲突问题。

值得注意的是，在欧美批判教育学发起人物保罗·弗莱雷那里，批判的灵感更多是受黑格尔哲学的影响而非马克思主义，在这个问题上，欧美批判教育学和德国兴起的早期批判教育理论有着相同的旨趣。保罗·弗莱雷在有关个人的学术生涯谈话录中曾提到，在其解放的教育思想形成中，并未受到马克思主义的过多影响，相反，黑格尔"主仆关系"的辩证法反倒给予他更多的启迪①。而鲍尔斯和金蒂斯也承认，他们在理论创立之初是通过对教育与现实经济关系的反思走上批判道路，因而他们对教育的批判侧重于事实的揭露，实际并没有与马克思主义发生直接的理论关系。批判教育学的这种"先天发育"决定了从一开始他们便将日常批判的目光放在人怎样看待教育的理智思考上，这也是直至后来他们一直保持着将认识活动看作人的实践活动，在"推论性实践"中实现日常批判的根源。与此同时，他们身处的后现代文化又是一个去中心化的时代背景，这从思维方式上必然深化反对终极权威、凸显理智思考中自我主体地位的影响。这就是在批判教育学的发展中本应坚持在历史与个人、压迫者与被压迫者之间辩证融合的批判路径为什么会走向远离实践、近乎民粹这一话语困境的问题根源。阎光才先生在对批判教育学的学术脉络和时代发展轨迹研究后总结到，早期的批判教育学虽然重视隐性的权力结构和意识形态对教育的影响，但是在研究的路径和方法上却往往试图在结构化甚至形式化的理论研究中呈现这种影响，结果陷入以一种去政治化的研究倾向批判中立性知识的发展悖论中，从而面对右派势力的强大压制陷入不可避免的发展困境。

从相反的一面看，正如我国教育基本理论界的反思展现的，批判教育学的发展困境正是我们在后现代的背景下深化怎样认识和运用马克思主义、怎样发展马克思主义日常批判的良好教材。日常批判如何走向真实的教育

①　详见卡洛斯·阿尔伯托·托里斯所著的《教育、权力与个人经历：当代西方批判教育家访谈录》，弗莱雷在访谈中承认："我并不完全是马克思主义者。与此相连的是，《被压迫者的教育学》与前苏联的改革和巨变有一定的关系。正是这种对马克思基本理论的否定或者至少是部分否定的态度，使我不会去纠缠那些不重要的地方。"而在另一方面，弗莱雷认为，"黑格尔先为马克思打开了通道"。

生活问题，决不能通过直观经验世界或理智行动来实现，而必须放在实践这一社会历史进程中去实现。在该方面，马克思主义的思想核心就在于将人在资本逻辑中被抽象统治的困境同理性形而上学的概念抽象统一起来。批判教育学在兴起之时就明确了一个远离实践的世界是一个理论宰制的单极世界，并由此提出，将教育者作为批判的知识分子，试图通过个体叙事走出一条现实批判的道路，如此做法不可谓不重经验。而在坚持批判的实践作为一种理智行动时，又借鉴了辩证法及法兰克福学派的批判理论，试图为现实教育提供一个非压迫的交往范式，如此思考不可谓不深入压迫文化。但是由于离开了社会历史中的个人，一切压迫中人的遭遇经验就终究是自在的感性材料，而不是揭露压迫文化表征的单极世界难以突破的思维困境；一切理智思考就终究是对意识在现象中的自然描写，而没有社会历史的感受性。所以无论是弗莱雷还是阿普尔，当他们阐述一个批判的事实时，面向社会的理智思考往往只是对压迫性现实的隐喻，压迫性思想的历史表现往往不知哪里去了。一旦他们进入对压迫性文化的思考，现实往往成为一种形式推论的结果，他们又忘了真实的教育生活，也就没有在马克思主义的思维水平上真正理解形而上学的思想批判是内化了的现实批判，资本主义现实批判是形而上学批判在现实历史中的深入，就必将难逃实证主义或唯理主义的归宿，从而背离唯物史观的主旨。

正是看到了这种危机性，现当代批判教育学为自己寻找的出路就是重回马克思主义。长期以来，批判教育学对马克思主义的吸纳和发展多是建立在后现代或西方马克思主义学者的理解之上，但是后现代理论和西方马克思主义对马克思主义理解的重大弊端之一就是割裂了马克思主义对资本的现实批判和对形而上学思想批判之间的联系。由此产生出对马克思主义的两种误解，或是将马克思主义的社会理想看作固定、经验化的表象，在这种认识中，马克思主义不是被当作"历史决定论"的社会思考，就是被误判为一种"经济决定论"色彩的资本主义分析。前者以波普尔对唯物史观的批判为代表，后者如哈贝马斯代表的西方马克思主义对政治经济学的拒斥。为此，正如阿普尔在对批判教育学的反思中提出的，批判教育学在发展中缺少历史的叙事，这是一种集体的失忆。以吉鲁为代表的批判教育学者则进一步将马克思主义的旨趣同后现代做以调和。吉鲁强调，激进的教育学要成为充满生机的教育策略，就应当将批判的话语与可能的话语结合起来，不能专注于统治的语言而对任何进步的教育策略缺少可实现的期待。吉鲁对单一统治语言的批判正是在强调，我们在日常批判过程中切不可因后现代去中心化的影响而疏远了教育理想的超越意义。我国也有学者针对后现代理论同我国教育基本理论的实际提出，后现代与现代性的融合在于，后现代实质是对现代性的潜能发挥，对理性的总体批判不能引向理性批判能力的丧失，这对于走向日常批判的马克思主义如何处理与后现代的关系同样适用。在教育基本理论研究中，我们该如何借鉴批判教育学，在与后现代的融合中该如何发展日常文化批判，与其说是后现代对"认识马克思主义"的启蒙，不如说是我们在现当代背景下对马克思主义认识的自我启蒙。正如卢卡奇对年鉴派的批评，纯粹以考证为终极目的的实证史学本身就是资产阶级的物化意识。我们只有真正回归现实历史就是人的存在方式本身、资本的批判是形而上学批判在现实领域中的深化，才能真正让日常批判实现后现代的主旨。离开了这一点的后现代主义必然走向形而上学的理智"狡黠"——以反叛和拒斥的口号更深刻地掩盖资本的运动逻辑，以倡导交往和协商的社会模式成为资本社会"概念无害"的幽灵。从这个意义上讲，深受后现代影响的批判教育学在日常文化批判上并没有真正将资本主义表征的现代性批判彻底。后现代与日常批判的调和，恰恰要求我们将马克思的历史科学作为内化的历史，将思想的批判视作思想在现实历史的展开，只有这样才能不偏颇于纯粹事实或概念抽象面向真正的教育生活。

日常文化批判作为现当代教育基本理论研究运用马克思主义重要的思维方式，其发展的实质是对马克思主义作为现实批判的深化。实践唯物论的解释原则虽然在"教育学作为人学"的意义上突破了体系化科学直观世界的思维方式，但无论是从人的实践性存在还是教育作为人的解放来看，实践唯物主义终究将这种存在和解放看作思维把握现实的纯粹理智活动，因而也无法将马克思主义中人的解放同近代理性启蒙真正区别开来。日常文化批判思维方式的出现，其意义正是向我们揭示了人的解放不仅关系到教育目的的问题，更是教育的实现方式问题。正如马克思强调的，既然人是从在体验世界的过程中感受自身的本质力量，"那就必须这样安排经验的世界，使人在其中能体验到真正合乎人性的东西，使他常常能体验到自己是人"[①]。所以教育理论如何走向实践，以及怎样认识教育中人的问题，不

---

① 马克思恩格斯文集：第1卷［M］. 北京：人民出版社，2009：334.

能靠形式归纳来解决，而必须首先展现在作为体验的教育历史内容。当然，日常文化批判在初始阶段受制于理智行动的影响，还没有自觉到将现实历史本身看作人的存在方式，相反，"日常"在理智的目光中往往沦为关于教育环境的形式抽象。这种初级阶段的日常文化批判集中体现在生活世界理论的研究中。但是，在走向生活世界的物化批判中，教育基本理论研究开始自觉到真正的日常不仅仅是单一的理智世界，更应是一种包含真善美相统一的、真实的教育生活。这种真实的教育生活不能存在于人们对教育纯粹理智的思考中，只能存在于现存生活作为历史发展结果的反思中。人在现存生活中展现的与社会历史之间的关系，在教育基本理论研究中表征为类存在的相关问题。最后，在教育的解放，以及作为这种解放的现实研究——批判教育学中，我国教育基本理论研究在后现代的背景下开启对马克思主义日常批判的认识重审。从回归生活世界的提出到后现代背景下教育的解放，作为日常文化批判的思维方式以其自身发展向我们揭示了真正站在面向现实历史的立场上运用和认识马克思主义的方法论之路，也是教育基本理论走向生活之路。这样说的根本依据在于，马克思主义现世批判与思想批判的统一，正在于实践性的历史和历史化的实践。正是实践作为人与世界的否定性统一，历史才不是人身外的自在存在或形式化的目的决定论，而是无限敞开的现实可能。正是历史作为人类存在的展开，实践才区别于纯粹的感觉活动或理智行动，批判教育学的发展困境正是因为没有很好地理解这一点。正如批判教育学提出重建历史唯物主义试图解决自身问题一样，我国教育基本理论对批判教育学困境进行反思，在此基础上能否为日常批判寻找到一条未来发展的道路，从某种意义上也是在现当代背景下对认识和发展马克思主义的一次"自我启蒙"。

　　教育基本理论研究中马克思主义传统的发展实质是对马克思主义思维方式的发展。从这种传统发展的历程不难看到，我国教育基本理论领域对马克思主义的思维方式经历了从科学主义取向的朴素唯物论水平到基于实践历史的辩证思维的发展。反映在教育研究方法论中，体现为从体系化科学的依据到日常文化批判的思维方式的变迁，从这种变迁角度看，传统解释原则的最大问题在于以一种朴素唯物论的思维水平去认识和运用马克思主义。这种朴素唯物论的最典型特征就是对既成的感性世界总是从客体的、直观的形式去理解，从自然史的视野出发将一切现存的社会现实按照时间的先在性理解为先有物质后有意识、先有实践后有认识的自然发展过程。在这种认识方式下，教育研究的最终价值只能建立在感性确定性的基础上，理论的实证效果成为教育研究追求真理性的现实动力。但与此同时，正是在这种认识的推动下，教育基本理论研究才走出教育自身，在教育与社会的一般关系中反思教育的要求。而随着西方思想和实践模式的不断涌入，在马克思主义与各种教育思潮不断碰撞的过程中，如何站在教育实践的立场上、从人的历史尺度出发思考教育问题，自然也就成为发展马克思主义的理论任务和逻辑前提。

　　党的十九大提出，时代是思想之母，实践是理论之源。教育基本理论的未来发展与对马克思主义的认识深化一致，只能是一个站在马克思主义传统发展已有的思维水平进一步推进理论创新的过程。这种理论创新的实质是真正用实践历史的辩证思维促进教育理论思维的自觉，也只有如此才能在教育基本理论研究的问题意识中真正展现马克思主义面向现实的逻辑力量。

一、新时代的历史定位与教育基本理论研究的问题意识

党的十九大提出，中国特色社会主义发展已经进入新时代。正如马克思强调的，"问题是时代的格言，是表现时代自己内心状态的最实际的呼声"①，新时代的历史定位不仅是一种时代的先声，更是一种针对问题的理论视野转换。为此，我国的教育基本理论发展只有在充分认识新时代的历史定位过程中才能凝聚问题意识。

（一）新时代的历史定位与马克思主义发展的问题导向

我国社会主义进入新时代的历史方位是由我国社会的主要矛盾决定的。我国的主要矛盾已经转化为人民日益增长的美好生活需要与不平衡不充分发展之间的矛盾。从我国的国情看，这种矛盾的现实基础主要是我国社会发展的阶段性特征。这种阶段性特征主要体现在四个方面：首先是生产力的蓬勃发展，决定我国已经摆脱了生产力落后的基本状况；其次是经济发展已经进入了新常态，即我国已从经济高速发展向稳中向好、稳中有进的发展状态迈进，深化改革、扩大开放和强化内需驱动成为经济发展的现实动力；再次是人民生活显著改善，各项社会事业加速发展，城乡居民的收入水平不断提升，甚至超越国民经济的增长速度，覆盖全体人民的社会保障体系不断完善；最后是我国的国际地位和影响力不断提升，无论是"一带一路"的倡议还是亚投行等多边金融机构的建设，都展现了中国全球治理的实力和能力。这些阶段性特征不仅开辟了现实教育问题的领域，而且成为教育基本理论的思考背景与前提。当我国各行业的发展要求已经从一种"生活需要"转向一种"均衡与充分的需要"时，教育领域的发展便不能再通过单纯"补血"式的补偿需要得以实现，类似教育扶贫的事业必须在发展中才能实现真正的补偿。而在如何理解并领会我国新时代的历史方位上，习近平总书记在十九大中明确提出了"三个意味着"的历史意义。

从新时代表征的发展阶段及"三个意味着"的解读不难发现，对我国新时代的历史方位判定及其主要内涵恰恰展现了以问题为导向的马克思主义发展原则。从历史与现实的问题视野看，正是中华民族的复兴道路和社

---

① 马克思恩格斯选集：第 1 卷 [M]. 北京：人民出版社，1995：203.

会主义的阶段性特征决定了新时代历史定位的必然性；从民族与世界的问题视野看，正是中国与世界发展的联系决定了新时代历史定位的现实性。而从这种新时代的问题意识看马克思主义的发展，只有在通晓历史发展成就的基础上，才能显现马克思主义最为深刻的时代内涵；只有以理论把握思想中的时代，才能使马克思主义的发展真正成为影响人类历史的中国智慧。因此，站在新时代的历史方位上，对马克思主义的发展必须破除单纯解释化、教条化的认识取向，从现存的教育问题出发，真正在理解和运用马克思主义的思维方式中促进教育理论思维的变革。与此同时，马克思主义发展的问题意识又内在于历史意识。这就要求问题中的现实不能被简单地看作一个静止的客观表象，而必须看作历史发展的结果。十九大立足我国的阶段性发展和历史任务展望未来的发展问题，在此基础上得出我国社会主义处于新时代的历史发展定位，正是这种基于历史关切的问题意识发展马克思主义的体现。

（二）马克思主义发展的问题导向和教育基本理论的问题意识

马克思主义发展的问题导向用习近平总书记的话概括就是："理论创新只能从问题开始""理论创新的过程就是发现问题、筛选问题、研究问题、解决问题的过程"①。与此同时，对马克思主义的发展应从历史研究中凝练问题意识，十九大立足中华民族对马克思主义的历史选择，从我国发展的阶段性特征得出新时代的历史定位，正是这种历史意识的体现。这就要求在教育基本理论研究中必须立足教育问题的发生历史聚焦问题意识，才能把握马克思主义理论指导的时代内涵。

如果仅仅看到问题反映现实，还不能将马克思主义同经验主义区别开来。而马克思主义发展的问题导向，其科学性就在于立足于深厚的历史意识。为此，马克思在多种场合谈及人文社会科学的研究时都强调，对现实历史发展的把握才是我们客观认识问题的基础。在对费尔巴哈的批判中，马克思就强调，"这种连续不断的感性劳动和创造、这种生产，正是整个现存的感性世界的基础，它哪怕只中断一年，费尔巴哈就会看到，不仅在自然界将发生巨大的变化，而且整个人类世界以及他自己的直观能力，甚至他本身的存在也会很快就没有了"②。而在哲学与具体科学关系的理解上，

---

① 习近平. 在哲学社会科学工作座谈会上的谈话 [N]. 人民日报，2016-05-19 (2).

② 马克思恩格斯选集：第 1 卷 [M]. 北京：人民出版社，1995：232.

恩格斯更是深刻地指出，具体科学在研究时只有以反映时代精神的理论作为思想基础，才能树立正确的问题意识。而这种反映时代精神的理论在恩格斯看来应是一种"建立在思维历史及其成就基础之上的理论思维"，恩格斯的这一论断无疑同样说明了具体科学该如何接受马克思主义指导。只有在历史的目光中凝聚问题意识，才能用理论把握住思想中的时代，也才能真正体现马克思主义的时代价值。如果脱离历史的理论创新，无论充斥多么新的话语在恩格斯看来都不过是将理论"用来在缺乏思想和实质知识的时候及时搪塞一下的词汇语录"①。

对于教育基本理论的发展而言，正如于述胜先生强调的，教育研究的历史意识一定程度上就是问题意识。传统教育基本理论研究往往单纯将概念的抽象看作学科的基本任务，而将具体的现实问题看作实践教育学的研究范畴。在这一认识下，我们往往倾向于将问题意识同宏观的理论思考割裂开来，甚至片面地将后者划为学科取向加以批判。这在教育基本理论接受马克思主义指导的问题上表现得尤为严重，以至于一种流行的观点认为以马克思主义为理论基础的教育基本理论研究是一种宏大叙事的建构。而从新时代马克思主义发展的要求可以看到，教育基本理论的问题意识必须建立在历史意识的基础上才能超越将"问题意识"与"经验化"混同的狭隘视野。而这种历史意识，不是对问题发生的经验片段的"积累意识"，而是要从历史中找到解决问题的思维困境究竟在哪里，在此基础上实现真正的理论创新。就新时代对马克思主义发展的问题意识来说，正如马克思在对经济发展的历史阶段进行分析时提出"资本主义经济为古代经济等等提供了钥匙"，社会主要矛盾的变化在思维方式上的变革也要求包括教育的各领域必须在提升发展质量的过程中审视现时的困境和旧有的问题。而从教育自身的立场看，正如李泽厚曾经预言21世纪将是教育的世纪，他预言的依据就在于21世纪是重新确立意义的世纪，"不能像二十世纪一味地否定意义，解构意义。通过教育，重新培养健康的人性，便是重新确立意义"②。但是对这种"重新确立意义"的思考不能靠重走主体主义的理性形而上学的老路，而只能是不断自觉到对实践历史的体验才是人类在教化中真正获

---

① 马克思恩格斯选集：第2卷［M］. 北京：人民出版社，1995：40.
② 李泽厚，刘再复.21世纪应当是教育学世纪［EB/OL］. http：//blog. sina. com. cn/s/blog_78cae96f0100pv8p. html.

得的自我意识。正是在这个意义上，如果我们超出将教育看作一种纯粹经验生活领域的狭隘理解，而把教育看作人类在实现自我过程中的一种生存活动，就可以毫不夸饰地说，教育的未来，也是现在的感觉和过去的意义，一定程度上必然要求我们重回对马克思主义的理解。从马克思主义传统的时代发展看，当代教育基本理论对马克思主义的思维方式已经自觉到只有基于实践历史的辩证思维，才能实现对教育问题的现实批判，教育理论只有自觉到自身在历史中的相对有限性，才能真正实现对现实的引领。新时代的教育基本理论研究只有在这一思维水平之上才能更好地推进马克思主义的发展。

二、唯物论与教育思想的客观性

教育研究如何客观真实地反映现实，教育理论有何实践性价值的问题，从教育学对自身的反思角度说，是教育思想的客观性问题。受马克思主义的影响，传统教育学往往将教育思想作为意识的产物，试图在唯物论的解释框架中理解教育思想与现实的关系。时至今天，无论是对教育理论实践取向的研究还是有关教育研究中问题意识与学科意识之争的探讨，无不暗含着对教育思想客观性的前提性反省。这就要求我们在处理马克思主义与教育学未来发展的关系时，必须以发展、动态的眼光去看待唯物论与教育思想客观性的问题。

（一）朴素唯物论与思想客观性的解释困难

改革开放在思想界引发的重要转变是确立了"实践是检验真理的唯一标准"这一原则，但是这种转向在教育学领域的实现是在传统教科书体系对马克思主义的理解中完成的。传统教科书体系遵从单一的时间先在性，合乎逻辑地阐明了世界先有物质后有意识，与此相应，先有实践后有认识，从而自然地证实了教育实践对教育思想的先决意义。这种将思维的发生看作对现实的无条件反映，依照纯粹的时间先在性去确立思想客观性的方式实质是一种朴素唯物论水平的思维。

如果我们对这种思维方式详加考察就会发现，这种纯粹的时间先在性实质只是站在自然史的尺度。在这种尺度下，对教育思想客观性的追问必然导致主观与客观尖锐的对立，并最终合乎逻辑地回归到主观思想服从外在的经验表象。正是在这种常识水平的思维层面，将马克思主义的唯物论理解为一种科学主义的态度并用其去看待教育思想的客观性是合乎逻辑的。

以往教育学在探讨理论与实践的关系时，一种对马克思主义的误解就在于将马克思主义看作实证史学，将"一切从实际出发"在具体的操作中理解为"一切从直观出发"，去应对各种现实的教育问题。在这一过程中，马克思主义往往同实证主义联系起来，以至随着后现代思想尤其是反本质主义的引入，长期以来有相当多的学者认为马克思主义同传统教育学一起都是一种以科学理性为目的的宏大叙事式建构。但是这种认识的一个根本问题是离开了马克思主义的形成历史和对思想客观性的认识史表面化地回答教育思想的客观性问题。众所周知，德国古典哲学一个突出的历史贡献就是在面对主观的人怎样认识客观世界的问题时，将提问方式从直言"世界是什么"转向了"人对世界认识何以可能"，而这一转向的动力就在于人对主体的自我意识是我们认识世界、把握人与世界关系的逻辑前提。马克思充分继承了这一点，并从人的历史出发阐明了这一前提发生的必然性，在马克思看来，从来就没有纯粹的意识，"'精神'从一开始就很倒霉，受到物质的'纠缠'，物质在这里表现为振动着的空气层、声音，简言之，即语言"①。而这种"纠缠"也使得传统教育学在回答思想客观性的问题时陷入不可避免的解释局限：如果教育现实是一种纯粹的脱离了人的意识的物质界、教育实践是一种失去主观必然性的纯粹客观活动，这样的教育现实是怎样成为教育思想的基础，教育实践又怎么能决定教育理论认识的真理性？现当代教育理论面对现实意义的拷问往往捉襟见肘，一定程度上就是由于从朴素唯物论表征的时间先在尺度出发，将主观与客观、思维与经验的关系在表象化的实在层面割裂开来，加深了二者的互不相容。为此，恩格斯早就预警式地提出，如果我们将唯物主义和唯心主义除了用于回答世界本原的问题上，赋予其他别的意义，则会导致思想的混乱②。因而欲回答教育思想的客观价值，就需要我们从辩证唯物论对客观的理解出发去认识教育思想的客观性。

---

① 马克思恩格斯选集：第 1 卷 [M]. 北京：人民出版社，2012：161.
② 恩格斯的相关阐释详见《路德维希·费尔巴哈和德国古典哲学的终结》："凡是断定精神对自然界说来是本原的……组成唯心主义阵营。凡是认为自然界是本原的，则属于唯物主义的各种学派。除此之外，唯心主义和唯物主义这两个用语本来没有任何别的意思，它们在这里也不是在别的意义上使用的。下面我们可以看到，如果给它们加上别的意义，就会造成怎样的混乱。"（《马克思恩格斯文集》第 4 卷，2009，P278）

（二）辩证唯物论与教育思想客观性的实现

现当代教育学中"人的转向"与对马克思主义认识发展的内在一致性就在于，教育学开始真正超越单一时间先在性这种朴素唯物论的思维框架，开始将人作为思维逻辑的起点认识教育思想的客观性问题。如果人对主体失去了自我意识，什么是教育理论把握的客观对象？对此，马克思在针对费尔巴哈的批判中指出，"旧有的唯物主义尤其是费尔巴哈的唯物主义，对对象、现实、感性，始终从客体的或直观的形式去理解，没有从感性的人的活动，没有当作人的实践去理解，没有从人的主体方面去理解"①。马克思在这里充分肯定了人的主体方面对思想客观性真实的逻辑意义。在此基础上，马克思又超越过往哲学深刻地指出，没有将认识置于人的感性活动中，理论在静观中通过概念去描述实践，虽然从外在看可能会体现为抽象的内容，但是从思维的水平上说，最终也只能实现为一种对感性直观化的理解。传统教科书体系往往依据"物质决定意识"将人对感性的思维能动理解作用和经验材料形式地割裂开来，所以看不到有关"物质"的理解在不同思维层次上所展现的不同内涵。以纯粹经验直观把握物质，亦即在朴素唯物论的思维水平看，物质只能被理解为现存事物的实例总和。而在辩证唯物主义看来，物质则是世界的统一本质，即世界若不是无意义的自在碎片，那就必须存在意义的统一性作为思维能动理解作用的逻辑前提，这种统一性就其现实性来说，只能是作为物质世界而实现的。辩证唯物主义正是在此意义上明确了"世界的统一性在于物质性""物质决定意识"②。同样，列宁在论及物质时将其基本属性规定为客观实在性。而所谓客观实在性，乃是表征在对象世界可以实现出来的哲学范畴。因而在辩证唯物主义关于世界物质性的理论蕴含中，教育思想的客观性实现不是一个停留于概念的描述与教育现实达成抽象同一的过程，而是一个教育理论与现实在实践的历史中趋向统一的过程。

这种关于唯物论与教育思想客观性的思维转变，已经深刻展现于新时

---

① 马克思恩格斯选集：第 1 卷 [M]. 北京：人民出版社，2012：133.

② 对于辩证唯物主义这种对"物质"的理解，可以从普列汉诺夫与恩格斯的探讨中得到印证。普列汉诺夫在书信中曾问过恩格斯："斯宾诺莎老人把思维与广延说成无非是同一实体的两个属性，该是对的了？"恩格斯回答说："当然，斯宾诺莎老人完全是对的。"在这里，恩格斯当然不是将马克思主义同斯宾诺莎主义等同起来，实质是对斯宾诺莎在物质理解的问题上肯定思维的能动理解作用表示赞成。详见《普诺汉诺夫哲学著作选集》第 2 卷，1961 年，第 404 页。

期我国教育学的理论发展之中。在用交往实践理论诠释教育问题的过程中，教育研究对教育思想客观性的评价标准开始真正超越单纯的"概念的周延"或"形式逻辑的自洽"，转而在师生交互的意义生成中去评价教育理论对教育现实的效力。但是，离开了政治经济的社会背景，这种交往中的教育主体仍是一种抽象的普遍性。而现代批判理论有关"非中立性知识"的批判，则揭示了教育中的知识是社会建构的历史结果，因此只有在教育与各种社会活动的互动中，在社会经济结构真实的制约中，教育思想的客观性才能得到合理的评价。我国当代教育学的发展则进一步要求不仅理论要渗透实践的现实背景，实践也应当主动趋向理论的思维自觉。由此，在社会改造主义、学习共同体等理念的影响下，教育学研究又提出将教师的专业发展、教师科研整合为学校改进的动力。在这种从解释知识的社会性到改造并发展知识的社会性过程中，教育学也不再满足于教育理论对现实的单纯梳理，转而将教育置于更为广阔的实践背景中，使教育在不断否定自身旧有规定性的基础上达成与社会理想的认同和统一。

传统教育学在回应教育思想客观性问题的过程中，往往受制于朴素唯物论的思维框架，将教育理论的现实意义等同于研究者的主观思考对经验事实的反映和预测。虽然在后来"人的转向"中教育基本理论开始超越科学主义的态度，但遗憾的是，教育基本理论并没有自觉到这种人的主体意识是认识客观世界的逻辑前提，因而也就不可能真正自觉到主体的自我意识对实现教育思想客观性真实的逻辑意义。例如，在现当代的教育研究中，现象学和生态伦理学在应用于教育领域的过程中产生一种观点，即将人在认识中展现的主体意识等同于一种人类中心主义的表现。其实，无论是从生存论分析还是从生态学视野来看，批判的都是将自我孤立于世界之外无世界的主体，而非主体作为认识的逻辑前提本身。只是在这种生存论、生态学的眼光看来，我们不能将主体局限在"我思"中看作一个世界之外的抽象结果，而应将主体作为自我意义的综合融于应手世界（关于"应手性"详见第66页注释）中。主体是世界的展现，世界是主体的存在要素。马克思在阐明人与自然的关系时洞若观火地指出，"被抽象地理解的，自为的，被确定为与人分隔开来的自然界，对人来说也是无"[1]。正如有学者批判的，现当代教育现象学在对"面向事情本身"的理解上，经常走入"直观经验

---

[1] 马克思恩格斯文集：第1卷 [M]. 北京：人民出版社，2009：220.

本身"的认识误区，将现象学方法同朴素的经验直观混同起来。从思维水平上说，这种问题的出现正是由于没有真正自觉到人的主体先在性深刻的认识论价值。马克思主义对思想客观性的认识与我国教育学发展的内在逻辑一致，共同揭示了只有教育研究不断超越"理论静观现实"的认识水平，教育思想才能实现面向现实进而改造现实的客观意义。

三、教育实践和实践的认识方式

在传统教育学的发展中，实践的观点一直被作为马克思主义的基础性观点受到尊崇。早期教育学在马克思主义实践观点的影响下，曾经试图通过对实验和调查的推广将教育学建成一门经验科学。马克思关于"哲学家们只是用不同的方式解释世界，而问题在于改变世界"[①] 的观点则被视为教育研究的价值理想。在当代教育学的发展中，马克思主义中有关实践哲学的部分更是被作为衡量教育学理论自觉重要的反思原则。但是在以往的研究中，我们对实践本身及"如何在实践中理解教育"充满分歧，这就要求我们在教育学的未来发展中必须深化理解教育实践及实践的认识方式。

（一）直观感性与传统教育理论对实践的认识局限

传统教育学在肯定教育实践无非是外在经验的结果时，也往往陷入了对实践直观化、经验化的理解中。一些末端之弊往往流于将教育实践等同于一种实体化的社会经验表象，在概念的形式上附会马克思主义的实践观点，而没有将实践观点置于马克思主义的新世界观中进行理解，从而导致在具体的教育研究中实践常常被作为一种自然态度中的感觉活动或公式化的主客体关系形式，因而也就无法真正具备将感性的教育现实"当作实践去理解"的可能。

与此同时，我们还应看到，这种以直观感性认识实践的方式从其产生的条件看，有着深厚的历史根源。早在赫尔巴特那里，教育学就在"目的—手段"的范畴中分离开来。赫尔巴特将教育学中凡是与思辨认识相关的部分都划为目的性假设范畴，而将实证调查作为"手段"层面的核心。在这种划分下，教育实践往往作为经验表象接受实证手段的考察。无论是以梅伊曼和拉伊为代表的实验教育学还是近世的实践教育学，实质都是从不同侧面延续并发展了这一思考的旨趣。而赫尔巴特的思考从价值取向上

---

① 马克思恩格斯选集：第 1 卷 [M]．北京：人民出版社，2012：131．

看乃是一种科学主义的思维，正如他在论及自己教育学研究的方法旨趣时谈及的，"我不把科学视为一副眼镜，而把它看作一双眼睛，且是一双人们可以用来观察各种事情的最好的眼睛"①。无独有偶，改革开放之初我国教育学的建设也是以自然科学作为最终的价值目的。以科学主义的直观感性来看待实践，一方面教育实践在经验领域中被表象化了，近似一种自然态度的感觉活动，另一方面，在理论领域教育实践在概念的抽象中被形式化了，实践成了公式化的主客体关系形式。

正是在这种直观感性中，一方面理论把握实践成为一种单调的理念承诺，另一方面实践之所以相对于理论占据基础的思维，是因为实践不仅具有理论的普遍性品格，也具有直接现实性品格。但在直观感性中，实践无从展现这种能动的品格。为此，无论是以杜威为代表的实用主义教育学还是现当代教育学研究中的实证主义，都试图在实践的理解上对"直观经验"的认识加以改造。如杜威强调人的实践经验不同于纯粹的感觉活动，真正在教育中的经验是一种"反思的经验"。但是应当看到，这种"反思"本质上仍旧是一种在连续经验中的意识表象，与思维的能动理解作用有别②。而现当代教育学中的实证主义想从思想符合事实的立场来解决理论与实践的关系问题，同样逃脱不了将实践直观经验化的弊病。正如流行于当代的教育神经学即便发展到对人们每次价值情感判断都能够精确地说出背后的神经网络，人在这种表象的逻辑中仍摆脱不了成为机器的命运。因为从自然史的尺度出发，无论教育实践呈现出何种形态，经验世界永远是在人之先的。只有在人的意义世界里，在实践作为这种意义的展开方式里，人才能成为现存教育的前提。

---

① 赫尔巴特．普通教育学·教育学讲授纲要［M］．李其龙，译．北京：人民教育出版社，1989：11．

② 在杜威看来："反思性思维的含义在于：某事物的可信（或不可信）不是因为它本身的缘故，而是通过能作为证明、证据、证件、依据等其他事物来体现的，就是说，是通过作为信念的根据来体现的。"（参见《我们如何思维：重述反思性思维对教育过程的关系》中第一部分第一节"什么是思维"，《杜威全集》第八卷）。从杜威对反思性过程的描述也可以引证杜威把反思的发生建立在经验的连续性这一基础上，因而反思的过程实质是一种"意识的表象"。但是理性的思维能动理解作用则要求即使是最直接的感性，也是需要人的接受能力的。随便打人与随便打石头是不同的，后者作为经验表象只能被看作事物的相互作用，石头没有"挨打"的感受性，这个例子说明，即使在最为被动的直观感性中，人也是在能动地接受世界前提下才有"感受世界"。杜威的"反思性思维"作为连续经验的意识表象，显然不可能真正意识到直观感性的每次实现都需要人的思维能动理解作用，因而也就不可能真正超越概念描绘实践的思维水平。

（二）实践的认识方式与教育理论的实践品格

传统教育学在面对理论如何把握实践的问题上，往往在直观感性中将实践表象化了。实践在这种实证主义的态度中也往往成为凝固的表象或抽象的形式，失却了能动的品格。正如阿多诺对实证主义者的形而上学性批评道："那些自以为克服了唯心主义的胜利者，比批判理论更深入地陷入唯心主义之中：他们把认识主体不是实体化为一种创造的、绝对的主体，而是想象为一切有效性以及科学控制的固定精神。"① 欲回答这一问题，就需要我们重回马克思主义深入理解实践作为认识方式的地位及其作用。

从马克思主义所要实现的世界观变革来审视实践，传统的唯心主义尤其是德国唯心主义在概念的范畴中单纯地反映思维在既成世界中的发展，将人对世界的真理性认识看作自我意识的实现过程。法国唯物主义则在感性的直观中单纯地表象思维在既成世界中的发展，将人对世界的真理性认识看作经验直观的过程。因而从人与世界的关系上看，传统的哲学只能终于对既有世界的"静观"，将人与世界的关系在认识中实现为一种无条件的、肯定的统一关系，正是在此意义上，传统形而上学最终只能实现为一种"解释世界"的哲学。马克思主义实践观点的提出其意义在于，实践中人对世界的认识关系真正突破了这种人与既成世界肯定的统一关系而成为人与世界否定性的统一。"世界不会满足人，于是人决心以自己的行动来改变世界"，世界在实践的过程中，被否定掉固有的规定性和外在性，真正成为打上了人的烙印、自在自为的存在。正是在人与世界否定性的统一中，马克思主义实现了从"解释世界"向"改变世界"的世界观变革。

透过马克思主义实践观点欲实现的世界观变革，审视教育学中有关教育实践的理解就会发现，对教育实践作单纯经验表象或"主客体关系公式"的理解，其实质是理论在概念的形式中描绘实践，所以仍是一种停留在"解释世界"水平上的教育理论思维。而从实践作为人与世界否定性统一的关系去理解，教育实践的发生乃是个体文化与社会历史文化在矛盾中实现的互相认同。正如毛泽东强调的，"感觉到了的东西，我们不能立刻理解它，只有理解了的东西才能更深刻地感觉它"②，在实践中认识问题中的教育现实、理论地把握教育实践，不是一个用教育学概念直观地肯定教育现

① 王晓升. 阿多诺对于实证主义社会理论的三个基本命题的批判 [J]. 江海学刊, 2005 (3): 43.
② 毛泽东选集 [M]. 北京: 中共中央党校出版社, 2002: 71.

实的过程，而是一个研究者与教育问题场景、个别教育现象与宏观社会背景在真实的冲突中实现统一的过程，亦即只有在实现"真正理解"的基础上才能走向"深刻感觉"的过程。现当代教育社会学以冲突理论取代功能理论，教育研究方法上倡导以时间性的叙事弥补单纯理论话语作为超时间性概念体系的不足，这一系列教育学的发展从理论思维的发生形态上看，都合乎逻辑地表征了"思维的理性使有差别的东西的已经钝化的差别尖锐化，使表象的简单的多样性尖锐化，以达到本质的差别，达到对立"①，而这正是实践消解了人对既成世界非反思的、片面的肯定，展现在思维过程中所应有的辩证内涵。现代知识社会学对科学史的研究已经揭示给我们，教育学的未来发展同一般学科的发展一致，不是由于达成共识才前进的，相反，大多数的进步是"由知识和人与人之间激烈的冲突和概念的变革引起的"②。站在马克思主义关于实践的认识立场上，教育学对教育实践的认识只有不断地将自己从"社会本位还是个人本位""环境决定还是遗传决定"等先入为主的"形式承诺"中解放出来，破除以二元对立的标准形式化地区别教育问题，才能真正将教育与周遭世界的冲突看作教育自己发展自己必经的历程；也只有做到这一点，教育理论才能在走向实践中趋近实践"改变世界"的价值理想，在教育学的发展中展现教育理论不仅能够解释教育现实，而且还能改造教育现实的实践品格。

四、唯物史观的定位和对教育与社会关系的认识

遵从马克思主义指导的教育学，在实践中对教育问题进行认识和理解，一定意义上也就是将直接遇到的、当下的教育现实作为历史发展过程的结果去理解。这就要求特定的教育问题必须置于一定的社会历史形态中才能够被真正地认识。但是，在思考教育与社会的关系时，传统教育学常常陷入个人与社会的二元冲突之中。与此同时，部分后现代西方学者也往往将马克思主义视作历史决定论对其展开批驳。这一切都需要我们在对待教育与社会的关系时应重审马克思主义对唯物史观的理解。

---

① 列宁全集：第 55 卷 [M]. 北京：人民出版社，1990：119.

② [美] 迈克尔·W. 阿普尔. 意识形态与课程 [M]. 黄忠敬，译. 上海：华东师范大学出版社，2001：137.

（一）历史决定论与对唯物史观的认识偏误

传统教育学在运用马克思主义分析教育与社会的关系中，往往将历史唯物主义看作辩证唯物主义在社会历史领域中的运用，按照物质决定意识的原理，形式地推导出社会存在决定社会意识，在这种认识中，一定的经济政治对文化的先决意义往往被形式化地理解了，以致教育被直接看作经济政治的产物。正是这种将唯物史观看作马克思主义针对现实形式演绎的认识方式，使得唯物史观常常被误解为一种历史决定论的思考。这种思考应用于分析个人与社会的关系上，个人的教化常常被理解为附着于社会宏观环境的产物，体现在教育历史与现实的关系上，现存的教育往往成为手段附着于某种终结性的社会理想，从而在对教育与社会关系的思考上，在个人与社会、历史与现实间，造成不可避免的紧张与冲突。

与此同时，随着后现代和西方马克思主义的兴起，教育学领域也针对将马克思主义视为一种经济决定论开始了深刻的认识反省。在这一过程中，一些西方学者的批判往往漠视马克思主义的理论批判与现实批判的内在联系，在讨伐"经济决定论"时将"孩子"与"脏水"一并倒掉了，把马克思主义对人类社会发展的体察判为终结性社会理想下宏大叙事式的思考，尤其是在波普尔将马克思主义作为"历史决定论"进行批判之后，一些西方教育学者更是将批判的矛头直指马克思主义中有关社会理想的部分，较为典型的如布列钦卡认为正统的马克思主义将教育科学的研究强加于乌托邦的政治理想。因而在教育与社会关系问题上的认识分歧，实质关系到对唯物史观的理解问题，即唯物史观到底是辩证唯物主义在社会历史领域中的应用还是马克思主义的理论实现？能否正确地理解这一问题，决定了我们能否真正站在马克思主义的立场上认识教育与社会的关系问题。

（二）唯物史观的定位和对教育与社会关系的理解

恩格斯在阐述马克思主义对传统形而上学的"终结"时评价到，传统形而上学在黑格尔那里已经终结了，作为辩证唯物主义的马克思主义"已不再是哲学，而只是世界观"。而作为世界观的辩证唯物主义之所以将黑格尔体系视为传统形而上学的终结，一方面是因为黑格尔"在自己的体系中以最宏伟的方式概括了哲学的全部发展"，另一方面是因为黑格尔"给我们指出了一条走出这些体系的迷宫而达到真正地切实地认识世界的道路"，这条道路就是将哲学建立为基于思维历史之上的理论思维。而超越黑格尔体系中"观念的历史"，面向现实历史的哲学就"要求一个哲学家完成那只有全人类在其前进的发展中才能完成的事情"。因而辩证唯物主义作为一种新世界观，它的实现只能"把沿着这个途径达不到而且任何单个人都无法达到的'绝对真理'撇在一边，而沿着实证科学和利用思辨思维对这些科学成果进行概括的途径去追求可以达到的相对真理"①。从恩格斯的这种阐释不难看出，马克思对资本主义政治经济的研究作为现实历史的批判，绝不是辩证唯物主义在社会历史领域中的简单应用和拓展，而是辩证唯物主义以实践历史为解释原则的理论实现。正是在对资本主义政治经济的批判中，辩证唯物主义才能在唯物史观中实现面向社会现实的理论彻底性。

在教育学对马克思主义的运用发展中，现当代前沿的批判教育学者，以及新马克思主义的代表人物已经自觉地意识到，重审唯物史观对正确认识教育与社会的关系具有极其必要的意义。如阿普尔在对批判教育理论发展的总结中阐释到，"在马克思主义者的传统中，从来没有过叙事，这是个错误，是对历史的误导，是集体失忆"。阿普尔批评的这种"没有叙事的批判"正是脱离了对资本主义现实历史的考察，而把对教育社会性的批判看作教条化马克思主义的纯粹理论应用。与此同时，这种叙事与单纯描写之间的区别在于，"不能因为阶级现在被称为宏大叙事，就认为阶级已经消失了，这是一种历史的误解和误读"②。不难看出，阿普尔"作为阶级批判的历史叙事"正是强调实践历史在唯物史观中作为解释原则的重要地位。现当代对教育与社会关系的认识中，一直存在着对马克思主义两极化的误解，或是将马克思主义视为一种"经济决定论"，或是在实际操作中将马克思主义窄化为一种经院式的思维方法。导致这两种误区带来的重要表现就在于，马克思主义被当成一种历史主义的思考，共产主义的社会理想被当成实体化的理想社会。在此基础上，马克思主义描绘的人类发展被剪拼为由不同的经济政治生活和抽象社会形式组成的线性化历史。如波普尔认为，"有些历史主义者——特别是马克思主义者——并不想把人们从他们过重的责任中解脱出来"③。恰恰与此相反，在相关的经典著述中，马克思充满预警地批判了将历史一维化、实体化的做法，取而代之着重强调了历史条件的偶

---

① 马克思恩格斯选集：第4卷［M］. 北京：人民出版社，2012：226.

② ［美］卡洛斯·阿尔伯托·托里斯. 教育、权利与个人经历：当代西方批判教育家访谈录［M］. 原青林，王云，译. 济南：山东教育出版社，2011：18-19.

③ ［英］卡尔·波普尔. 开放社会及其敌人［M］. 陆衡，等译. 北京：中国社会科学出版社，1999：19.

然性和社会发展目的的开放性。如在对法国"雾月政变"进行总结时马克思强调，人们的确创造了自己的历史，"但是他们并不是随心所欲地创造，并不是在他们自己选定的条件下创造，而是在直接碰到的、既定的、从过去承继下来的条件下创造"①。在对黑格尔哲学的批判中，马克思更是意味深长地指出，"共产主义并不是人所创造的对象世界"，"它们乃是现实的生成，是人的本质之实际地实现成为人，或人的本质之实现作为一个现实的人"②，因此，共产主义的理想社会并不是一种类的抽象的定在，更不是终结历史的经验图景，而是"现实的生成"，即社会的发展过程本身也是人的本质的实现过程，这种人与社会发展的时代一体性要求我们，在对教育与社会的认识过程中，必须打破将马克思主义的社会理想教条化、经验化的理解。在此基础上，对教育问题的理解应深入人的现实历史维度，并只有在这种历史的维度中才能把教育与社会的关系把握为变易中的、发展的辩证关系。正如海德格尔晚年对马克思的评价，"因为马克思在体会异化的时候深入到历史的本质性的一度中去了，所以马克思关于历史的观点比其余的历史学优越。但因为胡塞尔没有，据我看来萨特也没有在存在中认识到历史事物的本质性，所以现象学没有、存在主义也没有达到这样的一度中，在此一度中才有可能有资格和马克思主义交谈"③。教育学在发展中能否自觉地以教育实践的历史为解释原则，才是突破对教育与社会关系单向度、平面化理解的关键。也只有在这一过程中，教育学未来的研究才能真正意义上贯彻唯物史观，合时代地发展马克思主义。

五、辩证法的应用尺度与教育理论思维的自觉

辩证法作为马克思主义的思维方法，在教育学的发展中一度成为认识和运用马克思主义的标识。从我国教育基本理论研究的发展看，教育学每次重大的理论创新几乎都伴随着教育研究对辩证法的运用和发展。如桑新民先生在20世纪90年代初试图从人的类生产角度突破传统体系，以实践与理论之间的互动关系为思考线索重构教育哲学。在这一过程中，从教育本体论到教育价值论最终达到教育实践论的探讨，即是按照辩证法中从抽象

①　马克思恩格斯选集：第1卷［M］. 北京：人民出版社，2012：669.
②　［德］马克思. 黑格尔辩证法和哲学的一般批判［M］. 贺麟，译. 上海：上海人民出版社，2012：138.
③　孙周兴. 海德格尔选集（上）［M］. 上海：生活·读书·新知三联书店，1996：383.

上升至思维中具体的方法论原则。无独有偶，叶澜先生在谈及将教育活动看作一种交往实践时，也是运用从感性具体上升至理性具体的辩证法原则，先从具体的教育现实中抽象出教育活动的各组成要素，而后将诸要素的互动表征为交往，从而将交往实践作为思考现实教育的理论范畴。但与此同时，随着教育学对马克思主义的认识深化，教育研究也逐渐突破了将马克思主义视为"科学之科学"的理解，辩证法在思想领域中的权威地位也遭受严峻的冲击，甚至在一些实证主义学者眼里，辩证法几乎成为关于概念游戏的"变戏法"。如何认识辩证法的应用尺度问题，对提升教育理论思维的反思自觉具有重要意义。

（一）经验思维与传统教育学对辩证法的运用失范

早期教育学基于科学主义的态度确立了辩证法在教育研究方法中的权威。但是这种权威的树立在把辩证法置于超越一般科学方法的地位的同时，也往往站在朴素唯物论的水平上，以经验思维认识和运用辩证法。经验思维的根本特征是遵照对表象的经验直观，把事物的发生发展问题都看作自然史问题。在这种经验思维下，传统教育理论的构建只能按照时间先在性尺度，确立外在的经验表象对意识的先决意义。与此相应，辩证法的权威也只有在经验表象构成的实例总和中才能得以真正树立。例如，在论及对立统一时，对照物理学中的阳电与阴电、数学中的正与负、阶级斗争中的敌与友，教育活动中的主与客也都类似相对地存在着。

而将传统认识中的辩证法应用于具体教育理论的建构中，无论是从感性具体到理性具体的思维方法，还是被教育研究早已熟悉的"一分为二""两点论"的视角，这种辩证的思维在实际的运用中往往被教条化了。如在从抽象到具体的认识方法中，思维需要对感性具体进行抽象，但抽象出的思维规定往往沦为离开了对象内容、标签化的形式规定。在"一分为二"的认识中，矛盾的双方不是教育问题自己发展出的结果，而是优点与缺点、理性与非理性等外在于教育问题的形式标准。正是类似的问题使得辩证法在教育理论思维中，近乎成为关于概念游戏的"变戏法"。

从经验思维的根本特征去看待传统教育学对辩证法的认识偏误，在经验思维中，辩证法的思想内容是构成经验世界的实例总和，这就将辩证法的理论任务从回答"人的认识何以可能"的认识论问题倒退为回答"世界何以可能"的经验直观问题。与此同时，在思维的过程中，对照作为实例

新时期教育基本理论的马克思主义传统发展研究

总和的思想内容，作为认识方式的辩证法就不可能是事物自身发展的本质环节，而是脱离了思维内容的抽象形式。所以，辩证法在教育研究中的境遇问题实质关系到如何超越片面的经验思维去理解辩证法的应用尺度问题，对这一问题的解决深刻影响着在运用和发展马克思主义的过程中，教育学研究能否实现思维上的理性自觉。

（二）作为认识论的辩证法和教育理论思维的自觉

早期教育学在以科学主义的态度认识和运用辩证法时，往往陷入经验思维中。在对辩证法的理解上，一方面将辩证思维的内容直观经验化了，使得辩证法的理论内容成为关于全部经验世界的实例总和；另一方面将辩证思维的认识方式形式化了，所谓思维运动中的对立、发展等实质上都成为一种对实例总和的形式归纳。

然而这种"实例总和"式的辩证法其根本问题是，作为表征思维运动的对立、发展等形式终究不过是借助概念直观经验世界的描述，像列宁说的，一旦进入思维与现实的关系领域，这种所谓"辩证的形式"就立刻成为"死板的、贫乏的、枯竭的"① 脱离了内容的形式规定了。列宁在对芝诺"飞矢不动"的评价中深刻地指出，"问题不在于有没有运动，而在于如何用概念的逻辑来表达它"②。因而辩证法作用的领域不是人对自在世界的经验直观问题，而是人在思维中如何把握世界的认识问题。更进一步，恩格斯透过对人类不同生活领域中思维的考察深刻地指出，"是就是，不是就不是"这种非此即彼的形而上学思维"对我们来说是极容易理解的，因为它是合乎所谓常识的"。而这种作用于常识领域的形而上学思维一旦进入研究的领域，就会发生"惊人的变故"。对此，恩格斯有一个经典的例子，法学家"为了判定在子宫内杀死胎儿是否算是谋杀，曾绞尽脑汁去寻找一条合理的界限，结果总是徒劳。同样，要确定死亡的那一时刻也是不可能的，因为生理学证明，死亡不是突然的、一瞬间的事情，而是一个很长的过程"③。正是在这个意义上，当我们超越常识水平的感性确定性而深入研究领域，对立的概念就要"融合在普遍相互作用的看法中"，对事物独断、孤立的理解必然走向联系的理解，静止、永恒的理解必然走向发展、暂时性

---

① 列宁选集：第2卷［M］. 北京：人民出版社，1972：712.
② 列宁全集：第35卷［M］. 北京：人民出版社，1990：216.
③ 马克思恩格斯选集：第3卷［M］. 北京：人民出版社，2012：791-792.

的理解。因而，辩证法作用的尺度，亦即对理论思维的真正意义，就在于在研究领域中使思维对世界的把握符合世界在现实历史中的发展。只有这样，作为辩证思维的环节才不是外在形式化的、人为规定的环节，而是事物自己发展自己的环节。

当代中西方教育学研究在对辩证法的理解中发展出两条路径，这两种路径都将形而上学思维把握为一种二元对立的两极化思维。在此前提下，第一种路径是将二元对立视为一种标签化的形式规定，认为这种思维方式极易陷入单极化的思考中，将理论与实践、知识与能力等教育学范畴置于不必要的紧张关系中。与此相对，我们在认识教育问题时应该真正承认这些教育学中相对的范畴在具体现实中都是一种充满必要张力的关系，这才是坚持辩证法的体现。另一种路径则集中体现于批判教育理论对二元对立思维的反思，这一路径将二元对立理解为一种单极宰制性的话语，与之相对，辩证法的原则蕴含着真正的对话关系。这种辩证法的理解传承了早期批判学者弗莱雷利用黑格尔"主仆关系"对辩证法的阐释。强调两极化的思维方式在教育实践中往往表现为一种强权宰制式的教育话语，而真正的辩证思维则要求教育实践是一种真正的人的解放，这种解放的实践不仅要求被灌输者，也要求灌输者通过对话从单极化的狭隘思维中走出，因而是一种双重的解放活动。但是无论是"必要的张力"还是"批判的对话"，这两种教育学对辩证法的发展路径在现实中都陷入过一个相似的困境，即一旦开始对具体教育问题的探讨，作为思维方式的辩证法就往往被外在形式化了，而一旦进入理论层面的辩证分析，作为辩证的环节又丧失了教育的历史内容。这种困境发生的根本原因在于当我们离开了认识论层面的辩证法理解，以经验常识的目光审视教育问题时，便极易走入对辩证法的两极化误用，或是在经验直观中将辩证法理解为有关实例总和的理论依据，或是在形式抽象中将辩证法应用为一种经院式的思维手段。这就需要我们理解辩证法既不是一种直言世界的经验方式，也不是一种类的抽象，而是通过直接作用人的思维如何把握现实间接地回答现实是什么的相关问题。就其意义而言，辩证法在教育基本理论研究中最为直接的作用乃是一种认识论的反省。

在现当代教育领域中，大数据、教育智库等现代信息技术手段已使得对教育的分析达到近乎即时的精细化描写。这一趋势的背后是作为"实例总和"的辩证法已逐渐失去促进理论思维自觉的作用与现实可能。而以作为认识论的辩证法观之，在教育理论思维如何把握现实的问题上，在宏观领域，改革开放使得"历史成为世界历史"变成真实的感受，传统以集体主义和国家主义为主导的教育再也无法将孤立的国家和抽象的集体作为价值的信条去发挥国民性教化的功能，反而只能在作用全面发展个人的过程中才能不断丰富集体和国家作为社会共同意志的内涵。这就使得教育中的国家主义和集体主义必然走向与之相对的个人，在个人与国家、个人与集体的关系中思考自身发展中的问题。在微观领域，学科知识最终要实现的是一种超越个体的普遍性。但随着知识专门化的要求不断提升，不仅对于作为教育结果的学生，甚至教师本身，学科知识都不可能成为一种超个体的建构直接实现普遍性的影响。相反，教师只有在个体的教学经验中才能真正成为"专业生活"中的个人，学生只有在自我发展的选择中才能实现对学科知识的真正理解。这些正在发生着的教育问题从思维把握现实的层面上，都表征了教育活动在自身的发展中必然过渡到对方，在对方中发展自己，并将这种发展看作教育自我发展的环节。正是在这种思维把握教育的尺度中，也只有在这种关于教育的认识领域中，我们才能说教育的发展也是个辩证发展的历程。因而，能否超越"实例总和"式辩证法的认识水平，真正从思维把握教育的层面上去理解辩证法、运用辩证法，必将决定教育学在未来运用和发展马克思主义的过程中，能否真正实现学科理论思维的自觉。

参考文献

一、中文著作类

［1］车树实．马克思主义教育思想史初编［M］．南宁：广西教育出版社，1990．

［2］陈桂生．马克思主义教育论著研究［M］．上海：华东师范大学出版社，1993．

［3］陈桂生．人的全面发展理论与现时代［M］．上海：上海教育出版社，1988．

［4］陈元晖．中国教育学史遗稿［M］．北京：北京师范大学出版社，2001．

［5］陈元晖．老解放区教育简史［M］．北京：教育科学出版社，1981．

［6］成有信．教育学原理［M］．郑州：河南教育出版社，1993．

［7］程今吾．新教育体系［M］．上海：上海书店出版社，1948．

［8］党的十九大报告辅导读本［M］．北京：人民出版社，2017．

［9］刁培萼，丁沅．马克思主义教育哲学［M］．上海：华东师范大学出版社，1987．

［10］董标．马克思主义教育思想论纲［M］．徐州：中国矿业大学出版社，1992．

［11］高军，等．五四运动前马克思主义在中国的介绍与传播［M］．长沙：湖南人民出版社，1986．

［12］高清海．哲学体系改革［M］．长春：吉林人民出版社，1997.

［13］中共中央文献研究室．江泽民论有中国特色社会主义专题摘编［M］．北京：中央文献出版社，2002.

［14］顾明远．中国教育大系·21世纪中国教育［M］．武汉：湖北教育出版社，2015.

［15］侯怀银．中国教育学之路［M］．合肥：安徽教育出版社，2009.

［16］侯怀银．20世纪中国教育学发展问题研究［M］．北京：北京师范大学出版社，2011.

［17］黄济．教育哲学通论［M］．太原：山西教育出版社，1998.

［18］姜琦．姜琦文集［M］．上海：华东师范大学出版社，2009.

［19］李达．唯物辩证法大纲［M］．武汉：武汉大学出版社，2007.

［20］李浩吾．新教育大纲［M］．福州：福建教育出版社，2007.

［21］厉以贤．马克思主义教育思想［M］．北京：北京师范大学出版社，1992.

［22］梁树发．马克思主义哲学原理［M］．北京：中国人民大学出版社，2003：26.

［23］林代昭，潘国华．马克思主义在中国——从影响的传入到传播（上）［M］．北京：清华大学出版社，1983：50.

［24］林砺儒．教育哲学［M］．上海：上海书店出版社，1946.

［25］刘世峰．中国教劳结合研究［M］．北京：教育科学出版社，1996.

［26］柳海民．教育理论的诠释与建构［M］．合肥：安徽教育出版社，2009.

［27］鲁洁．超越与创新［M］．北京：人民教育出版社，2001.

［28］陆有铨．躁动的百年：20世纪的教育历程［M］．济南：山东教育出版社，2001.

［29］《马克思主义哲学》编写组．马克思主义哲学［M］．北京：高等教育出版社，2009.

［30］中共中央党校教务部．毛泽东著作选编［M］．北京：中共中央党校出版社，2002.

［31］瞿葆奎，沈剑平．教育学文集·教育与教育学［M］．北京：人民教育出版社，1993.

［32］全国教育科学规划领导小组办公室．中国教育科学规划的回顾与展望［M］．北京：教育科学出版社，2006.

［33］桑新民．呼唤新世纪的教育哲学——人类自身生产探秘［M］．北京：教育科学出版社，1993.

［34］石佩臣．马克思主义教育思想引论［M］．北京：中国展望出版社，1990.

［35］石中英．教育学的文化性格［M］．太原：山西教育出版社，2001.

［36］舒志定．马克思教育思想的当代阐释［M］．北京：学习出版社，2013.

［37］孙承叔，韩欲立，钱厚诚，罗富尊．重建历史唯物主义：西方马克思主义基础理论研究［M］．上海：复旦大学出版社，2015.

［38］孙喜亭．教育原理［M］．北京：北京师范大学出版社，1993.

［39］孙正聿，等．马克思主义基础理论研究［M］．北京：北京师范大学出版社，2011.

［40］唐莹．元教育学［M］．北京：人民教育出版社，2002.

［41］陶德麟，石云霞．马克思主义基本原理概论［M］．武汉：武汉大学出版社，2006.

［42］王北生．马克思主义教育思想与现时代［M］．开封：河南大学出版社，1994.

［43］王逢贤．中小学生爱国主义共产主义教育引论［M］．北京：教育科学出版社，1987.

［44］王焕勋．马克思教育思想研究［M］．重庆：重庆出版社，1988.

［45］王坤庆．教育学史论纲［M］．武汉：湖北教育出版社，2000.

［46］王义高，肖甦．苏联教育70年成败［M］．北京：北京师范大学出版社，1999.

［47］项贤明．泛教育论：广义教育学的初步探索［M］．太原：山西教育出版社，2002.

［48］许崇清．许崇清教育论文集［M］．中山大学学报编辑部，1981.

［49］杨彬．马克思主义发展历程中的两种形态问题研究［M］．北京：中央编译出版社，2015.

［50］杨兆山．马克思人的解放思想的时代价值：科技革命视野中人的

解放问题探索［M］.长春：东北师范大学出版社，2006.

［51］杨祖陶.德国古典哲学逻辑进程［M］.武汉：武汉大学出版社，2003.

［52］叶澜.教育概论［M］.北京：人民教育出版社，2006.

［53］叶澜.教育研究方法论初探［M］.上海：上海教育出版社，1999.

［54］于伟.现代性与教育［M］.北京：北京师范大学出版社，2006.

［55］俞吾金.意识形态论［M］.上海：上海人民出版社，1993.

［56］袁贵仁.马克思的人学思想［M］.北京：北京师范大学出版社，1996.

［57］曾繁仁.美育十五讲［M］.北京：北京大学出版社，2012.

［58］查有梁.控制论、信息论、系统论与教育科学［M］.成都：四川省社会科学院出版社，1986.

［59］张斌贤，楼世洲.当代中国教育学术思想研究：1949—2009［M］.北京：中国社会科学出版社，2011.

［60］郑金洲，瞿葆奎.中国教育学百年［M］.北京：教育科学出版社，2002.

［61］周谷平.马克思主义教育思想的中国化历程：选择·融合·发展［M］.杭州：浙江大学出版社，2008.

［62］周浩波，迟艳杰.教学哲学［M］.沈阳：辽宁教育出版社，1993.

［63］周全华."文化大革命"中的"教育革命"［M］.广州：广东教育出版社，1999.

［64］朱永新，徐亚东.中国教育家展望21世纪［M］.太原：山西教育出版社，1997.

［65］邹化政.《人类理解论》研究——人类理智再探［M］.北京：人民出版社，1987.

二、中文译著类

［1］［英］卡尔·波普尔.开放社会及其敌人［M］.陆衡，等译.北京：中国社会科学出版社，1999.

［2］［奥］路德维希·冯·米瑟斯.自由与繁荣的国度［M］.韩光明，

等译．北京：中国社会科学出版社，1995.

　　［3］［巴］保罗·弗莱雷．被压迫者教育学［M］．顾建新，等译．上海：华东师范大学出版社，2001.

　　［4］［德］J. 谢林．先验唯心论体系［M］．梁志学，石泉，译．北京：商务印书馆，1976.

　　［5］［德］马丁·布伯．我和你［M］．陈维纲，译．北京：生活·读书·新知三联书店，2002.

　　［6］［德］底特利希·本纳．普通教育学：教育思想和行动基本结构的系统的和问题史的引论［M］．彭正梅，等译．上海：华东师范大学出版社，2006.

　　［7］［德］费希特．全部知识学的基础［M］．王玖兴，译．北京：商务印书馆，1986.

　　［8］［德］赫尔巴特．普通教育学·教育学讲授纲要［M］．李其龙，译．杭州：浙江教育出版社，2002.

　　［9］［德］黑格尔．精神现象学［M］．贺麟，王玖兴，译．北京：商务印书馆，1979.

　　［10］　［德］黑格尔．小逻辑［M］．贺麟，译．北京：商务印书馆，2009.

　　［11］　［德］胡塞尔．欧洲科学的危机与超越论的现象学［M］．王炳文，译．北京：商务印书馆，2009.

　　［12］　［德］卡西尔．人论［M］．甘阳，译．上海：上海译文出版社，1985.

　　［13］　［德］康德．纯粹理性批判［M］．李秋零，译．北京：中国人民大学出版社，2012.

　　［14］［德］马丁·海德格尔．存在与时间［M］．陈嘉映，王庆节，译·北京：生活·读书·新知三联书店，1987.

　　［15］［德］马克思．黑格尔法哲学批判［M］．中央编译局，译.北京：人民出版社，1963.

　　［16］［德］马克思. 1844 年经济学哲学手稿［M］．伊海宇，译．北京：人民出版社，2000.

　　［17］［德］马克思．黑格尔辩证法和哲学的一般批判［M］．贺麟，译.上海：上海人民出版社，2012.

［18］马克思恩格斯全集：第 26 卷（第 1 册）［M］．北京：人民出版社，1972.

［19］马克思恩格斯选集：第 1 卷［M］．北京：人民出版社，2012.

［20］马克思恩格斯选集：第 4 卷［M］．北京：人民出版社，1995.

［21］［德］沃尔夫冈·布列钦卡．教育知识的哲学［M］．杨明全，宋时春，译．上海：华东师范大学出版社，2006.

［22］［德］雅斯贝尔斯．什么是教育［M］．邹进，译．北京：生活·读书·新知三联书店，1991.

［23］［俄］列宁．列宁全集：第 38 卷［M］．北京：人民出版社，1990.

［24］［俄］列宁．列宁全集：第 55 卷［M］．北京：人民出版社，1990.

［25］［俄］列宁．列宁哲学笔记［M］．北京：人民出版社，1974.

［26］［法］笛卡尔．第一哲学沉思集［M］．庞景仁，译．北京：商务印书馆，2007.

［27］［法］葛兰西．狱中札记［M］．曹雷雨，等译．北京：中国社会科学出版社，2000.

［28］［美］S. 鲍尔斯，H. 金蒂斯．美国：经济生活与教育改革［M］．王佩雄，等译．上海：上海教育出版社，1990.

［29］［美］亨利·A. 吉鲁．教师作为知识分子：迈向批判教育学［M］．朱红文，译．北京：教育科学出版社，2008.

［30］［美］卡洛斯·阿尔伯托·托里斯．教育、权利与个人经历：当代西方批判教育家访谈录［M］．原青林，王云，译．济南：山东教育出版社，2011.

［31］［美］迈克尔·W. 阿普尔．教育与权力［M］．刘明堂，译．上海：华东师范大学出版社，2008.

［32］［美］桑代克，盖滋．教育之根本原理［M］．王丐萍，译．上海：中华书局，1934.

［33］［美］伊曼努尔·沃勒斯坦．自由主义的终结［M］．郝名玮，张凡，译．北京：社会科学文献出版社，2002.

［34］［美］约翰·杜威．民主主义与教育［M］．王承绪，译．北京：人民教育出版社，2001.

［35］［英］Randall Current. 教育哲学指南［M］．彭正梅，等译．上海：华东师范大学出版社，2011.

［36］［美］索尔蒂斯．教育概念分析导论［M］．简成熙，译．台北：五南图书出版股份有限公司，1995.

［37］联合国教科文组织国际教育发展委员会，编著．教育——财富蕴藏其中［M］．华东师范大学比较教育研究所，译．北京：教育科学出版社，1996.

三、工具图书类

［1］［瑞典］T. 胡森，［德］T. N. 波斯尔斯韦特．教育大百科全书［M］．张斌贤，等译．重庆：西南师范大学出版社；海口：海南出版社，2006.

［2］辞海编辑委员会．辞海：语词分册［M］．上海：上海辞书出版社，1979.

［3］冯契．哲学大辞典［M］．上海：上海辞书出版社，1992.

［4］顾明远．教育大辞典［M］．上海：上海教育出版社，1999.

［5］金炳华．马克思主义哲学大辞典［M］．上海：上海辞书出版社，2003.

［6］廖盖隆，孙连成，陈有进，等．马克思主义百科要览（上卷）［M］．北京：人民日报出版社，1993.

［7］中华人民共和国教育部．共和国教育 50 年［M］．北京：北京师范大学出版社，1999.

［8］中央档案馆．中共中央文件选集（第 11 册）［M］．北京：中共中央党校出版社，1991.

［9］中央教育科学研究所．中华人民共和国教育大事记：1949—1982［M］．北京：教育科学出版社，1984.

四、中文期刊类

［1］边境，陈金龙，丁俊萍，杨金洲，李学保．论习近平新时代中国特色社会主义思想［J］．中南民族大学学报（人文社会科学版），2017（6）.

［2］陈金波．论西方马克思主义教育哲学思想及其历史评价［J］．求索，2012（11）.

［3］陈旭远，杨宏丽．论交往教学［J］．教育研究，2006（9）.

［4］陈元晖．教育科学研究的若干问题［J］．教育研究，1981（2）.

［5］锄禾．反思新时期的教育理论与实践——记中国教育学会部分常务理事、学术委员座谈会［J］．中国教育学刊，1989（6）．

［6］丁钢．略论教育传统与变革［J］．中国教育学刊，1992（2）．

［7］董标．教育的文化研究——探索教育基本理论的第三条道路［J］．华东师范大学学报（教育科学版），2002（3）．

［8］樊兴华，刘芹茂．马克思主义教育思想研究会召开社会主义初级阶段教育理论研讨会［J］．中国教育学刊，1989（1）．

［9］方建锋，何金辉，周彬．教育理论的世纪回顾与展望：全国教育基本理论专业委员会第七届年会综述［J］．教育研究与实验，2000（2）．

［10］冯建军．论交往的教育过程观［J］．教育研究，2000（2）．

［11］冯建军．生命教育实践的困境与选择［J］．中国教育学刊，2010（1）．

［12］冯文全．德育如何做到"以人为本"——马克思恩格斯人的本质观的现代启示［J］．教育研究，2008（12）．

［13］冯增俊．试论我国教育现代化的基本任务主要特征［J］．中国教育学刊，1995（4）．

［14］傅维利．全国马克思主义教育思想研究会召开年会［J］．教育科学研究，1988（1）．

［15］甘剑梅．关于教育起点观的哲学阐释［J］．教育研究，2003（1）．

［16］顾明远．教育同生产劳动相结合应该成为社会主义教育方针的重要内容——与肖宗六同志商榷［J］．中国教育学刊，1991（2）．

［17］关锋．"新时代中国特色社会主义思想"的多维解读［J］．华南师范大学学报（社会科学版），2017（6）．

［18］郭秀艳．内隐学习和缄默知识［J］．教育研究，2003（12）．

［19］韩继伟，马云鹏．教师的内容知识是理论知识吗？——重新解读舒尔曼的教师知识理论［J］．中国教育学刊，2008（5）．

［20］郝文武．从本体存在到本质生成的教育建构论［J］．教育研究，2004（2）．

［21］侯怀银，董标．教育学的传统与变革——中国教育学会教育学分会教育基本理论学术委员会第十五届学术年会综述［J］．教育研究，2015（10）．

［22］胡德海，张燕镜，滕健，王新荣．社会主义初级阶段教育理论研

讨会综述 ［J］. 中国教育学刊，1988（4）.

　　［23］胡金木. 20 世纪上半叶中国教育哲学学科发展的回顾与审思 ［J］.
高等教育研究，2016（8）.

　　［24］胡克英. 革新教育科学研究方法：浅谈引进系统方法研究教育科
学 ［J］. 教育研究，1984（8）.

　　［25］扈中平，刘朝晖. 对教育基本理论学科建设与发展的几点看法
［J］. 华东师范大学学报（教育科学版），1998（2）.

　　［26］扈中平. 教育研究必须坚持科学人文主义的方法论 ［J］. 教育研
究，2003（3）.

　　［27］黄济. 对教育本质的再认识 ［J］. 中国教育学刊，2008（9）.

　　［28］黄宇. 习近平新时代中国特色社会主义思想的逻辑基点与实践基
础 ［J］. 浙江社会科学，2017（12）.

　　［29］黄宗孺. 要提高普及九年制义务教育的经济效果 ［J］. 教育研究，
1986（3）.

　　［30］纪大海. 人的和谐发展——教育认识的理论基点 ［J］. 中国教育
学刊，1989（1）.

　　［31］教育与人性：教育基本理论专业委员会第十二届学术年会综述
［J］. 教育研究，2010（3）.

　　［32］金生鈜. 何为回到教育事情本身 ［J］. 高等教育研究，2015（3）.

　　［33］靳玉乐，张铭凯. 努力探索新时代中国特色社会主义教育思想体
系 ［J］. 西南大学学报（社会科学版），2018（1）.

　　［34］李保强. 试论学校领导的整体效应 ［J］. 中国教育学刊，1996
（1）.

　　［35］李建蔚. 试论社会主义初级阶段教育与经济运动发展的规律 ［J］.
中国教育学刊，1989（6）.

　　［36］李全柱. 教育整体改革评价方法概论 ［J］. 中国教育学刊，1992
（6）.

　　［37］厉以贤，徐琦. 社会经济发展·人·教育 ［J］. 中国教育学刊，
1988（5）.

　　［38］厉以贤. 教育方针的内涵与表述 ［J］. 中国教育学刊，1991（2）.

　　［39］连瑞庆. 全面发展与发展个性 ［J］. 中国教育学刊，1990（3）.

　　［40］廉永杰. 邓小平德育思想的哲学分析 ［J］. 教育研究，1999（2）.

［41］林崇德，申继亮，辛涛．教师素质的构成及其培养途径［J］．中国教育学刊，1996（6）．

［42］刘佛年．关于教育工作的"社会本位"与"个性本位"［J］．中国教育学刊，1990（2）．

［43］刘芹茂．对教育战略地位的再认识［J］．中国教育学刊，1988（2）．

［44］刘世峰，孙振东．马克思主义教劳结合理论中几个当前值得深入研讨的问题［J］．中国教育学刊，1995（6）．

［45］刘铁芳．走向整全的人：个体成长与教育的内在秩序［J］．教育研究，2017（5）．

［46］刘卫华，肖远．引进市场机制与发展个性意识［J］．教育研究，1988（4）．

［47］刘振天．"研究问题"还是"构造体系"？———关于教育学研究的一点思考［J］．中国教育学刊，1998（4）．

［48］刘志军．主体性发展的时代内涵［J］中国教育学刊，2005（4）．

［49］柳海民，王晋．教育基本理论研究的第三条道路——建构中层理论［J］．教育理论与实践，2009（1）．

［50］鲁洁．道德教育的期待：人之自我超越［J］．高等教育研究，2008（9）．

［51］鲁洁．道德危机：一个现代化的悖论［J］．中国教育学刊，2001（4）．

［52］吕明．发挥幼小中整体改革的优势搞好三个过渡［J］．中国教育学刊，1988（5）．

［53］马云鹏．小学数学课程实施的个案研究［J］．课程·教材·教法，2000（4）．

［54］马兆掌．论教育与劳动力再生产的关系［J］．教育研究，1981（3）．

［55］毛亚庆．论教育学理论建构的科学主义倾向［J］．北京师范大学学报（哲学社会科学版），1997（3）．

［56］苗作斌．关于人的全面发展的几个理论问题［J］．中国教育学刊，2002（1）．

［57］宁虹．教育的实践哲学——现象学教育学理论建构的一个探索

新时期教育基本理论的马克思主义传统发展研究

［J］. 教育研究，2007（7）.

［58］彭寿清. 习近平新时代中国特色社会主义教育思想的哲学基础［J］. 西南大学学报（社会科学版），2018（1）.

［58］彭正梅. 启蒙的教育——德国批判教育学研究［J］全球教育展望，2002（12）.

［59］蒲心文. 教学过程本质新探［J］. 教育研究，1981（1）.

［60］沈建. 体验性：学生主体参与的一个重要维度［J］. 中国教育学刊，2001（2）.

［61］石中英. 本质主义、反本质主义与中国教育学研究［J］. 教育研究，2004（1）.

［62］石中英. 重塑教育知识中"人的形象"［J］. 教育研究，2002（6）.

［63］时永松. 关于人的本质研究的几点反思［J］. 中国教育学刊，1990（2）.

［64］舒志定. 马克思正义批判语境中的教育正义［J］. 教育研究，2015（7）.

［65］宋剑，董标. 教育学的学科立场——教育基本理论专业委员会第十届年会综述［J］. 教育研究，2006（1）.

［66］孙喜亭. 人的全面发展是实现社会主义现代化建设的前提条件［J］. 中国教育学刊，2002（1）.

［67］孙正聿. 伟大的实践与实践的哲学——改革开放以来的中国马克思主义哲学［J］. 社会科学战线，2008（5）.

［68］唐勇，李群. 德育与交往［J］. 中国教育学刊，2004（4）.

［69］滕纯. 办教育要符合社会主义初级阶段的基本国情［J］. 教育研究，1988（1）.

［70］王逢贤. 教育如何适应商品经济发展的需要［J］. 中国教育学刊，1989（1）.

［71］王逢贤. 马克思的异化理论与人的全面发展［J］. 教育研究，1981（7）.

［72］王铁，滕纯，顾明远，等. 进一步解放思想，搞好教育科学［J］. 教育研究，1981（4）.

［73］温寒江. 试论教学过程中的德育［J］. 中国教育学刊，1988（3）.

［74］吴刚平，余闻婧．论教师的研究意识［J］．中国教育学刊，2010（12）．

［75］吴钢．论教育学的终结［J］．教育研究，1995（7）．

［76］吴康宁．教育理论研究的走向［J］．教育研究，1992（12）．

［77］吴畏．关于教育方针的几点认识［J］．中国教育学刊，1990（3）．

［78］伍柳亭，李国霖．珠江三角洲的经济开放与教育对策［J］．中国教育学刊，1988（1）．

［79］夏青．教育基本理论年会主题的演变历程研究［J］．现代教育论丛，2015（6）．

［80］项贤明．"生活世界"的教育与"科学世界"的教育［J］．教育研究与实验，1999（4）．

［81］项贤明．教育学作为科学之应该与可能［J］．教育研究，2015（1）．

［82］肖贵清．习近平新时代中国特色社会主义思想的重大意义［J］．中共中央党校学报，2017（6）．

［83］肖远骑．论课堂教育机智［J］．中国教育学刊，1994（1）．

［84］萧宗六．也谈新时期的教育方针——兼评张承先等同志的教育方针表述方案［J］．中国教育学刊，1990（6）．

［85］熊川武，江玲．论引导素质教育深化的政策［J］．中国教育学刊，2002（5）．

［86］许建争．教育与幸福——教育基本理论专业委员会第十一届年会综述［J］．教育研究，2008（1）．

［87］许世平．生命教育及层次分析［J］．中国教育学刊，2002（4）．

［88］杨兆山，张海波，宋强．党的教育方针的时代表征与中国表达——基于对习近平同志教育讲话的解读［J］．东北师大学报（哲学社会科学版），2017（6）．

［89］杨兆山．教育学的"个性"概念［J］．中国教育学刊，1996（4）．

［90］杨志成．中国特色社会主义教育学理论体系发展的新境界——习近平教育思想研究［J］．中国教育学刊，2017（5）．

［91］叶澜．让课堂焕发出生命活力——论中小学教学改革的深化［J］．教育研究，1997（9）．

［92］叶澜．思维在断裂处穿行——教育理论与教育实践关系的再寻找［J］．中国教育学刊，2001（4）．

［93］尤·克·巴班斯基．研究教学问题的辩证系统方法［J］．吴文侃译．教育研究，1984（10）．

［94］于光远．重视培养人的研究［J］．学术研究，1978（3）．

［95］于述胜．也谈人文社会科学研究的"历史意识"——基于教育研究的理论思考［J］．教育研究，2012（1）．

［96］于伟，秦玉友．本土问题意识与教育理论本土化［J］．教育研究，2009（6）．

［97］余清臣．交互主体性与教育：一种反思的视角［J］．教育研究，2006（8）．

［98］张广君．本体论视野中的教学与交往［J］．教育研究，2000（8）．

［99］张力．社会主义初级阶段人的全面发展与教育的使命［J］．教育研究，2001（11）．

［100］张启瑞，郭恒泰．浅谈教劳结合的定量研究和评价指标体系［J］．中国教育学刊，1996（1）．

［101］张如珍．"因材施教"的历史演进及其现代化［J］．教育研究，1997（9）．

［102］张天宝．关注学生的生活世界：当代课堂教学改革的重要特征［J］．中国教育学刊，2007（3）．

［103］张秀岩．建立主动适应商品经济发展的教育机制［J］．中国教育学刊，1989（1）．

［104］张应强．"交往的教育过程观"批判［J］．教育研究，2001（8）．

［105］郑金洲．教育学终结了吗？——与吴钢的对话［J］．教育研究，1996（3）．

［106］郑亚龙．教与学的探索［J］．中国教育学刊，1989（5）．

［107］钟秉林．深化综合改革坚持依法治教提高教育质量［J］．教育研究，2016（2）．

［108］周浩波．论教育学的命运——与吴钢、郑金洲商榷［J］．教育研究，1997（2）．

［109］周琼．语文教学的整体改革［J］．中国教育学刊，1988（2）．

[110] 邹光威. 教育是不属于上层建筑的社会现象 [J]. 教育研究，1979 (2).

五、学位论文类

[1] 关锋. 论马克思的实践理性 [D]. 广州：华南师范大学，2005.

[2] 刘黎明. 基于马克思主义的教育学中人之问题再认识 [D]. 上海：华东师范大学，2007.

[3] 祁东方. 吉鲁批判教育哲学思想研究 [D]. 太原：山西大学，2015.

[4] 孙丹. 马克思主义教育思想中国化的历史进程与启示 [D]. 锦州：辽宁工业大学，2016.

[5] 陶红. 教育价值观的研究 [D]. 长春：吉林大学，2005.

[6] 张阳. 马克思主义哲学指导中国教育研究的回顾与反思 [D]. 太原：山西大学，2013.

六、外文文献类

[1] Anthony Green, Glenn Rikowski, Helen Raduntz. Renewing Dialogues in Marxism and Education [M]. Palgrave Macmillan, 2007.

[2] Barry Rubin. Marxism and Educationradical Thought and Educational Theory in the 1930s [J]. Science and Society, 1972, 36 (2)：171-201.

[3] Cole, Mike. Critical race theory in education, Marxism and abstract racial domination [J]. British Journal of Sociology of Education, 2013, 33 (2)：167-183.

[4] Elizabeth Cagan. Marxism and Education by Madan Sarup [J]. Science and Society, 1981, 45 (1)：98-100.

[5] Gottesman, Isaac. The critical turn in education：The emergence of Marxist thought and the rise of an academic left from the 1960s to the 1980s [D]. University of Washington, 2009.

[6] Hall, Richard. The implications of Autonomist Marxism for research and practice in education and technology [J]. Learning, Media and Technology, 2015, 40 (1)：106-122.

[7] Macdonald, John. Marxism and Education：A Brief Survey [J]. Journal

of Educational Thought, 1982, 16 (3): 174-180.

[8] Madman Syrup. Marxism and Education [M]. Thoemms Press, 1978.

[9] Morgan, W. John1 (John. Morgan@ nottingham. ac. uk) . Marxism and moral education [J]. Journal of Moral Education, 2005, 34 (4): 391 - 398.

[10] Peters, Michael. Post - structuralism and Marxism: education as knowledge capitalism [J]. Journal of Education Policy, 2003, 18 (2): 115 - 130.

这本书主要源自我博士阶段的一些思考成果。身边有朋友劝说我把它当成个人的标志性专著详加修改。但是，自己思前想后还是觉得应按照一段思考经历最原本的样子呈现给大家，哪怕里面有很多不成熟的想法。我总觉得，一旦一种独立的思想形成，就像艺术家手中的画作一样，它既具有普世的意义同时也是艺术家当时最个性的表达。《蒙娜丽莎》要是只能16世纪的人看得懂或是人们看它既像达·芬奇幼年画的又像老年画的，就不叫《蒙娜丽莎》了。这个书稿代表的就是自己这个时期的思考。因为我觉得对它的评价和批判有一定意义，就把它出版了。

工作以后，因为教课和学生的研究方向等多种原因，我不能全身心投入到对马克思主义教育思想的研究了，但是自己也从未停止对教育学中马克思主义的探索。今天，随着后疫情时代的来临，教育中如何贯彻人类命运共同体的理念、如何促进国际理解成为重要的议题，为此，马克思早预言过，当历史成为世界史，局限于某一民族或地域的发展已不再可能；人工智能和大数据在协助教育构筑未来图景的同时，也在教育领域中引发了技术与价值间的冲突问题，如何祛除片面技术理性的蒙蔽，破除虚拟技术背后的数字生活幻象，马克思提出的"人的自我异化的神圣形象被揭穿以后，揭露具有非神圣形象的自我异化，就成了为历史服务的哲学的迫切任务"仍具有振聋发聩的意义。可以说，当代教育在解决各种时代挑战的过程中，马克思主义仍与我们同在。而在未来，教育理论的发展如何超越形式主义，如何帮助教育实践者形成思维的自觉，这个问题根本上不可能倚靠实证主义或科学取向下的分析哲学来解决，只能通过不断深入至关于实践历史的内涵逻辑才能有所突破。这既是教育学对马克思主义的未来发展，也是教育学实现理论思维自觉的必经道路。

付梓之际，首先感谢我的妻子尚星辰，是她让我体验到生活的美好和爱的意义。黑格尔说过，"本质是过去了的存在"，和她在一起的日子已然成为我生命里爱的定义和内涵。其次，要感谢我的父母和老师，是他们的支持让我在求学和工作的道路上充满信心应对各种问题。尤其是我的老师柳海民，求学的日子里一直就不太习惯叫老师、教授或校长，在我成长的道路上，老师一直像道温暖的阳光驱散着我内心中的低落和阴郁。最后，感谢江苏大学出版社的编辑老师，特别是米小鸽老师和张冠老师，是他们的无私付出才使得本书顺利出版。红楼梦有副对联，年岁愈长而愈喜爱，"世事洞明皆学问，人情练达即文章"，日后生活和学问两不相负，如何愈钻研艰深而返朴，愈沉浸日常而凝练本真，在这个道路上我还须砥砺前行。

辛丑年季夏于本溪